教育是送给孩子最好的礼物。

——著名俄国教育家 奥夫托罗夫斯基

今天的家长应该认真做好几件事：一要把自身的发展与子女的成才看得一样重要，要努力与孩子一起成长。二是家长必须做到以身立教，给孩子做好榜样，家长的身教就是一本教科书。三是父母一定要努力使自己成为孩子学习的良师益友。

好父母胜过好老师
好家庭胜过好学校

现代家庭教育必备丛书 ★★★★★

怎样帮助孩子提高成绩

ZENYANG BANGZHU HAIZI TIGAO CHENGJI

李新 平冠栋 编著

天津科学技术出版社

图书在版编目(CIP)数据

怎样帮助孩子提高成绩/李新,平冠栋编著.—天津:
天津科学技术出版社,2010.7
ISBN 978-7-5308-5844-8
Ⅰ.①怎… Ⅱ.①李…②平… Ⅲ.①中小学—学习方法 Ⅳ.①G632.46
中国版本图书馆 CIP 数据核字(2010)第 118306 号

责任编辑:石　崑

责任印制:白彦生

天津科学技术出版社出版
出版人:蔡　灏
天津市西康路 35 号　邮编 300051
电话(022)23332398(事业部)　23332697(发行)
网址:www.tjkjcbs.com.cn
新华书店经销
北京业和印务有限公司印刷

开本 710×1000　1/16　印张 17　字数 240 000
2010 年 7 月第 1 版第 1 次印刷
定价:25.80 元

目 录

第一篇 给孩子最恰当的教育

第一章　改变一下教育方式 ………………………… 3

　　家庭是孩子真正的学校 ……………………………… 3
　　父母担负着教育子女的重任 ………………………… 5
　　如何看待孩子的分数 ………………………………… 7
　　对待孩子要因材施教 ………………………………… 9
　　如何发现孩子是天才 ………………………………… 11
　　教育孩子要讲方法 …………………………………… 13
　　父母是孩子最直接的榜样 …………………………… 15
　　新世纪怎样教育孩子 ………………………………… 17

第二章　表扬和批评孩子要讲究艺术 …………… 19

　　赞赏能促使孩子进步 ………………………………… 19
　　表扬孩子的学问 ……………………………………… 21

什么是"皮克马利翁效应" ………………………… 22
如何奖励孩子 …………………………………… 24
批评孩子的艺术 ………………………………… 26
如何惩罚孩子 …………………………………… 28
孩子的不良行为及纠正方法 …………………… 29
如何保护孩子的自尊 …………………………… 31

第三章　培养好习惯，纠正坏习惯 …………… 34

好习惯是在生活中养成的 ……………………… 34
如何让孩子养成良好的学习习惯 ……………… 36
让孩子有计划地支配时间 ……………………… 37
如何让孩子改掉贪玩的习惯 …………………… 39
孩子很聪明学习成绩却一直很差怎么办 ……… 41
孩子学习粗心怎么办 …………………………… 44
怎样培养孩子的学习毅力 ……………………… 45
应纠正孩子哪些不良习惯 ……………………… 47

第四章　开发孩子的智力因素 ………………… 50

如何知道孩子的智商 …………………………… 50
给孩子独立思考的空间 ………………………… 52
如何让孩子成为记忆神童 ……………………… 54
如何提高孩子的观察能力 ……………………… 57
如何让孩子专心地学习 ………………………… 60

如何开发孩子大脑的潜能 …………………………… 62

如何培养孩子的想象力 ……………………………… 65

如何培养孩子的思维能力 …………………………… 68

正确对待孩子的认知规律 …………………………… 70

第二篇 帮助孩子提高成绩

第一章 创造良好的学习环境 …………………… 75

环境的优劣对孩子影响很大 ………………………… 75

如何与孩子相处 ……………………………………… 77

如何引导孩子热爱学习 ……………………………… 79

营造适合孩子做作业的环境 ………………………… 81

给孩子灌注学习动力 ………………………………… 84

培养孩子坚强的学习意志 …………………………… 86

让孩子学会艰苦朴素 ………………………………… 89

父母应注意自己的一言一行 ………………………… 91

不可"棍棒底下出孝子" …………………………… 93

第二章 树立孩子的学习信心 …………………… 96

信心是孩子学习的动力 ……………………………… 96

让孩子有一个良好的心态 …………………………… 98

孩子学习感到苦累怎么办 …………………………… 100

激发孩子的求知欲 …………………………………… 102
孩子厌学怎么办 ……………………………………… 104
如何激励孩子前进 …………………………………… 108

第三章　提高孩子的阅读能力 …………………… 110

培养孩子的阅读兴趣 ………………………………… 110
引导孩子读好书 ……………………………………… 112
教给孩子阅读的方法 ………………………………… 114
激发孩子的读书热情 ………………………………… 117
孩子读书贵在"有恒" ……………………………… 119
如何对孩子进行阅读训练 …………………………… 120

第四章　适合孩子的"五环式学习法" ………… 124

第一个环节是课前预习 ……………………………… 124
第二个环节是认真上课 ……………………………… 126
第三个环节是课后作业 ……………………………… 127
第四个环节是周末复习 ……………………………… 128
第五个环节是从容应考 ……………………………… 130

第五章　怎样帮助孩子做作业 …………………… 132

怎样对待做作业拖拉的孩子 ………………………… 132
孩子的作业潦草怎么办 ……………………………… 134

孩子不爱做作业怎么办 …………………………… 135
如何利用作业提高孩子的创造性 ………………… 138
孩子马虎怎么办 …………………………………… 140
孩子过于认真怎么办 ……………………………… 142

第六章　帮助孩子学好英语 …………………… 144

如何让孩子喜欢英语 ……………………………… 144
帮孩子记英语单词 ………………………………… 146
帮孩子巧学英语语法 ……………………………… 148
如何提高孩子的口语水平 ………………………… 150
孩子学好英语的七个捷径 ………………………… 153

第七章　帮助孩子学好数学 …………………… 155

孩子学数学感到困难怎么办 ……………………… 155
孩子能成为数学家吗 ……………………………… 158
如何培养孩子对数学的兴趣 ……………………… 161
怎样提高孩子计算能力 …………………………… 164
如何帮助孩子巧解应用题 ………………………… 167
如何帮助孩子学好几何 …………………………… 172

第八章　帮助孩子学好语文 …………………… 174

低年级孩子语文辅导方法 ………………………… 174

中年级孩子语文辅导方法 ………………………… 175

高年级孩子语文辅导方法 ………………………… 176

怎样帮助孩子消灭错别字 ………………………… 178

词义的识记与活用 ………………………………… 179

归纳段落大意的两种方法 ………………………… 181

怎样让孩子写好考场作文 ………………………… 183

怎样提高孩子的语文成绩 ………………………… 184

第九章 常见问题解决方案 ………………………… 187

为何我的孩子成绩不好 …………………………… 187

孩子学习偏科怎么办 ……………………………… 190

孩子的学习效率不高怎么办 ……………………… 192

如何与孩子的老师沟通 …………………………… 194

孩子对学习成绩不在乎怎么办 …………………… 196

如何指导孩子上网学习 …………………………… 198

孩子注意力不集中怎么办 ………………………… 201

该不该为孩子请家庭教师 ………………………… 202

第三篇 如何让孩子更聪明

第一章 发现和培养孩子的特长 …………………… 207

如何发现孩子的特长 ……………………………… 207

开展才艺活动对孩子有哪些影响 …… 210
怎样培养孩子的艺术素养 …… 212
如何开发孩子的美术潜能 …… 214
怎样教孩子学弹钢琴 …… 215
怎样培养创造型人才 …… 217
如何欣赏孩子的小制作成果 …… 219

第二章　让孩子科学使用大脑 …… 222

孩子怎样学习才符合用脑规律 …… 222
指导孩子科学使用大脑 …… 223
愉快的状态用脑效率高 …… 225
怎样帮助孩子学会思考 …… 227
怎样帮助孩子提高记忆能力 …… 228
怎样培养孩子的想象力和观察力 …… 230
怎样帮助孩子克服学习疲劳 …… 233

第三章　如何增强孩子的体质 …… 235

了解孩子身体发育特点 …… 235
让孩子吃好早餐 …… 237
怎样指导孩子锻炼身体 …… 239
如何让孩子喜爱体育运动 …… 240
补充孩子大脑亟须的营养物质 …… 243
容易被父母忽视的几个问题 …… 244

第四章　孩子健脑益智食谱 ……… 247

芝麻核桃糊 ……… 247
花生凉面 ……… 248
海带炖豆腐 ……… 248
肉片炒卷心菜 ……… 249
清蒸黄花鱼 ……… 249
清蒸人参鸡 ……… 250
海带肉丝汤 ……… 250
首乌炖牛肉 ……… 251
养心鸭 ……… 251
黑木耳炒双菇 ……… 252
灵芝卤兔 ……… 252
紫菜虾皮汤 ……… 253
蘑菇炖鸡 ……… 253
怀山杞子炖猪脑 ……… 254
核桃酪 ……… 254
番茄炒鸡蛋 ……… 255
杞骨汤 ……… 255
山药羊肉煲 ……… 256
莲子银耳汤 ……… 256
红烧鲤鱼 ……… 257
乳鸽山药煲 ……… 257
党参益智猪尾汤 ……… 258
凉拌肝片 ……… 258
安神补脑汤 ……… 259

第一篇

给孩子最恰当的教育

第一章　改变一下教育方式

第二章　表扬和批评孩子要讲究艺术

第三章　培养好习惯，纠正坏习惯

第四章　开发孩子的智力因素

第一章　改变一下教育方式

> 告诉孩子，进入学校学习只是一个集中学习的阶段，将来走向社会，还需要学习。让他认识到学习是生活的一种方式，每个人都应该有"活到老，学到老"的精神，只有持之以恒的学习，方可获得成功。

家庭是孩子真正的学校

教育专家说家庭是孩子真正的学校，而父母则是这个学校的老师，父母的言行就是孩子的教材。

孩子自从来到这个世界那一刻开始，就同父亲和母亲自然地联系在一起，朝夕共处，共同生活。孩子到了青少年时期，尽管他们接触老师、同学和社会，但与父母接触的时间仍然是最长的，感情也是最深的。父母是孩子最崇拜和信赖的人，也是孩子模仿的第一对象。因此，父母是孩子的活教材。

说父母是孩子的教科书，这里主要有三点。第一，父母是孩子的偶像，孩子必然要学习父母。除了遗传的因素之外，父母的一言一行，甚至是一个细小的动作，无论正确与否，孩子都会不加选择地学习，把它继承下来。第二，小孩子具有模仿的特点，凡是感兴趣的都要模仿。如，父亲抽烟，孩子很可能就模仿抽烟；母亲化妆，孩子也可能学着化妆。好的东西孩子感兴趣模仿，不好的东西孩子感兴趣也要模仿。第三，父母为孩子营造了家庭的教育环境，这种环境也将对孩子产生积极或者消极的影响。我们这里所说的教育环境，不是物质环境，而是一种影响人的思想道德和情感操守的精神环境，主要是指由父母及其他家庭成员构成的人际交往环境。

"家庭是真正的学校"——这是俄罗斯思想家洛扎诺夫提出的，一个被全社会都认同的重要观点。他认为教育的目标是培养出"活生生的完整的人"，而这仅靠学校是难以实现的。对于我国大多数家庭，要做到"家庭是真正的学校"，就必须不折不扣地把学校的书本知识教育，真真正正地延伸到家庭。

面对竞争日益激烈的社会，家庭的首要任务是什么？家长的首要任务是必须努力提升自身的综合素养，教孩子"学会做人"，教孩子学会学习。越来越多的家长由于自己对瞬息万变的信息社会及日益激烈的岗位竞争感到恐惧，就将其压力转加在孩子身上。才四五十岁的人就常在孩子面前说："爸爸妈妈这辈子算不行了，以后就看你了，一定要给爸爸妈妈争口气。"这种胸无志向的父母，根本就没资格要求子女，他们带给子女的也只能是负面影响。

家庭的教科书作用还表现在无意识教育对孩子的影响上。

对孩子来说，父母无意识的教育在一定意义上比有意识的教育作用更大。我国东晋时期有两个大书法家王羲之和王献之，献之小时候，他的母亲为了使孩子能像他父亲那样学习书法，每当有客人向王羲之求教时，就让孩子在身边。时间一久耳濡目染，献之真的对书法产生了兴趣，每天坚持练字。正当王献之书法技艺越来越精湛的时候，自满情绪也悄悄地产生了。究其原因也是与父母影响有关。有一次，父亲见儿子正在练字，想试探儿子是否专心，伸过手突然拔他手里的笔，可是没有拔动。王羲之非常高兴，兴奋地对妻子说，"献之这孩子如若练字数年，一定会练得一手好字。"父母的谈话被献之听到了，他想，像父亲这样有名的书法家都赞扬自己，大概自己的字快赶上父亲了。从此，便自满起来。这是父母无意识的话对孩子产生的影响，起到了副作用。父母的赞扬是想让孩子更好，并不是要孩子停滞不前，可是相反的作用是出乎意料的。当然，父母的一些不良行为和语言也将对孩子产生更大的不良影响。

今天的家长应该认真做好这样几件事：一是要把自身的发展与子女的成才看得一样重要，要努力与孩子一起成长。二是家长必须做到以身立教，给孩子做榜样。只有做家长的刻苦学习、敬业工作，才能对孩子产生正面影响。

家长的身教就是一本教科书。三是父母一定要努力使自己成为孩子学习的良师益友。

父母担负着教育子女的重任

父母是孩子的第一任老师。孩子出生后，父母的一言一行，无时无刻不影响着孩子，无时无刻不为孩子所模仿。所以，父母对孩子有形与无形的教育对孩子一生的发展极为关键。

父母对孩子性格的形成、品德的培养以及以后的才能发展影响很大。据研究，很多科学家的健康成长，都是与父母优良品质的熏陶和循循善诱的教导分不开的。

自从孩子出世，我们就理所当然地当起父母来，但却从来没有认真想过，做父母也是一门高深的学问，是需要专门学习的。到孩子上了学，学习上出现了各种问题，我们往往把这些归咎于孩子学习不用功、贪玩、粗心大意等。我们总是不厌其烦地说道理，又是补习班又是家教，或是买回一大堆测验卷。当我们发现孩子表现出强烈的厌学情绪，甚至发现孩子用摔东西来发泄时，这才慌了手脚，恨不得找到一种灵丹妙药，立即改变孩子的状况。可惜，这时候往往是太迟了。

我们深切地爱着孩子，希望他们成才。在教育孩子的问题上，我们实在失败不起，而避免失败的灵丹妙药只有一种，那就是：掌握科学的教育方法。在激发孩子学习热情的同时，保护孩子的快乐天性。

请看一个案例。

有一位初中女生在日记上写着：

今天晚上做家庭作业，妈妈打了我13下，我真的已经尽力了，可是没有人相信。妈妈非要说纠正这张考卷，我觉得好烦，反正都考过了，打也打过了，就算下次真的再出同样的题目，还是没有把握会算对，了不起再打一次。明天爸爸出差回来肯定要找我"算总账"，我简直快受不了了，每一分、每一秒都处在紧张状态中，真不希望有明天，它又黑暗又恐怖……

这样描述中学生家庭教育的写实故事，或许许多父母早就见惯不惊了。说实在话，我们的孩子学习压力实在太大了。在学校，有课业的压力；在家里，又有家庭作业的压力，为了学习，孩子确实不容易呀！为了孩子，作为父母，我们应当让孩子在愉快的时光里快乐地学习。

现代社会是一个现实而快节奏的社会，熙熙攘攘的人群中，无数年轻的父母，为了生活，为了挣钱，四处奔波，每天拖着疲惫的身躯回到家中，倒头就想睡觉，无暇顾及孩子。很多家长存有这样的想法，自己太忙，管不了孩子，既然把他（她）交给了学校，那就让学校去负责吧，自己的责任就是让孩子吃饱，穿好，尽量满足他（她）在物质方面的需要就行。这显然是不正确的。

父母对子女不但有"养"的责任，更有"教"的责任。

我们尊敬母亲，不但是因为她给予了我们生命，更重要的是，她让我们学会了生存。前苏联教育学家苏霍姆林斯基要求学校开辟"母亲专栏"。有的学校"母亲专栏"是这样的：标题——没有母亲就没有诗人，也没有英雄（高尔基语）。标题下面挂着列宁、克鲁普斯卡娅、果戈里、马雅可夫斯基、列宾、柴可夫斯基、卓娅、加加林等杰出人物的母亲的肖像。肖像下面写着："母亲给了你生命，向你揭示了世界，让你的口舌学会祖国语。她关心你的健康，她希望你成为幸福、诚实、勇敢的人。你要爱护母亲，照顾好她的身体，不辜负她的期望，不要给她的生活增添任何烦恼，要做一个能使母亲为你骄傲的人。"

在教育上，父亲的严格要求、不姑息迁就，就是孩子积极进取、事业成功的基础。17 世纪英国诗人乔治·格尔贝说："一个父亲胜于 100 个教师。"这就是强调父亲的影响教育作用。在我国古代以及近现代，有很多成大事业者，都深受父亲的影响和熏陶。如三国时期建安文学的代表"建安三曹"，曹操是政治家也是文学家，其子曹丕、曹植在父亲影响下，文学造诣很深，后来与父亲并驾齐驱成为建安文学的代表；东晋书法家王羲之与其子王献之，得名"书法二王"，其墨迹留传至今，是我们国家宝贵的文化遗产；西汉史学家司马迁，其父亲司马谈是一位史官，立志为国家写一部史书，但是没有完成。父亲去世后，他继承父亲的遗愿，在极其艰难的情况下奋笔疾书，用了18年的时间，终于完成了我国第一部伟大的历史巨著《史记》，司马迁被后人誉为"史学之父"。在近现代也有很多这样的事例。广东韶州师范2006年曾经对90名超常儿童成长的主要因素进行过较全面的调查，其中主要受父亲教育影响的居大多数，这都说明父亲的教育对孩子的成才影响很大。

今天，我们的父母中流行着一句话——"不要让自己的孩子输在起跑线上。"孩子一生的成功开始于家庭。**父母对子女的关怀不能仅仅停留在孩子有健康体魄这样的层面上，更重要的是，要让孩子在家庭教育中养成健全的人格，正常的心态，积极向上的人生态度，要尽可能地挖掘孩子智能的潜力，为孩子以后的发展打下基础。**

如何看待孩子的分数

孩子进入中学以后，我们绝大多数家长几乎都会惊讶地发现：孩子的分数怎么直线下降，学习成绩怎么"退步"得这么快？也许，有的家长尽管心中有想法，还算沉得住气，暂时缄口不语；可有的性子直率的家长就按捺不住了，对孩子横加责备，而孩子又往往不服气，于是父母和子女之间会产生不必要的隔阂乃至矛盾。

其实，在中学阶段，我们孩子的成绩——准确地说，我们家长所看的应该是学科的"绝对分数值"——有所下降，这很正常，一点也不用大惊小怪。学科的绝对分数值下降，事实上并不一定意味着孩子学习的退步。我们做家长的要知道，中学的教学要求比小学要高得多，知识内容比小学要深得多，考试题目往往也比小学要灵活得多，基本上所有中学学生的"绝对分数值"和小学时相比较，都有不同程度的下降，我们孩子的"绝对分数值"下降，自然也在情理之中。再者，对于中学的学习生活，我们的孩子恐怕也未必一下子完全适应，学习成绩暂时有下降的趋势也是在所难免的。

那么，我们做家长的究竟应该如何去看孩子的学习分数呢？

我们做家长的倘若要客观地分析自己孩子在中学阶段的学习情况，应该从"横向"和"纵向"两个角度加以审视，才能对自己孩子的学习情况有一个比较客观而完整的了解。从"横向"的角度看，我们家长千万不要太过笼统，光知道自己孩子的学习总分便"万事大吉"，而应该了解得深入细致一些。以期中或期末考试为例吧，首先，我们可以按照学科分别了解一下孩子所在学校的班级或年级的平均分，了解一下班级或年级的"最高分"和"最低分"，以便界定自己孩子某学科学习的大致情况；然后，我们也可以试着加一下自己孩子的学习总分，以便客观估计自己孩子在班级或年级中整体水平的大致"地位"。不仅如此，我们做家长的还应该着眼孩子的原有水平，从"动态"的角度审视自己孩子的学习成绩，以便客观地评估自己孩子的学习成绩究竟是上升了还是下降了。

如果我们真的要深入了解自己孩子的学习情况，包括他们的学习态度、学习方法或学习潜力等，仅仅看一下成绩恐怕是远远不够的。我们还可以"研究"一下孩子的试卷，看看孩子在卷面上哪里得分，哪里失分，这样可大致推测孩子学习时的各方面情况。如果我们孩子在卷面上失去的是基础分，那很可能我们的孩子不是学习基础不扎实，就是学习态度不很认真；如果孩子失去的是综合题的分数，那估计我们自己的孩子可能是对知识的灵活运用能力较差，需要适度强化训练。当然，要了解自己孩子的学习情况，另有一种方法，就是直接找孩子的班主任或任课教师交谈，在对孩子学习情况的了解上，孩子的教师、尤其是班主任肯定是最有发言权的。我们做家长的从"横向"、"纵向"，以及孩子卷面反映的情况进行综合分析之后，应该已经能大致推断自己孩子的学习基础、学习态度、学习方法，乃至学习潜力，我们就可根据自己对孩子学习的实际情况有的放矢地开展工作，该鼓励的鼓励，该批评的批评，该教育的教育，该引导的引导。

不过，话要说回来，学习成绩是衡量孩子学习情况的一个重要尺度，但绝对不是唯一的尺度。衡量孩子学习的好坏，既不全在于分数，也不仅在于知识，而应该看他们在学校教育教学活动中自我实现的发展过程。其实，就孩子学习的进步或退步来说，原因也很多，需要好好分析。如果孩子学习进步，我们做家长的自然高兴，但也不要盲目助长孩子的骄傲自满情绪；如果孩子的学习成绩不尽如人意,也要认真分析一下他退步的原因。如果是主观上不努力所致,自然得批评教育,但如果孩子确实学习十分努力,可由于学习基础或能力等诸种原因所致,那我们做家长的可不能"不问三七二十一",胡乱地批评一通。从道理上说,如果我们的孩子在主观方面已经无可非议,那我们还是得实事求是,先行鼓励一番才是,然后才能和孩子一起心平气和地分析原因,把道理说到孩子的心坎上。

事实上,我们做家长的从对孩子"横向"和"纵向"的分数比较中,还可以了解到孩子学习能力的长处或短处,因而可以大致推断自己孩子的兴趣爱好或个性特长,以便对孩子进行科学的引导。孩子不可能尽善尽美,样样都行,我认为,**对孩子引导的科学方法应该是"扬长避短",即我们做家长的应该想方设法培养自己孩子的兴趣爱好和个性特长,为孩子兴趣的形成和个性的发展提供可能提供的条件,而对于自己孩子的短处,只要不妨碍孩子今后的发展,不妨把要求降低一些,以免无谓消耗孩子的时间和精力**。其次,在对孩子学习成绩权衡之时,我们做家长的切忌盲目攀比,而应对孩子准确定位,提出恰如其分的要求,进而思考培养的最佳策略和方法。更进一步说,分数也并不能代表孩子的方方面面,即使是孩子的学习分数有些欠缺,可他为人品行端正,心胸开阔,性格开朗,难道就不是一个"好孩子"么!如果我们做家长的能够树立正确的"人才观",能科学地看待,理性地分析孩子的分数,并能全面地观察自己的孩子,那么,我敢断言,我们和孩子之间的共同语言一定会有所增多,我们对孩子教育的针对性和实效性一定会有所增强,我们孩子的身心也一定会健康地成长。

对待孩子要因材施教

黄炎培是我国的民主革命家和教育家,他对儿女的教育为后人树立了榜样。

他在同孩子们相处时,时时用心观察每一个孩子的天赋和秉性,并且根据他们的兴趣和爱好,对他们因材施教。如他发现一个儿子喜欢读书、读佛经，便指导他去学习和研究哲学。另一个孩子喜欢积木，能够制作成各种建筑图形，便时常带他到高处去看上海的市容全景，培养他对工业的兴趣，引导他去学习建筑。在他的关心与指导下，他的几个孩子初中毕业后，分别升入分科高中，高中毕业后，让他们按照自己所学的专业，先在国内服务一两年，取得一些实践经验，然后，再送他们到国外进行深造。

今天，大多数家长都清楚对孩子进行早期教育的重要性。也正是因为这样，在生活中，许多家长想方设法、省吃俭用，为子女添置设备，让孩子去学钢琴、学书法、学舞蹈、学英语……比起出生在20世纪六、七十年代的人来说，现在的孩子拥有更多的特长、更强的能力。也正是由于现在的家长对早期教育的重视，我国出现的神童、天才，无论从数量上、质量上都超过了以往的任何时候，媒体的很多报道也往往会使人们对这些神童、天才的能力感到震惊。

这里以学琴的孩子为例。莫扎特5岁开始作曲并登台演奏，11岁创作歌剧，贝多芬13岁作曲，舒伯特14岁创作室内音乐，施特劳施6岁演奏小提琴并创作歌曲……这些誉满全球的音乐家，大抵在四五岁时就表现出非凡的音乐才能。他们的早慧，同他们的声誉一道，对天下的年轻父母们具有诱惑力。面向音乐，期求神童，成为一些人为孩子设计的成才捷径。上海《解放日报》2009年1月载文说，据不完全统计，上海有20万儿童在学琴，学钢琴、小提琴、电子琴、手风琴。一位老资格的音乐家说："今后若干年中，这批孜孜不倦的琴童中，定会出现莫扎特。"此话有理。然而，对许多家庭来说，大可不必期望成为音乐家的摇篮，因为这并不以主观意愿为转移。莫扎特、贝多芬、舒伯特、施特劳施都生活在音乐之家，他们本人对音乐又一往情深，具有"音乐细胞"。但是大量对音乐没有兴趣的孩子被逼学琴练琴，成天坐在钢琴的旁边，机械地摁动着十指，没有玩耍的时间，没有自己的时间，他们的内心是痛苦的。这样的孩子，成不了演奏家，更难享受本应属于他们的生活乐趣，无非是像笼中的鸟、马戏团的猴子，任人摆布罢了。

上海外语超常儿童徐敏的父亲，也曾背着电子琴陪女儿去学琴，但看到女儿练琴时满腹委屈、眼含泪水的样子，他明白了，孩子不是这方面的料，父母不能强求。徐敏3岁的时候，父亲发现她对语言的悟性特强，对听过的故事，不需要重复再听，便能准确复述且吐字清晰，于是认字、读报、学英语。由于孩子太小，注意力容易分散，兴趣转移很快，稍纵即逝。对这种情况，徐敏的父母便教她根据孩子的特长，把握时机，通过创造有利的学习环境与条件，使孩子的兴趣由短期变为持久。徐敏初学英语，便对26个字母兴致颇浓。她的父母虽不通英文，却明白自己应该怎样做：买磁带、唱片，陪孩子学习，带孩子到上海商学院与一群40多岁的大同学同窗共读《新概念英语》……随着知识面的拓展，徐敏几乎对英语着了魔，"要她学"变成了"她要学"，成功之路就在她眼前。

所以，在教育孩子的时候，必须认真了解孩子的学习兴趣和特长，因材施教，这样才会有好的效果。

如何发现孩子是天才

可以大胆地说：每个孩子都是天才。君不见弱智青年、中国残废人艺术团指挥演员周舟的指挥：大气磅礴、随意潇洒，其动作、其情感同音乐融为一体的场景，实在令无数中外观众叹为观止。

弱智都能成为天才，何况正常的孩子。可以肯定地说，所有能将孩子培养成才的，无一不是发现和培养了孩子的天赋。

那么，怎样才能发现我们孩子的天才呢？

（1）从父母的学习优势中去发现孩子的天赋

天才是会遗传的。

在对双胞胎智力发展的科学研究中证明，智商与遗传的关系是相当密切的。同卵双胞胎在一起抚养的智商的平均相关系数为0.87，如果将同卵双胞胎分开抚养的话，相关系数仍高达0.75。亲生父母与子女的智商的相关系数为0.50，而养父母与养子女的相关系数仅为0.20。这说明，血缘关系越密切，智力的相关性越大。

另外，随着年龄的增长，环境因素对智商的影响会减弱，而遗传因素对智商的影响会加大。

在我们的课题研究中发现：父母都是喜欢学习文科的，他们的孩子都有极好的语言发展天赋；母亲对数字运算极其敏感的，他们的男孩有着很好的数学学习天赋；父母都有表演才能的，他们的孩子一定爱说爱笑……

这里，我们要告诉家长一个非常有趣的现象，天才似乎更偏爱异性遗传，即父亲的特殊才能遗传给女儿的可能性更大，母亲的特殊才能遗传给儿子的可能性更大。当然，儿子像爸爸一样酷爱下棋，女儿像妈妈一样擅长音乐，或是兼而有之，也是会有的，就像孩子的长相一样。不信，你琢磨琢磨。

（2）从孩子的先天兴趣中去发现孩子的天赋

孩子的先天兴趣，是不需要大人们教的。

比如，一个刚出生几天的婴儿，在听到音乐时，其眼睛会骤然一亮；一个还不会说话的孩子，在没有经过任何培养的情形下，会自然而然却又十分准确地随着音乐节拍手舞足蹈；一个还不会写字的2岁的孩子却会用彩笔随心所欲地画画，说这儿应用红色，那儿应用绿色；一个还未进校门读书的女孩，能专心致志看着大人一盘又一盘地下棋；一个4岁的孩子居然靠"听"故事而学会看小说……这样的事例，举不胜举。为什么？因为只要是孩子，就一定会有先天兴趣。

怎样发现孩子的先天兴趣，我们强调三点。

一是孩子的先天兴趣是只要我们提供机会，而不需要我们引导而产生的。因此，在我们没有发现孩子的先天兴趣之前，我们应尽可能地为孩子提供"玩"的机会。

二是孩子对先天兴趣的注意时间特别长，并不受任何干扰。这主要体现在某种活动中孩子连续集中注意力的时间特别长，如有的孩子可连续几小时摆弄积木。与此同时，孩子对这一兴趣保持的时间也特别长，长至几年，乃至终身。

三是孩子在先天兴趣方面最容易表现出他们的想象力和创造力。在这一兴趣活动中，他们的记忆力最好，学东西最快，表现最出色，最有自己的想象力和创造力。

（3）从孩子学习最轻松、成绩最好的学科中去发现孩子的天赋

当孩子开始接受教育后，特别是进入学校学习后，就很容易发现孩子的天赋了。

曾在北京八中超常教育实验班学习过的王钦钦，14岁参加全国统考，以优异成绩考入北京大学。他们的父母在回忆如何发现孩子天赋的时候说：孩子的天赋是可以发现的，并且发现越早越有利于早期开发。我们像多数父母一样忽视了对钦钦小学三年级以前的智力方面的观察，直到小学三年级时有两件事引起了我们的注意。一件事是，有一天王钦钦看到一份小报的中缝上登了一条消息：内蒙古有一个9岁的小孩可以在7秒内背下23位任意数。而钦钦认为这个人人都能做到，并随即轻松做了一遍。另一件事是，钦钦三年级时在未做任何特殊训练的情况下，一举获得北京市东城区奥林匹克数学竞赛第一名。因为这两件事，钦钦的父母开始认识了孩子的天赋，并开始为钦钦寻找适合他发展的环境和机会。

一般我们从孩子学习最好的学科就可以发现孩子的天赋。因为，孩子学得最愉快、最轻松，成绩最好的学科，总是最符合孩子的天赋特点的。那里，一定是孩子的乐园。

(4) 从孩子学习最困难的地方去发现孩子的天赋

我们的研究曾得出这样的结论：文学思维在一些方面对数学思维有抵触性。并由此论证了我们原来有过的一些认识，如数学概念困难的孩子，会有很好的语言天赋；作文写得不漂亮的孩子，其数学可能学得轻松；动作迟缓笨拙的孩子，更容易掌握理科知识。因此，当我们发现孩子在某一方面学习特别困难，就可从与这一学习相关性最小的方面去发现孩子的天赋。那儿，往往就是最容易将孩子培养成天才的地方。

记住：要让孩子成功，一定要从发现和培养孩子的天赋开始！

教育孩子要讲方法

教导自己的孩子，可能是天下父母都认可的天经地义的事情，但是怎样教导，区别却很大。教导好了，可以使自己的孩子德才兼备，可以使孩子富有活力，可以使孩子成为富有创造性的人才。

古往今来，各种教育子女的理论和实例有许多，但实用的却极为少见。最普通的莫过于使自己的孩子听话，顺利成长为父母期望、社会需要的人才。但是在教导中加进一些内容却不是人人都能做到的，比如使你的孩子更勇敢，更富有合作精神，更体贴别人等。做到这些，可能需要一些深奥的儿童心理学知识。但我们无意探讨这些，这也不是我们父母所要研究的内容，只要看几个小小的例子，也许我们的思路就会豁然开朗。的确，是要了解、理解自己的孩子之后，才可以对孩子施行相当的教育，并下判断作结论的。

我们做父母的对待不同的孩子，要采用不同的方法。顽皮的孩子我们不应当惩罚他，而应当指导他；愚笨的孩子，我们不应当羞辱他，而应当体谅他，帮助他。要知道所谓"顽皮愚笨"的孩子，我们要搞清楚他是不是真正顽皮，真正愚笨。有时候孩子何尝顽皮，何尝愚笨，不过都是由于老师教导得不得法，或者父母教导得不得法而已。我们大概还记得伟大的发明家爱迪生吧？他就是这样的典型例子。

爱迪生是19世纪后期和20世纪初期美国著名的大发明家，他的名字与电灯、电影放映机等连在一起。他的成就与母亲的教导是分不开的。

爱迪生在学校里，是一个顽皮好问的学生，对于一些不明白的问题，常常去问老师。但老师不喜欢他提问，往往大加训斥，甚至举起教鞭就向他打去。有一天，在上数学课时，他在课堂上大声问道："2+2为什么等于4"老师回答不上来，还以为他在课堂上故意捣乱，为难教师。对于小爱迪生这样饶有趣味的问题，不仅不给予耐心的回答，反而暴跳如雷，竟然勒令他退学。后来，爱迪生在他母亲的教导下长大成才，成为世界著名的发明家。

李·艾柯卡是闻名全美的企业家，被誉为"超级汽车大王"。他取得的成就是令人瞩目的。2004年4月，美国权威杂志《时代》周刊选他做封面人物，通栏大标题是："他说一句话，全美国都洗耳恭听！"艾柯卡在事业上的成功，丝毫没有影响他对子女的教育。

他非常懂得如何教导自己的孩子。有很多父母不懂得尊重孩子，不知道大人与孩子之间应该是平等的，他们习惯用命令的口吻对子女说话，结果往往使孩子产生逆反心理。艾柯卡就不这样，他从不向女儿们训话，总是以慈父的心情，循循善诱地告诉她们做人的基本原则：遇到问题说出来，别闷在心里；不要对别人说谎；不要借了别人的钱忘记还；不要赖账，要履行诺言等等。有些道理孩子们不容易理解，他就用讲故事的方式启发她们。他在两个女儿年幼时便给她们灌输孰是孰非的正确思想，从小培养她们辨别是非的能力。他还坐下来倾听孩子们的想法，帮助她们解决问题。

天下父母无不希望自己的子女成龙成凤，对孩子期望过高，要求过严，给孩子造成过多的心理压力。艾柯卡十分清楚这种做法并没有多少好处。他认为，激励孩子是必要的，但得适度，得明白用多大的劲，不要把他们从悬崖上推下去或捧上天。他从不对两个女儿提什么要求，在学习上也如此，只要他们学习情况正常，成绩不低于中等水平，即使没拿高分，他也不说什么，顶多会偶尔提醒一下，但如果差得太远，他就要问问是怎么回事了。

有一段时间，利娅（他的小女儿）对课本上的问题理解不清楚，艾柯卡和他的妻子玛丽想了个办法，拿一页活页纸把当天的课程制成表格贴在厨房的黑板上，每天晚饭后，让利娅用1～10的级别为自己当天在学校的表现打分，要求她必须如实反映，不能自己骗自己。自我打分的方法促使她每天都要反省自己当天的学习成绩和表现如何，收到了良好的效果。

无数鲜明的事实告诉我们，"十年树木，百年树人"，教育子女是人生永恒的课题，几乎每个人都不可避免。所不同的是，有的父母觉得付出了百倍的心血，可自己的孩子最终还是令人失望；有的父母看似平常，却使自己的孩子达到了别人梦想的目标。其中的原因，就在于教育、教导的方式不一。

父母是最了解自己孩子的人，理所当然地在教导自己的孩子时占有举足轻重的地位，有时鼓励、支持远胜于批评、指责。但是必要的引导、教育、批评又是必不可少的，个中的度，需要我们每一名做父母的认真把握。

父母是孩子最直接的榜样

父母是孩子的第一任老师，无论到什么时候，父母都是孩子最直接的榜样，在日常生活中，孩子最早、最经常见到的就是父母。为了帮助孩子克服学习上的马虎行为，父母应注意如下：

(1) 父母妥善安排生活，为孩子树立做事有条理的榜样

在家里，父母把生活安排得有计划，必然给孩子带来影响。有的孩子书包里乱七八糟，课桌里也脏兮兮的，但这些孩子对此视而不见，老师经常提醒学生好好收拾自己的课桌，他们就是想收拾也不知如何下手。反映在学习上就是写作业拖拉、不认真，经常记不住老师留的作业等。这种规律性、系统性的培养与孩子生活的家庭环境密切相关。

(2) 父母要敢于挑重担，在自己的工作中为孩子做敬业的表率

很多父母认为工作单位的事情与孩子没有关系，父母在工作中不认真的态度，在家务活上也常常表现为"就这样吧，差不多就行了"等，实际上父母的工作作风、工作态度，在家里的日常谈话中经常能够表现出来，同时也影响着孩子。

特别提醒

如果父母的生活不规律，今天不想明天事，就无从去教育自己的孩子，孩子的马虎也是顺理成章的事情。

物理学家丁肇中是1976年诺贝尔物理奖获得者，他在获奖时这样说道："我的父母不但生育我，抚养我，更主要的是教育我，琢磨我，我的成才首先要感谢我的父母，我的启蒙老师。"丁肇中的父亲1936年执教于河南焦作工学院，后来带着妻子和丁肇中到四川、上海教书。从丁肇中记事起，就被父亲夜间灯下看书、批改作业所吸引。父亲兢兢业业工作的态度，勤勤恳恳的风貌对他的影响太深了，也是他刻苦钻研、勇攀高峰的榜样。

家庭氛围也很重要。家庭氛围包括家庭环境的布置、经济条件等，但更重要的是家庭成员的理想、情趣和价值取向。家庭中民主、平等、和睦、温馨的精神氛围，是教育孩子诚实、正直、关心帮助他人等良好品质的环境，也是教育孩子开朗大方、善解人意等良好性格的园地。家里的物品摆放、科学健康的生活方式等"隐性因素"，对孩子潜移默化的影响和熏陶，为孩子的学习兴趣的培养奠定了基础。

比如，艺术家的家庭中，晚辈往往也能成为艺术家，如大家所熟悉的演员陈佩斯、濮存昕等。一个对任何知识都不感兴趣、从来不买书、不看报、不听音乐的父母，很难培养出一个对知识有浓厚兴趣的孩子来。

新世纪怎样教育孩子

做人难，做父母更难。新世纪的父母，为了更好地教育孩子，自己首先要受教育。要用现代家庭教育的理论、方法与艺术丰富自己的头脑，这样才能培养出适应新世纪需要的合格劳动者与人才。

怎样教育孩子成为跨世纪人才？

（1）学会做人

这是人类发展的基本要求。这种要求具体表现在学会正确处理人与社会及人与自然的关系上。在人与社会的关系上，作为社会的人，必须懂得自己对社会、对他人的责任，并以此为准绳来规范自己的行为。在人与自然的关系上，人作为自然的一分子，要学会正确处理改造自然和保护自然的关系，在掌握改造自然的知识与技能的同时切实保护地球的自然生态环境。

（2）学会学习

21世纪的社会将是学习化的社会。学习将成为一个人的终身需要。教育也将从传统的一次性的学校教育向终身教育转变。信息科学和多媒体技术的发展，将为学习型社会提供越来越充分的保障。

（3）学会创造

创造是人类的特征之一，是人类生存发展的手段。如果不会创造而只会重复，人类就不可能进步，就不可能有更高更好的生存条件和质量。所以，教育的责任之一在于开发人的创造性思维，教给人们更有效的创造方法。

把孩子培养成为祖国的建设者，是每位家长的神圣职责和历史使命。从孩子出生起，为父母者责无旁贷地担负起了养育下一代的责任。

家长不仅要保证孩子的身心健康，还要做好孩子基本素质的培养工作。随着科学技术的飞速发展、社会的不断进步，时代对家长的素质要求也越来越高。家长会通过各种传播知识的媒体和各种学习方式不断地充实自己，尽快地提高自身的思想素质、科学文化素质和教育素质，才能以美好的情操、高尚的行为和最新的方法培养孩子，为孩子创造最好的成才氛围和条件。

培养孩子成才是一个系统工程，家长是家庭教育的管理者和实施者，家长的责任主要体现在三个方面。

（1）家长的榜样作用。父母的言行、思想观念和文化素质无时无刻不在影响着孩子，可以说从孩子身上，我们总能找到父母的影子。

（2）家长不仅是被动模仿的榜样，还是有目的进行教育的实施者，孩子基本性格的形成和家长的培养教育密不可分。古今中外众多名人成才的事例无不说明父母的作用。

（3）家长要为孩子创造一个健康成长和学习知识的良好环境，这里说的环境包括外在环境和心理环境。能够满足孩子生活学习必要的物质条件和适合的场所，可以说是良好的外在环境，由家长高尚的品德、健康的心态和不断进取的精神营造的家庭氛围是良好的心理环境。

第二章　表扬和批评孩子要讲究艺术

> 当孩子表现出了好的或者父母所期待的行为时,父母要马上表扬,及时表扬才能更有效,对越小的孩子越应如此。总的来说,及时表扬是对一个好的行为的反馈,可以及时巩固这个行为。

赞赏能促使孩子进步

哥伦比亚大学的盖兹和匹斯兰德两位教授,曾经针对"奖惩在学习上的效果"做了一项心理实验。

他们两人随机取样,在某校挑选了一些学生进行测验。他们先把这些学生分成A、B、C三组,然后举行考试。隔了三天之后,再举行同样的考试。不同的是,在第二次考试之前,先对A组学生加以奖励,称赞他们考得很好;而给予B组惩罚,责怪他们没有考好;至于C组学生,则不给予奖励,也不给予惩罚。实验结果发现,受到奖励的A组,第二次考试的成绩最好,其次是受到惩罚的B组,没有受到奖惩的C组反而考得最糟。

这项心理实验的结果虽然不能断定奖励的效果必定优于惩罚,但至少证明了奖惩对孩子的影响,比"不闻不问"来得大。至于是奖赏好,还是惩罚好,则必须视孩子的个别差异而做适度的调整。父母尤需注意的是,不论采用奖励还是惩罚的方式,都应特别小心,千万不可用成人的尺度去衡量或要求孩子,以免在无意间伤害孩子,给孩子的心灵蒙上一层无法抹掉的阴影。

奖励也是矫正孩子品行的方法之一,它能帮助孩子区别好与坏、容许与

禁止。正确地使用这种方法可以巩固孩子的良好品行，让孩子养成情愿和积极听话的习惯。 表扬的话对孩子来说，是良好品行的自我肯定的动力，是对自己才智充满信心的动力。适时且巧妙地说出称赞的话，能在孩子心中激起强烈的自信心。孩子是多么希望得到父母的鼓励、奖励和表扬！

在我国现在的班级教学条件下，一个班的学生最多能达到50多人，最少也要有30多人，在这样大的班级里，老师每天能表扬几个学生呢？孩子每天在课堂上能有几分钟的自我表现机会呢？对于小孩来说，身体和身体的接触会使他们产生一种心灵相通的感觉，而让他们有一种安全感。

所以，在言语赞美的同时，若能再以动作辅助，更容易使孩子感动，使他们的行动更加积极。

"握握手"就是一种辅以动作的赞美手段。从形态加以分类，它属于态度亲切的奖励方式。另外，一边摸孩子的头，一边夸奖他，往往为他们带来一种被关心的喜悦。

来自父亲或母亲的夸奖，对于孩子而言是一种鼓励，但有时候，爷爷、奶奶、叔叔、阿姨等孩子周围的人所给予的赞美，则具有更好的影响效果，往往也是促使孩子进步的最好动力。家长平时和老师保持一定的联系，便可以利用老师对孩子的评价赞美孩子，说某位老师告诉我，你近来课堂纪律好多了。孩子听了，从心眼里感谢老师能注意到自己，因而更加注意自己在学校所有场合的言行，再不像以前那么调皮了。又如，父母可借着家里年长亲属，传达对孩子的赞美和鼓励。直接受到夸奖当然令人高兴，但是如果孩子由其他长辈的口中得知："你爷爷奶奶跟我说了，他们都赞美你确实是他们的好孙子，我也觉得你好棒呢！"孩子所受的激励一定更有效。

比如，当着孩子的面，告诉孩子所敬重的人，说孩子懂得了什么知识，取得了什么进步。还可以给孩子机会让他显示自己的才能。比如，向孩子请教他能够解答的问题；让孩子帮助解决某些家庭事务等。有一位家长在女儿学会怎样写信以后，就请孩子给爷爷奶奶写信，汇报她近来取得的成绩。

奖励要公正。应该在发现孩子确实有些成就（当然在孩子有可能办到的范围内）后，才使用奖励的方法。孩子所获得的成就确实需要相当大的体力、智力及精神上的努力。比如，为了别人的方便而放弃个人愿望或牺牲个人利益（如让座给老年人，帮助妈妈购买东西，看护年幼的孩子，自己收拾房间等），及时表扬他，就能成为他做好事的动力，下次他还会继续这样做。

表扬孩子的学问

表扬让人兴奋，感到光荣，为了再次得到表扬，人们会继续努力，只要努力去做，事情就会做得更好。所以每次恰当的表扬，都会收到促其进步的效果，甚至某次重要的表扬，能成为一个人一生中的转折点。

孩子取得成绩、获得进步时是需要表扬的。表扬是开展家庭教育的一个有效手段。不少家长已认识到这一点，能运用表扬的手段来教育自己的子女。但在实际生活中，许多父母表扬孩子的方式、方法还有值得商榷之处。表扬也有学问，否则，不仅达不到教育的目的，还可能导致孩子狂妄自大的不健康心理。孩子需要表扬，但家长不要轻易表扬，表扬多了也会滋生优越感，长此以往，便受不得半点批评，对孩子的心理发展很不利。

美国著名的教育学家戴尔·卡耐基告诫我们："你的赞美应该是真诚的，如果是虚伪的，就好比是张伪钞，用出去多危险！"因而，我们家长不但要善于为孩子的进步喝彩，更应发自内心地表扬孩子。

现在很多父母却愿意不断用大量的表扬来鼓励孩子，当孩子有了一点成绩时，就会表现得欣喜若狂。结果，无形中使父母的表扬变得越来越廉价，越来越起不到应有的效果了。

那么，作为家长我们应如何在生活中做到给孩子恰到好处的表扬呢？

（1）表扬要及时

当孩子某方面表现出色或有所进步时，应及时予以表扬，以满足孩子的情感需要，使其产生不断进取的勇气。但在表扬时要防止表扬过滥。

（2）表扬要出于真诚

不能为了表扬而表扬，只有建立在以事实为依据基础上的发自内心的表扬才会产生感情的共鸣，才会真正有力量。那些言过其实、言不由衷的表扬，不仅不会产生激励的作用，相反还会使孩子产生反感和厌恶，起负面影响。

（3）表扬要慎用

表扬是给孩子"加油"，这个"油"不能加得太多太滥。不要重复表扬孩子做的某件事。一些孩子应重复的良好行为，父母就应减少或不再对这件事表扬，让孩子逐渐养成这样的良好习惯，而不觉得在"做好事"。

（4）表扬要切合实际

对孩子的表扬应该恰如其分，不可夸大其词。如果表扬言过其实，或过多过滥，就会使孩子产生"表扬得来全不费工夫"的错觉，直至不把表扬当回事，或者成天等待着别人表扬。一旦哪天成人"不小心"忽略孩子的"存在"时，孩子就会变得非常伤感或受不起打击。

（5）表扬要讲究艺术

有的家长以为给钱给物就是对孩子最好的鼓励，实则不然；也有的家长表扬孩子时常常显得很做作或笨拙，结果使表扬变成了"例行公事"。实际上，给予孩子暖人心扉的赞美是最常用也是最重要的。一个赞赏的眼神，一个会心的微笑，一个赞许的点头，都可以传递真情的鼓舞，都能表达对孩子的表扬；带孩子去旅游、爬山、逛公园、看电影，这都是表扬孩子最适当的方式。总之，在表扬孩子时，家长应该不拘一格，因时因事而宜，以充分展现出表扬的真正魅力。

什么是"皮克马利翁效应"

教育心理学上有一个颇值得玩味的名词叫"皮克马利翁效应"。意思是说：老师预言某些学生将会出现特殊的好行为时，这些学生便将展露出老师所预言的才华；反之，老师如果预言学生是难雕的朽木，学生的表现必将腐朽不堪。

如果将这样的联想移植到教育的理念上，也就是说，"汝心信其可行，虽移山倒海之难，孩子也能轻松做到；汝心信其不可行，虽摧花折木之易，孩子也难有所成。"从社会心理学来说，这种先入为主的成见，是"自我实现的预言"。

也许有人并不知道，这个名词背后还有着一段动人的故事。也曾有人误以为"皮克马利"是位著名的心理学家,其实他是位塞浦路斯王子,是萧伯纳笔下的主角。由于正值青春年华,他便经常幻想有朝一日能跟一位美女相约出游。后来,他请来了一位雕刻师,依他描述的形象,雕了一座美女塑像,朝夕相处。这种真情感动了天上的神,于是赋予塑像生命,让她和王子结婚。从此世界上也就有了塞浦路斯人。

后来,罗桑沙和杰柯逊两位心理学家将其寓意引入教育学中,称为"皮克马利翁效应"。

红遍世界的意大利歌唱家帕瓦罗蒂还是个孩子时,祖母常把他抱在膝上对他说:"你将会成为一个了不起的人物,你不久就会明白的。"他母亲梦想他当个银行家,然而,他却当了小学老师,只是偶尔唱唱歌。但父亲不断地激励他,说他唱歌很有潜力。帕瓦罗蒂终于在22岁那年弃教从事保险业,从而争取到比较充裕的时间发展唱歌的天赋。学习声乐成了这位歌剧明星一生的转折点。事后他说:"如果我不听父亲的话,仍当教师,我就永远不会站在舞台上。不错,我的老师培养训练了我,但没有一位教师对我说我会成名。只有我的祖母,只有祖母那句话激励了我。"

另一位是美国专业作家马尔科姆·戴尔科夫,也因为受到"皮克马利翁效应"的激励而改变其一生。

戴尔科夫小时候住在伊利诺斯州的罗克艾兰,无依无靠,生性十分卑怯。1965年10月的一天,他的中学英语老师露丝·布罗奇给学生布置作业,要求学生在读完了小说《捕杀一只模仿鸟》末尾一章之后,由他们接下去续写另一章。

戴尔科夫写完作业交了上去。事隔多年,他已记不清自己当时究竟写了些什么特别的内容,也记不起布罗奇夫人给他打了多少分。但他的确记得——并且永生不忘——布罗奇夫人在他的页边批下的四个字:"写得不错!"

就是这四个字,改变了他的一生。

"我从不知道自己能干啥,将来做什么,"他回忆说,"可读了老师这四个字的评语,我回家立刻写了一个短篇小说——这是我一直梦想要做但又决不相信自己能做的事。"

在接下来的时光里,他写了许多文章,最终成了美国著名的专业作家。

美国著名作家马克·吐温说过，他可以"因为人家一句适当赞美的话而开心两个月"。马克·吐温不是爱虚荣的人，他这句话道出了**人类共同的心理需要——理解、肯定、赞美和鼓励**。这是一束照耀人的心灵的温煦的春光。杰出人物如此，成年人如此，孩子更是这样。人们反复指出不要娇宠孩子，不要溺爱孩子，不要袒护孩子，也不要胡乱夸赞孩子。确实，对孩子不仅不能不分是非曲直地胡乱夸赞，而且也不能夸赞过多。胡乱的夸赞可能使孩子走上歪道，过多的夸赞可能使孩子骄傲自大。但也有些家长可能采取另一种态度，认为对孩子不能夸赞，只能严格要求。这也是偏颇的。道理很简单：孩子需要鼓励，准确的、适时的、恰当的夸赞将使孩子受到鼓舞，激发孩子的自尊自爱自主自立的意志和奋发努力的上进心，也可以使孩子明确前进的方向。因此，准确的、适时的、恰到好处的赞美对于孩子的健康成长和成才是完全必要的。

如何奖励孩子

心理学家德西做过一个实验：让一些孩子解答一些妙趣横生的智力难题。开始他对所有的孩子都不奖励，尔后，他把孩子分成两组，一组每解答一道难题就奖励一美元，另一组则没有任何奖励。在安排孩子休息和自由活动的时间里，他发现，尽管有奖励那一组的孩子解题十分努力，但在自由活动的时间里，却很少有人在自学解题；而没有奖励的那一组却有很多孩子在继续认真地解答尚未解答的难题。从总体上说，有奖励组的孩子对解答难题的兴趣减少了，而无奖励组的孩子反而兴趣更浓厚。人们习惯地将这种现象称之为"德西效应"。

这个实验说明了什么呢？它说明了用金钱奖励在短时间内可能有一定的激励作用，但不一定能起到长久的积极作用。它还说明奖励也并不是一件简单的事，是要讲究方法和技巧的。在教育孩子的过程中，许多父母也在实行奖励制度，有的取得了一定的效果，但相当一部分父母不管奖励多少，孩子仍是老样子，效果不理想，有的甚至越奖越差，起了反作用。原因何在呢？

就在于奖励不得法。那么，父母该怎样奖励孩子呢？

第一，要避免奖励过于频繁。奖励应该是点缀式的，不能什么都实行奖励，今天作业写得清楚要奖，明天考试考得好要奖，星期天做了一些家务也奖……奖励过于频繁很容易产生负面效应，容易使孩子产生这样一种心理：你不奖我就不做，我做了，你就应该奖励，把获取奖励当作自己的目标。凡是孩子应该做到的，比如作业写清楚、做简单的家务等都不应该奖，需要奖励的应该是那些一般难以做到的、表现突出的、进步明显的行为。

第二，交替使用不同的奖励方法。由于孩子对新鲜事物永远充满好奇心，因此，父母应该经常变换奖励方法，这样可保持奖品对孩子的吸引力，使奖励更加有效。例如，孩子每帮助爸爸倒一次垃圾，爸爸就奖励他一个塑料动物玩具，开始时他很兴奋，但是几周以后，他就对这一大堆玩具失去了兴趣。因此，我们要不断改变奖励方式，恰当的奖品可以强化孩子的好习性。例如，只要孩子能做到放学后先做完作业后再玩，就可以奖励他多玩 30 分钟，这样孩子就会慢慢养成放学后自觉完成作业的好习惯。当一个好的行为变成习惯固定下来后，父母再针对孩子的其他行为进行有目标的奖励。

总之，应该让奖励有意义，让奖励留在孩子的记忆深处，能产生长久的作用。动不动用金钱奖励，容易使孩子过分看重金钱，以致形成金钱至上、钱能通神的庸俗的价值观。

第三，奖励在不经意处。不经意处，就是自己也没注意或没想到的地方。有时，可以对孩子渐渐形成的、自己也没有注意到的优点或偶尔的一次良好表现给予特别的奖励，以进一步强化孩子的这种优点和表现。比如孩子平时骑车后从来不擦车，这次不知道什么原因，自己很自觉地在擦车，而且还擦得很干净，那么，不妨给予一定的奖励，给他一个惊喜。又比如，孩子班里的一个同学出了车祸，住在医院里，孩子用自己的零用钱买了点礼品去看望同学。父母得知后，也不妨给予奖励，表示对他的这种行为进行充分的肯定。

第四，要辩证地对待奖励。优点的背后往往是缺点，缺点的背后也往往是优点，对孩子不能只奖不罚，也不能只罚不奖。要奖罚分明，不能因为奖而看不到孩子的缺点，也不能因为罚而看不到他的优点。

另外，不能失信于孩子对其承诺的奖励。说好要奖的就必须奖，说好奖多少就奖多少，不能把自己的承诺当作玩笑，不能对奖品打折扣。有些父母当时信誓旦旦，你做到怎么样，我一定怎么样，可等到孩子真的做到了，又反悔了。这是很不好的，对孩子的伤害很大，对父母自己的威望也是极大的损害。

批评孩子的艺术

天下难以找到不犯错误的孩子，却不难找到正确处理孩子错误的父母。

一个教子有方的父亲或母亲，应当明白自己对待孩子犯错误和帮助孩子改正错误的方式、方法，将直接对孩子产生重大影响，形成孩子自身正确对待和处理错误的态度和行为。须知一个天天被过多的责备和惩罚所包围的孩子，他们会认为自己"不断地被否定"，最终得出自己"毫无价值"的判断，甚至会形成强烈的逆反心理。

并不是说面对孩子的任何错误，我们都不能责备、不能惩罚。如果非这样不可，那么请记住一条"底线"——和颜悦色地面对孩子的错误，容许孩子将错误逐渐改正过来。

孩子的字写得不好，爸爸可能会责备说："你自己看看，你的字写得有多难看，说了多少回了，你总是一点点进步也没有，真蠢！"孩子本来一直认真努力，尽管效果还不明显，可给爸爸这么一说，他很可能会产生诸如"也许我真的不行，再怎么练也没用，反正是写不好字了"的想法。假如爸爸采取的是启发性的恰当批评，对孩子说："你的字写得别人不易看懂，你可以尝试写得慢些、清楚些，爸爸读中学时字也写得难看，后来坚持练字，字就写得不错了，你一定会比爸爸写得更好。"这样一来，效果会大不一样，孩子既明白了自身的不足，自尊心与自我形象又没有受到伤害，他一定会努力的。

每一个人内心都有一个自我形象的好坏问题，儿童也不例外。自我形象良好的儿童对自己的品行、能力充满信心，跃跃欲试，不怕困难。自我形象差的孩子则缺乏自信，总是怀疑自己："我行不行啊？不行被人家嘲笑怎么办?"过多的怀疑导致孩子怯懦,导致孩子智力、能力的缺乏。

孩子自我形象的形成与父母、老师及周围成人对他的评价息息相关。如果孩子常被人夸奖"真是一个好孩子,多可爱","这孩子将来一定有出息","爸爸为你骄傲",孩子就会具备良好的自我形象,并注意自我抑制,成为学业、事业的成功者。如果孩子常被人责备、诋毁,如,"你这孩子一点也没用","这孩子真笨",长此以往,孩子的自我形象越来越差,心里可能形成"我真是没用,谁都瞧不起我,我可能真的是个笨蛋"的自我形象,日后也许真的一事无成。

在具体的事情上,不同的批评、评价孩子的思想、方法,也会给孩子的自我形象造成好坏悬殊的影响。批评不能伤害孩子的自我形象,批评必须讲究艺术,必须谨慎地运用语言,不适宜的责备语言会产生严重的副作用。

在批评孩子的语言方式上,父母要十分小心,牢记批评孩子只是为了最大限度地使孩子健康成长。过分的批评只能是打击孩子。

在法国的一个城市,罗伯特的孩子小杰克在自家花园里玩足球,兴奋之下,把足球踢到邻居花园中,打烂了一盆玫瑰花。小杰克怯怯地告诉爸爸,叫爸爸去拾球,可罗伯特要小杰克自己去,首先要道歉,还要拿上一盆同样的花作为赔偿。小杰克不得已捧着花不情愿地一步一步走向邻居家。邻居是70岁的老先生卢克,卢克看着杰克泪水盈盈的样子,非但没有责备孩子,没有收下花,还从屋里拿了一包巧克力送给小杰克。罗伯特见儿子回到家里,小脸蛋泪水未干,可掩饰不住喜悦,又见儿子手里多了一包巧克力,知悉内情的罗伯特径直去找老卢克。"卢克,我儿子犯了错,我想教育他,请你配合,犯错的孩子不应得到奖励。"然后他又要儿子拿着巧克力和鲜花送给卢克爷爷。一天之后,罗伯特才借着一次机会奖励巧克力给儿子。

罗伯特的做法似乎有点过火,但他是对的。对孩子明显的错误,明知故犯的错误,性质严重的错误,一定要严肃批评,直到他改正为止。

总之,批评应注意以下几点。

第一,避免用否定性、伤害性的语言,不要挖苦、嘲讽。

第二,切不可以偏概全,孩子一件事没做好,就说他"什么也不会做"。

第三,不要翻案揭老底,孩子犯了错,就把他过去所有的错误一一数落。

这会引起孩子的极度反感。

第四，不要夸大孩子的错误，特别不要在外人面前当面指责孩子的错误。

第五，不要在情绪激动时批评孩子，这时很容易失去分寸，伤害了孩子，后悔都来不及。

第六，不可用自己不良的思想、习惯来要求孩子，不可批评孩子正确的行为。

如何惩罚孩子

惩罚是一种负强化法，它在培养孩子良好的习惯方面也起着十分重要的作用，那就是使孩子清醒地认识到什么是绝对不能做的，以便他们能及时调整自己的行为。

家长在实施惩罚措施的时候，有以下几点需要注意。

（1）要有明确的目的

家长都清楚惩罚孩子是为了让孩子认识到自己错了。但很多时候，由于自身的不冷静，家长感觉孩子的错误妨害了家长的利益或者给家长丢了面子，而不是因为孩子的言行违背了社会道德规范。家长伤心、生气，于是忘记惩罚孩子的目的，采用过激的方法，使孩子感到家长惩罚自己，不是因为自己错了而是家长生气，有火要发泄。

（2）惩罚要适度适当

既然惩罚的目的在于教育孩子，那就要从关心和爱护的角度，在尊重孩子人格的情况下，给予孩子适度的惩罚，让他们认识到违反规范是错误的，从而深化他们对行为规范的认识。

所谓适度，法国人卢梭早在300年前就说过："孩子所受到的惩罚，只应是他的过失所招来的自然后果。"例如，孩子不爱惜家里的东西，把家里的椅子弄坏了，那就让孩子站着吃饭，让他体验自己的行为带来的后果；例如，孩子任性，动不动就摔东西，因为妈妈没有满足他爱吃东西的愿望，把一个玩具摔了。那就告诉他，两个月之内不给他买新的玩具，如果不承认错误的话那就一直到他承认错误为止,让孩子感到他确实需要这些东西,要爱惜东西,同时也认识到父母的惩罚是公正和合理的,是因自己的不良行为引起的。

所谓适当,有如下几个意思。

一是不能妨碍孩子的身心健康。在不妨碍孩子身心健康的前提下舍得让孩子吃苦。例如罚站,反思自己的错误,限制孩子的某些自由和权利;例如不准玩游戏机,不许看电视,不许外出活动;再例如强迫孩子去做一些他不愿意做的事,去抄课文或者采用冷淡的方式,在某一段时间内不和他说话,使他感到孤单等。

二是在惩罚孩子之后,抓住适当的时机,进行正面教育,让他真正认识到是自己的行为错了,让他甘心受罚。而不能让孩子有"你不是打我、骂我、罚我了吗,那也就抵消了我所犯的错误,我的心理也就平衡了"这种不正确的想法。

三是惩罚要及时。孩子有错误行为,应立即惩罚,使他明白是由此错误而受罚。比如与来家做客的小朋友发生了争吵,就需要及时让他闭门思考。而不能等到此事过后,孩子已经心平气和地干另一件事时,家长才想起前一件事对孩子惩罚,使孩子弄不清受罚的原因是与小朋友争吵,还是现在又犯了什么错误。

惩罚是一种教育方法,表扬也是一种教育方法,运用得当,无论是批评惩罚还是表扬奖励,都会对孩子起到深刻的教育作用。所以,应考虑孩子的年龄特点、性格气质,采用不同的教育方法,使孩子对自己的行为有正确的认识。让孩子明白自己做好了,好在什么地方,家长表扬自己;自己做错了,错在什么地方,家长惩罚自己。这样,孩子就会坚持好的,改正错的,真正接受教育,既避免骄傲自满情绪的滋长,又避免仇恨情绪的滋生。

孩子的不良行为及纠正方法

(1)假装听不见父母的话

当父母一遍遍地提醒孩子收拾玩具或自己拿水喝时,他就像没有听见一样自顾自玩。出现这种情况，做父母的不要轻易放过。如果长此以往，孩子会越来越不重视大人的指令，继续纵容孩子的这种行为，孩子可能会变得目中无人，他们的控制欲会变得越来越强。

纠正建议：孩子做某件事时，父母应走到他面前，轻抚他的肩膀，呼唤他的名字，然后告诉他该做什么。谈话时应让孩子看着你，要求他回答你"好的，妈妈。"如果孩子不听话，应该告诉他继续这样做会引起什么样的结果。当孩子开始出现"选择性听取"时，父母可以用限制他做最喜欢的事的方法来纠正他的行为，并且父母不能轻易让步，否则孩子很难改正。

(2) 不时打断大人的谈话

孩子经常会迫不及待地想告诉父母一些事情或问题，但是经常打断大人的谈话可不是什么好习惯，纵容孩子这么做，不利于教育孩子替他人着想，他会认为自己有权利吸引别人的注意，不能忍受任何挫败。

纠正建议：大人谈话时，应提醒孩子保持安静，告诉他不能随意打扰大人的谈话，同时给他安排游戏或者让他玩平时没有玩过的玩具。如果此时孩子还是缠着大人提出各种要求，父母可以指指椅子让他安静地坐在那儿，耐心等大人谈完，然后告诉他，干扰别人的讲话就不能达成愿望。

(3) 生活无规则，随心所欲

孩子经常未经过父母同意就随意拿糖果吃，或是自己开电视机看，对这些看似不起眼的小事，父母也不能听之任之。应早早为孩子订立一些生活中的规矩，譬如不能随心所欲吃糖果，不能一整天看电视。放任孩子不遵循规矩做事绝不是好办法。如果父母继续纵容，等孩子到了一定年龄，他可能出现不通知大人就外出的情况。

纠正建议：不妨制订几条家庭纪律，并经常和孩子谈论这个话题，譬如告诉孩子："想吃糖时，应该先问问父母，这是咱们家的规矩。"如果孩子在规定时间以外打开电视机，应让他及时关闭电视机，并且大声清楚地陈述一扁规则，这样做有助于让孩子铭记在心。

(4) 游戏时出现攻击性行为

在游戏过程中，孩子有时会与小伙伴发生一些小小的冲突，并出现攻击性的行为，譬如推搡小伙伴或是用手掐小朋友等。如果父母无视不管的话，等到孩子长大以后,就会积习难改了。放任孩子这种行为的话,会让孩子认为伤害别人不是什么大不了的事情,不用在意。

纠正建议:当孩子出现攻击性行为时,父母应把孩子拉到一边告诉他:如果别人也用这种方式对待你,你感觉会怎么样呢?"同时要告诉孩子,任何伤害别人的举动都是不可以的。在下一次出去玩的时候,要提醒孩子的行为不能粗鲁霸道,教会他生气时该采取什么措施让自己镇静下来。如果再次发生类似的情况,应给他一点惩罚。

(5) 常常夸大事实真相

如果一个还不会叠被子的孩子说是自己整理好了床铺,或是一个没有乘过飞机的孩子告诉同伴他坐飞机去过迪斯尼乐园等,这些大话听起来无关紧要,但是发现孩子经常说大话,父母一定要警惕。如果孩子认为说谎可以美化自己,可以避免让他做一些不愿意做的事,或是摆脱闯祸后的困境,慢慢地,他就会把撒谎看成很自然的事了。

纠正建议:一旦察觉孩子在说大话时,父母应该直截了当地告诉他:"去迪斯尼,当然很有意义,我们以后说不定哪天就会去,但是现在还没有去,你就不可以说你去过了。"同时要告诉他,一个人如果总是说大话,人家就不会再相信他了。父母还可以用讲故事来启发孩子,让孩子学会诚实。

如何保护孩子的自尊

孩子的自尊心像稚嫩的小苗,一旦受到伤害,就会留下难以愈合的伤口,甚至会影响他的一生。因此,作为成年人,特别是父母应保护孩子的自尊心。

怎样保护孩子的自尊心呢?

(1) 不简单粗暴地对待孩子,以免使孩子在愤恨中失去自尊。应循循善诱,就事论理,使孩子在不知不觉中建立自尊。孩子有强烈的"自我中心"意识,作为父母要善于抓住生活中的点滴小事,向孩子讲清简单的道理,教育和培养孩子从他人的位置考虑问题的习惯,逐渐摆脱"自我中心"意识,使孩子觉得人与人是平等的,从而懂得只有尊重别人,别人才能尊重自己的道理。

(2) 讽刺、挖苦孩子，能使孩子产生自卑而失去自尊。应积极鼓励，适当赞扬并给予奖励，使孩子在自豪中建立自尊。孩子争强好胜，有上进心，并且希望得到成人的赞许，但由于年幼无知，难免出现过错或做事不如大人意。对此，不能过多责备孩子，而应抓住其微小进步，激发孩子的积极性，使他们克服不足，在不断的进步中增强自尊心和自信心。

(3) 对孩子冷漠、厌烦，会使孩子在失望中失去自尊。我们应为孩子创造表现自己的机会，使孩子在满足之中建立自尊。孩子爱表现自己，喜欢做事，更向往成功，成人不要怕烦怕累，让孩子退缩一角，而应尽可能地给他们创造机会，施展自己的才华，并用爱抚的微笑，诚恳的赞许，鼓励孩子进步。这样不但使孩子增强自信心，还可以培养父母与孩子之间的感情。

(4) 对孩子管教过严，会使孩子在畏怯中失去自尊。应把孩子当做独立的个体，使孩子在平等之中建立自尊。父母不要把孩子当成自己的私有品，用命令的方式跟孩子讲话，用成人的标准要求孩子。作为父母应该鼓励孩子大胆发表自己的见解，鼓励孩子与成人争辩是非，如果成人确实说错了，做错了，应坦诚地承认错误，并向孩子道歉，使孩子觉得父母是尊重他的，自己也应该尊重父母和别人。

当然，一味地表扬、奖励、赞许孩子，会使孩子产生虚荣心。必要的批评，必要的处罚，也是培养孩子自尊心的一个很好的手段。它是一种冷却剂，可以使孩子冷静地检点自己的言行，修正自己的错误。

(5) 对孩子采取个别引导、正面教育的方法。有些家长认为当着亲朋好友的面批评，人多势众，可以给孩子制造压力，促使他改掉缺点。殊不知，孩子和大人同样爱面子，这样做只能损伤孩子的自尊心。所以家长要注意场合，不要在大众之下粗暴地讽刺挖苦和训斥孩子，应多采取正面引导、个别谈心的方法，以理服人。

(6) 孩子对一切事物充满兴趣，充满好奇心，对任何东西都想看一看、摸一摸、尝试尝试。家长应注意，当孩子做错了事，不要训斥和责怪。应弄清其动机理由，再加以引导，帮助孩子找出原因。

(7) 在教育孩子时，要注意有针对性，就事论事，不要把从前的"历史问题"和"陈年旧账"抖出来，唠叨不停，使孩子灰心丧气、自暴自弃。

（8）对孩子要求适度，不要过分严格，应适当放松要求。在过分严格的背景下长大的孩子，往往缺乏自尊心、有过分依赖的心理；相反，对待孩子的缺点也不能放纵和姑息迁就，在不损伤孩子的自尊心的情况下，应采取循循善诱的方法，使之克服缺点。

（9）当孩子取得成绩和进步时，对成人而言哪怕是多么微不足道，也应及时给予表扬和肯定。

（10）不要总是当着孩子的面夸奖别的孩子，并与之相比较，使孩子产生自卑心理。

培养孩子的自尊心不是一朝一夕就能完成的，成人要有耐心、细心，关心爱护孩子，而且要用全面、发展的眼光看待孩子，不能因孩子一时表现欠佳就气急败坏、大发雷霆，要相信孩子，用有效的教育方法使孩子的自尊心得到健康发展。

第三章　培养好习惯，纠正坏习惯

> 我国著名教育家叶圣陶先生有过一句至理名言："什么是教育？简单一句话，就是要养成习惯。"
>
> 少年、儿童期是孩子由不成熟逐渐走向成熟的重要时期，同时也是孩子养成习惯的关键期。习惯有好坏之分，孩子若此时养成良好习惯，受益终生；若有了坏的习惯，也将有害终生。因此，抓住这一黄金季节，帮助孩子形成良好习惯，是我们家长教育子女的当务之急。

好习惯是在生活中养成的

　　什么是习惯？在最新版的《新华词典》中，对于"习惯"是这样释义的："长时期养成的不易改变的动作、生活方式、社会风尚等。"事实上，广义的习惯不仅仅是动作性的、生活方式性的或社会风尚性的，还包括人类所有的优点，甚至包括"善良"、"仁爱"这样永恒的主题。但这也需要进行不断修炼，才会真正化为行动性的习惯。

　　古人说："少成若天性，习惯如自然。"意思就是小时候形成的良好行为习惯和天生的一样牢固。近代英国教育家洛克在其《教育漫话》中说道："儿童不是用规则教育就可以教育好的，规则总是被他们忘掉。你觉得他们有什么必须做的事，你便应该利用一切时机，给他们一种不可缺少的练习，使它们在他们身上固定起来。这就使他们养成一种习惯，这种习惯一旦养成以后，便不用借助记忆，很容易地、很自然地发生作用了。"

日本教育家福泽谕吉说："家庭是习惯的学校，父母是习惯的老师。"事实正是如此，孩子习惯的养成主要在家里，父母应该注重在生活中培养孩子的各种良好习惯。

德国哲学家康德从小就在父亲的教育下养成了严谨的生活习惯。据说，他每天散步要经过镇上的喷泉，而每次他经过喷泉的时候，时间肯定指向上午七点。这种有条不紊的作风正是哲学家严密思维的根源。可见，良好的生活习惯对于一个人的成功起着积极的作用。

要想培养一种良好的习惯，是需要一个过程的。在这个过程中，父母切忌浮躁，否则会导致相反的效果。而应该让孩子接受培养这种习惯后，然后逐渐锻炼，才能够很好地培养这种习惯。在此期间，孩子很可能有中途放弃的念头。遇到这种情况，父母不应该对孩子发脾气，而应该采取疏导的策略，让孩子继续坚持，在坚持中使这种好习惯慢慢培养起来。

家庭教育中，应从哪些方面入手培养孩子的好习惯呢？

（1）从家庭生活入手

心理学认为，习惯是由于重复或练习而巩固下来并变成需要的行为方式。根据这一原理，起居饮食方面最容易形成孩子的良好习惯。如在婴儿期，养成定时喂奶、定时排便、定时睡眠的习惯。从学龄前开始，可要求他们每天做到按时就寝、到点起床、每日三餐，自己铺床叠被，自己整理内务，自己换洗衣物。还有一点至关重要的是，一定要让孩子每天承担一些力所能及的家务劳动。这样，你的孩子在一个不太长的时间内，就能养成起居有规律，自己的事情自己做，大家的事情主动分担的良好习惯。

（2）从日常学习入手

只要家长稍微留神一下，就可以发现，凡是成绩优秀的学生，都有着自己良好的学习习惯。可以说，从日常学习行为入手培养孩子良好的学习习惯，不只是有利于提高孩子的学习成绩，更为重要的是，由于学习是儿童时期的主要活动形式和内容，从孩子日常学习行为入手容易培养他们好的生活习惯。中华人民共和国的开国总理周恩来在提及自己的许多良好习惯时，总是满怀深情地回忆起青少年时期在南开中学的校园生活，并以此告诫后人良好品性习惯对人生的重要意义。所以，孩子什么时候开始学习，我们就从什么时候开始培养他们的好习惯。

（3）从认真之处入手

认真，本身是良好习惯的表现，同时也是培养孩子良好习惯的好办法。我们不仅要求孩子听讲要认真、作业要认真、考试要认真、扫地要认真、洗衣要认真，同时家长对孩子已经承诺的事情的检查也一定要强调"认真"二字。让孩子每次言必信、信必果，终成习惯。

但愿所有良好习惯融入每一个孩子的生命，助其健康成长，早日成才。

如何让孩子养成良好的学习习惯

大家知道，习惯是人在一定情景下自动地去进行某些活动的特殊倾向。有些习惯是无意识多次重复的结果，如许多孩子在思考问题的时候，只要手中有笔，就会习惯地将笔在手指间转动起来。还有许多习惯是通过自己有意识地反复实践而形成的，如有的孩子从小养成了晚上预习第二天新功课、寒暑假预习下学期新功课的好习惯。良好的学习习惯使他们受益终生。

当然，习惯并非一成不变。人完全能够在一定条件下有意识地养成好的习惯，改变不好的习惯。我们再来具体讨论一下，怎样才能培养孩子良好的学习习惯。

（1）要有意识地培养孩子好的学习习惯

实践证明，好的学习习惯，主要是有意识培养起来的。根据调查，良好的学习习惯主要有：主动预习功课、制订学习目标、积极思考勇于质疑、书写认真、独立完成作业、摘写读书笔记、总结复习、利用互联网获取信息、查找工具书、用眼符合卫生要求等。你不妨就从这些方面试一试，培养孩子的学习习惯。

好的学习习惯都是在家庭、学校环境的影响和要求下，通过孩子主观努力逐渐形成的，而不是无意识养成的，随随便便不可能培养出好的学习习惯。对此，我们家长一定要有清醒的认识。

(2) 要从小培养孩子好的学习习惯

古人说：少成若天性，习惯如自然。意思是说，从小培养的品质如同天生的一般，习惯的行为就成了理所当然的事情了。这充分说明，培养好的学习习惯要从小抓起。习惯有好坏之分，又有稳固性。如不从小培养好的学习习惯，让其自发地形成坏的习惯，长大后，再想改过来就十分艰难了。举个很简单的例子，小学一年级出现的错误笔顺，一旦形成习惯，进入中学后，就很难在短时期内彻底纠正。

实践的经验和教训告诫我们：与其将来等孩子长大后花费几倍，乃至几十倍的力气去克服坏习惯，不如从小开始养成他们的好习惯。

(3) 要从每个学习环节开始培养孩子好的学习习惯

培养良好的学习习惯，应从每个学习环节抓起，目标明确，严格要求。例如小学生培养良好的课外阅读习惯，至少包括让孩子自己定期浏览互联网和去书店选购书籍、自己通过工具书"消灭"不认识的字和不理解的内容、自己做读书笔记这样三个环节。抓住了这三个环节，坚持下去就一定会逐渐养成孩子良好的课外阅读习惯。

(4) 要坚持不懈地培养孩子好的学习习惯

好习惯的形成，都有一个长期的发展过程，也就是把要求变成自觉行为到变为自然习性的过程。好的学习习惯只有成了孩子的自身要求，才能保持长久。因此，要培养孩子好的学习习惯，一定要让孩子有持之以恒的毅力和坚韧不拔的精神，否则就会出现"反正明天开运动会，不复习了"，"今晚电视节目好看，算了，作业明天课间去抄一下"，"唉，这么多作业，还预习个啥"等各种各样的借口，破坏好习惯的形成。久而久之，还将形成坏的学习习惯。

为了明天，一定要培养孩子良好的学习习惯，让我们从现在开始吧！

让孩子有计划地支配时间

学习是一场持久战，最忌讳放任自流，学习的成功往往来源于长期的坚持不懈，就像马拉松长跑，要通盘策划，方能胜算。所以每个孩子都应该结合自己的实际情况，制订一份合理的时间表，这样不仅能提高孩子学习的自觉性，更能大大提高学习的效率。

可是，实际上不少孩子的时间支配都是毫无计划的。"脚踩西瓜皮，滑到哪里算哪里"，这样是很不好的。人越忙碌，心里就会越烦，因为过分地忙碌破坏了人的心理节奏感。高尔基说："不知明天该做什么的人是不幸的。"只有把时间和精力都进行一个比较合理的分配，才能够一步一步逐渐地接近自己的目标。有计划地支配时间的好处还在于能够鼓励孩子将学习进行到底，因为计划对他们来说是一个约束，容易让他们形成一个好的习惯，并且对孩子在学习中取得的每一点进步都能够清楚地看到，这也是鼓励制订计划者坚持学习的动力。

大多数成绩好的孩子学习都很有计划性，学习节奏感很明显，心态很平和。他们总是要求自己按照计划走，不管遇上多么喜欢的事情，比如足球比赛，但如果计划没有完成，多重要的足球比赛也不看。他们成功的秘诀就在于有计划，并能认真地加以执行。

在谈到孩子的成功经验时，一位家长这样说："从初中到高中，他的学习成绩始终名列前茅，我想这与他长期坚持制订学习计划、合理支配时间是分不开的。在对时间的支配和课程的安排上，我在头脑中总是有一个大的框架，但并不过分苛求细节，也不会规定在什么时间里一定要做什么，这样学习起来孩子可以保持一定的自由度，富有弹性。可是要做到这一点，一定要使孩子'胸有成竹'。在具体实施中，记住要干什么、该干什么，合理地进行下去，最后的时间总是有富裕的。"

有计划、有条理地支配时间，是孩子取得成功的一个关键因素，因为这使得他目标明确，心态放松，高效地利用了时间。虽然孩子们的大部分学习时间和学习任务都已经由学校里的老师安排好了，但是这样的安排并不是针对每一个同学的，只是对大家的"共同学习时间"所做的管理和规划。孩子应该根据自己的实际情况，有计划地支配时间。

广州某中学有一位学生叫刘慧，初中毕业后，在父母的帮助下只用了8个月的时间，就自学完成了高中阶段的所有课程，最终以优异的成绩考入了北大。

我们看看刘慧是怎样利用时间的。她说:"提高时间利用效率的诀窍有两个:一是集中精力,二是合理安排时间。所谓集中精力,就是学习时要非常专心,把注意力全部放在学习、钻研的问题上,而将其他无关的东西抛到脑后。至于合理安排时间,我是这样做的:每天早饭前,我都要背背公式,想想定理,把中心问题、章节要点都看一看。上午一般看教科书、参考书;下午做题目,到四五点钟时,就找一些综合性的、难度较大的题做。感觉累了,就看看其他一些科目的书,换换脑筋。晚上,再继续看书。高考前3个月的一段时间里,我是该学习就学习,该玩就玩,该看电视就看电视,该锻炼身体就锻炼身体,精力充沛,记忆力好,学习效率很高;而以前有一段时间,我曾经整天从早到晚都在学习,可是效果却很不好,因为精神疲劳,注意力很难集中。因此,我认为合理地掌握最佳学习时间,适当安排学习、休息、锻炼对学习太重要了。"

从刘慧的身上我们可以看出,根据孩子自身的情况,有计划地支配时间并抓住学习的最佳时间,就可以创造奇迹。

法国著名文学家雨果曾这样说:"有些人每天早上预定好一天的工作,然后照此实行,他们是有效利用时间的人。而那些毫无计划、遇事现打主意过日子的人,只有'混乱'二字。学习也是一样,有计划的人,不仅学习有条理、有顺序,而且有目标、有方向。这样当然效果会比没有计划随意学要好得多。"

时光能"红了樱桃,绿了芭蕉",却不会使懈怠者出什么成果。抛弃时间的人,时间也会抛弃他。因此,我们只有把孩子的学习时间做出合理而科学的规划和管理,并落实到学习计划中去,真正地指导孩子日常的学习,让孩子养成良好的习惯,才能够一步一步、逐渐地实现自己的目标。

如何让孩子改掉贪玩的习惯

当谈到影响学习因素的时候,有很多孩子都说主要是自己贪玩。有的孩子问，为什么大人不让我出去玩？在一些学习心理调查中，也看到曾有百分之十几的孩子，都说影响学习的主要因素是自己的"贪玩"。

玩，本来是孩子们的天性。记得老人们曾经说过这样一句话，"小的时候不会玩，大了不让玩，到老的时候想玩又玩不动。"由此看来，这个"小的时候，不会玩"，可能指的是在小学的低年级阶段，"大了不让玩"是指中学阶段了。孩子到了中学阶段由于年龄的增长，智力的开发，逐渐地会玩了。随着知识的积累，兴趣的发展，有的时候见什么都有一种好奇心，自己也总想动手做一做，因此玩的技巧多了，玩的欲望也更强了。然而，恰恰就在这个时候，家长、老师开始约束起来。有的家长不让孩子玩，不让外出，不让与同学来往。更有一些家长在放学后干脆看着孩子学习。很多学生对这种枯燥乏味的学习感觉是又苦又累。有的渐渐产生厌学心理，有的学生与家长之间还形成了一种逆反心理，于是很多心理问题、心理障碍随之产生。

其实，人在一生之中都离不开玩。从小开始，婴幼儿的玩、少年儿童的玩，不仅是在长身体，而且也是孩子通过动手、动脚和动脑的协调活动来增长智力和技能。中年人的玩是在繁忙的工作之余为了休息，老年人的玩是为了娱乐，健康长寿。

孩子正是身心发育、成长的高峰期。在这一时期，随着知识面的拓宽，视野开阔，来自各方面的信息不断增加，会促使他们常常异想天开，不但时常编织着自己美好的未来，而且对什么事情都好奇。他们想玩的内容也丰富了，玩的方式也多种多样，贪玩的欲望也比小的时候更加强烈。孩子们的玩耍除了参加一些一般的文体活动、人际交往活动之外，有时候是与其知识增长、兴趣、爱好有关。有时为了证实或实践一下自己的想法，有时出于好奇和对生活中一些技能的探讨，还有的时候是自己偶尔发现了什么，于是就动手去试试。对此，却引起了众多家长的反对。自从孩子上中学以后，看管得也严格了，有时间就得学习，不给孩子玩的时间，使很多孩子都感到上中学这样累，一点"自由"也没有。

家长不让孩子玩，从客观上能够理解，由于绝大多数家长不懂得青少年的身心发展规律，尤其是不懂得青少年在这一时期学习是重要的职责、玩是他们的天性这二者之间的辩证关系。主观地认为，孩子进入中学，学习的课程紧，内容多，应该是没有时间再去玩了。再则，家长迫切地盼望自己子女成才，所以在一些家长的眼里，当看到孩子在学习的时候，认为是理所应当的，一看到孩子在玩，立即脾气发作，轻则训斥，重则打骂。

青少年成才的一个重要的渠道是通过他们孜孜不倦的学习。另一个成长和获得知识的渠道，就是各种校内外、家庭、社会的活动，包括青少年感兴趣、爱好的游戏和玩耍等活动，也是成长所必需的一个方面。可一些家长由于不懂青少年身心发育成长的规律，只在第一渠道上下工夫，把孩子的第二成长渠道给堵死了。结果就像人的一个循环系统遭到堵塞一样，导致这个系统疾病的发生。在这样的家庭中，孩子在家长封闭式的管教中只是一味地死读书，读来读去感到心烦、厌倦，于是一些学生产生了厌学、逆反心理。这非常不利于孩子的成长。

现实生活中，我们应怎样对待中学生的贪玩心理呢？

首先，家长教育子女不要贪玩是对的，但是不等于限制孩子玩。家长应该根据孩子不同年龄阶段的特点，鼓励孩子的兴趣，引导孩子发展特长，让孩子高高兴兴地学习，在玩中乐，在乐中学。这样，孩子学起来才会越学越爱学。其次，从教师的角度，自己应该有一个健康、怜悯的心情，总是高高兴兴地与学生平等相处，多组织学生开展一些与学科相关的游戏、社交活动，让学生发展兴趣、特长，减少学习的枯燥和乏味。教师要引导学生参与具有快乐情趣的玩，具有集体观念、理想目标的玩。这样，教师才能吸引学生的心灵，才能在有限时间里更有效地吸引学生的注意力。学生才会感觉学校大课堂的温暖、快乐，学起来才会劲头十足。

孩子很聪明学习成绩却一直很差怎么办

我们先来讲一个古老而简单的故事。

从前，有兄弟俩都靠种田过日子。

老大身材高大，力气过人，一次能挑300斤，可是他懒惰，不愿干活。老二身材矮小，力气也小，一次只能挑百把斤，但是他勤快过人。

秋收时节到了，老大请人收割后，稻谷一直摊在田里，自己整天喝酒猜拳，不理农事。

一天，老二急匆匆赶来劝说老大："暴风雨快来了，哥哥，快把田里稻谷挑回家吧，要不，一年的收成全没了。"

老大听后，说："怕什么，我一次能挑300斤，我挑一趟当你挑三趟。"说完，继续猜拳行令。老二劝说完老大后，一担100斤地往回挑，终于赶在暴风雨之前，将自己田里的稻谷挑回了家。

年终，能挑300斤的老大，只好向仅能挑100斤的老二借米过年了。

看了这个故事，你有什么感想？

其实，学习上聪明就好比力气。力气再大的人不干活，有力也出不了活；再聪明的人，如果不肯学习，也不可能取得优异的学习成绩。

这就给我们提出了一个问题，除了聪明（智力因素）以外，还有什么因素在影响我们的学习成绩？

国内外许多心理学家，近年来不断开展这方面问题的实验研究，结果显示：从小学到大学，非智力因素对学习成绩也有着重大影响。这种影响，在小学和初中阶段，甚至超过智力因素。绝大多数成绩落后的学生都是在非智力因素方面存在比较明显的缺陷。大量有关创造能力的研究也表明：创造力要求具有最低限度的智商。然而，当智商达到120以上时，人的创造性成就与智商之间就没有任何关联了，而同非智力因素的关联却随创造性成就的增大而增大。

具体地说，非智力因素是智力因素以外的一切心理因素，主要包括动机、兴趣、情感、意志、性格等。有人把非智力因素具体化为几种因素：成就动机、求知欲望、学习热情、自尊心、自信心、进取心、责任感、荣誉感、自制力、坚持性、独立性等。

无论是智力超常，还是智力平常的孩子，谁都希望自己有个好的学习成绩。因此，每个孩子都会遇上如何培养非智力因素的问题。然而，要想提高孩子的非智力水平，起码要做到以下几点。

（1）充满自信

一个人要想取得优异成绩的前提是自信。

自信和盲目的狂妄自大不同。自信建立在对自己能力的清醒估计上，并且能充分认识到自己的潜在能力，相信今天办不到的事情，通过努力，明天一定能办到。与自信相对的是自卑。有自卑心理的同学，不管聪明程度如何，都不会取得最优秀的学习成绩。美国心理学家对800名男性进行30多年追踪研究发现，成就最大与成就最小的人之间，最明显的差异不在于智力水平，而在于是否有自信心、进取心、不屈不挠、不自卑等良好的意志和性格品质。

(2) 有自己的学习方法

学习方法对于学习成功有着非常重要的意义。可以说，所有学业有成的人，无一不是具有自己独特的学习方法。江西省2004年高考文科第二名、鹰潭市一中的周密同学在谈到自己参加高考的体会时说，他从来没有感到学习是一种负担。高考那天他是一个人睡到7点半才起来的，一起床就进了考场。他认为，考好的关键，在于平时一定要注意提高课堂学习效益，要注意开发自己的思维能力，摸索一套符合自己实际情况的学习方法，以便遇到同类问题可以触类旁通，这样的话，就能起到四两拨千斤的作用。他说，像数学这样的科目需要做大量题目，但不能只是死做一题，要想到这些题目都是由哪些知识变出来的，要把握其规律，举一反三，如果经常能够这么做，学习一定会获得成功。

(3) 能吃苦耐劳

毫不夸张地说，学习就是艰苦的劳动。要取得比众人更优异的学习成绩，一定要付出十分艰苦的努力。然而，在中小学生当中，我们经常可以看到，有些同学智力因素并不差，甚至还比较好，但是他们缺乏上进心，遇到一点挫折就退缩；怕吃苦，碰到一点难题，自己不钻研就问同学，甚至抄袭别人的作业，结果学习成绩落后。我们也发现，有的同学认识到自己学习屡屡失败，是思维不够灵活，于是就采用"笨鸟先飞"、"勤能补拙"的学习方法，认真、踏实做好各项预习、练习、复习，结果硬是"啃"出了优异成绩。无论是什么类型的孩子，我们家长想要提高他们的非智力水平，最大限度地发挥他们的聪明才智，一定要培养他们吃苦耐劳的精神！

(4) 一定要满怀理想

军队里流行一句格言：不想当元帅的士兵，不是好士兵。做学生，也是这样。孩子只有从小就有自己的远大理想和近期目标，才有可能取得优异的成绩。这就好比上体育课进行跳高，当架起了跳高竿，我们就可以跳得高一些，而不架跳高竿，我们则很难跳起来。可是，有些孩子从来没有自己的理想和目标。他们只是在家长、老师的严厉督促下，才勉强看书、写作业。这样被动地学习，莫说取得优异成绩，恐怕连及格也难保证。

让我们的孩子扬起理想的风帆，热爱学习吧！这样，就一定会产生无穷尽的动力，不断取得成功！

孩子学习粗心怎么办

孩子学习粗心大意，主要有以下几个方面的影响因素。

（1）掌握知识不准确，老师讲课的时候没有注意听讲。有时候听得一知半解就以为自己会了，思想就溜号了。在老师平时要求的练习过程中，不认真练习，不注重细节，到自己独立操作、答题的时候，就很容易出现差错。

（2）有时候因为骄傲情绪滋生，觉得自己行，好像什么都会了，因此在计算中粗心、马虎，缺乏耐心的检查和验算。

（3）学习上的粗心马虎，有时候与个别人的性格有关。凡是做事粗心、马虎的人，性格都有些急躁。表现在学习上粗心大意，不细心，匆忙，草率，很容易出现错误。在知识的问题上来不得半点虚假和骄傲，更何况你粗心大意是学不到完全的知识的，只能是一知半解。如果学习中缺乏认真的态度，加上掌握知识不准确，到了应用的时候，判断与鉴别问题就会失误，在社会实践中也易出差错。

这里，我们要向家长说清楚两个问题。

第一，粗心是儿童的年龄特征。人的年龄越小，就越是粗心；人的年龄越大，越是细心。当成为老年人后，人会细心得唠唠叨叨起来。

第二，粗心是人的性格特征。你也不妨将你周围熟悉的人作一下比较，粗心的人大都是思想活跃、性格外向的人，而细心的人一定是性格内向、胆小谨慎的人。大家知道，性格内向或外向在学习、生活、工作上并没有好坏之分。

我们再来谈谈，作为家长，到底应该怎样正确看待孩子的粗心呢？

首先要允许孩子粗心。因为我们已经知道，粗心表明他还是个孩子。如果我们一遇到孩子出现粗心的毛病，就气不知从哪儿来，简单粗暴地责怪孩子，那只会增加孩子的心理压力，他们可能由此开始厌恶学习、厌恶考试，甚至影响我们同孩子之间的亲密关系。如果我们只是简单而反复地批评孩子的粗心，会直接影响孩子思维的活跃性，这倒真是"后患无穷"。

另外，可以从学习习惯入手，帮助孩子克服一些不良的粗心毛病。我们允许孩子存有粗心，并不等于放纵孩子任何时候、做任何事情都可以粗心。相反，我们要通过正面表扬、鼓励的方式，不断培养孩子做事认真、有计划、有检查的好习惯。有了好习惯后，他们会逐渐消除因粗心而造成的失误。

总之，如果我们既能用爱心去宽容孩子的粗心，又能以责任心去培养孩子的认真，孩子粗心的毛病，就会随着年龄的增大而消失，我们完全不必为此担心。

怎样培养孩子的学习毅力

有这样一位家长，他为了培养孩子军军的学习毅力，总结了五招，颇有成效。

第一招，精神激将法。

一次，军军的妈妈让他把家里的几扇窗子擦干净，可他擦了几下就不想干了。于是，父亲便故意对军军说："我不相信军军能把几扇窗子擦干净！"军军听了父亲的话一下子跳起来说："我就是能擦干净！"一边说，一边就高高兴兴地擦窗子去了，结果擦得非常干净。

第二招，诱导鼓励法。

一次，父亲让军军做一道数学题，军军只稍微想了想，便认为做不出来，准备打退堂鼓了。这时，父亲一边让他认真审题，琢磨题意，一边启发诱导，鼓励他深入钻研。结果，他终于把那道题做出了。

第三招，榜样示范法。

为了培养孩子的毅力，不管做任何事情，父亲总是以良好的榜样去影响孩子。一次，父亲为了完成一项上级交给的写作任务，反复修改多次，终于完成了，还见了报。父亲利用切身体会现身说法，把这件事讲给军军听，军军见父亲对写作那么认真，被父亲在写作中的顽强毅力所感动，便对父亲说："我以后也要像爸爸那样，不怕困难，不把事情做好决不罢休！"

第四招，故事熏陶法。

军军很喜欢听故事，父亲经常有意识地给他讲一些古今中外的名人在学习上努力拼搏、克服困难的故事。军军从这些故事中受到了熏陶，从而培养了顽强的学习毅力。

通过上面几招的引导和教育，军军做事再也不像以前那样怕困难了，顽强的学习毅力也逐步培养起来。看到军军的进步，父母都很高兴，军军自己也感到非常高兴。

在学习上培养一种好的习惯、好的品格，除了要有崇高的学习目的、浓厚的学习情趣外，还必须有顽强的学习毅力。这种学习的毅力是多方面因素共同作用的，培养起来也不容易，但决不能放弃。

第一，必须学会克服社会不良风气的消极影响。社会上有一些不好的现象孩子看不惯，父母应告诉他们，社会发展过程中，不可避免地会出现这些问题，要用正常的心态去对待它。要克服对社会认识的近视性，根据自己的实际情况，树立远大目标。

第二，必须指导孩子学会控制自己，培养孩子的自制能力，包括心理上的和行为上的。在心理上首先要克服怯懦的心理，培养坚定的自信心。战胜自己的心理障碍，才能勇敢地追求自我，实现自我。行为习惯上，要注意遵守各项规章制度，养成上课集中精力，课下认真完成作业等好习惯。

第三，要培养孩子谦虚谨慎、不耻下问的精神。孔子曰："三人行，必有我师焉。"应该让孩子摈弃不应有的虚荣心。

第四，培养勤奋刻苦、持之以恒的精神。灵感只有勤奋才能爆发。有志者立长志，无志者常立志。学习上的被动、等待、惰性都是孩子学习上的敌人，必须指导孩子克服。

应纠正孩子哪些不良习惯

孩子在学习中往往会存在这样那样的不良习惯，缺乏学习计划，时间安排不当，注意力不集中，抓不住重点等，都极易对学习造成危害。纠正这些不良习惯是促进学习的关键。

下面是一些常见的不良习惯。

（1）学习准备不足

学习准备不足的表现是：

上学经常迟到、忘记带家庭作业；

睡懒觉，因而常常来不及吃早餐；

没有预习的习惯；

经常出现钢笔没墨水，上体育课没有换上运动鞋的情况；

交作业的时候才发现，忘了做老师布置的家庭作业。

（2）学习缺乏计划性

学习缺乏计划性的表现是：

没有固定的学习时间，看电视、玩游戏时间无度；

每天起床、睡觉都不定时，没有规律；

除了完成老师布置的家庭作业以外，几乎不看其他任何学习类书籍，不做任何课外习题；

对于自己学得较差的科目，不作任何补习；

经常漏做家庭作业；

每次学习都要大人催促，自己却沉迷于打游戏机或看电视，迟迟不做作业；

没有复习的习惯，直到考试前夕，才进行突击；

从来没制订过学习计划，也没有想过要制订学习计划。

（3）学习时间安排不当

学习时间安排不当的表现是：

在自己感到疲劳的时候学习；

睡眠的时间不够；

长时间地埋头做功课，经常连续两三个小时学习而不休息；

很简单的作业，磨磨蹭蹭两三个小时还无法做完；

在困难的功课上卡住了，仍坚持苦想，不知转过头来做较容易的作业；

不知道自己的最佳学习时间是什么时候；

只会利用整块时间学习，对零零碎碎的时间不加珍惜。

有的同学并没有意识到时间的重要性。我们拥有的时间一样多但有的人能够做出一番大的事业来，有的人却一事无成，原因就在于有的人知道时间的宝贵，而有的人却在浪费自己的时间。

珍惜时间，还要善于利用时间。教育孩子在平常的生活和学习中巧作安排，把零零碎碎的时间积累起来，学会在自己脑袋最清醒的时间学习，尤其应该做到不拖拖拉拉。

（4）学习没有恒心

学习没有恒心表现为：

老师不布置家庭作业，自己就不知道看书学习；

学习计划制订以后，开始时还能坚持，过了一段时间以后就丢到脑后去了；

遇到较为困难的练习题，不愿动脑筋去思考，只想抄袭别人的；学习时坐不住，一会儿看电视，一会儿喝水，一会儿又要上厕所，待在书桌前的时间没有多少；

兴趣转变得非常快，今天想观测天气，明天又想学习绘画，没有一件事能够坚持几天的。

（5）注意力不集中

注意力不集中表现为：

上课或者在家里读书学习时，常常打瞌睡；

在读书时只是被动地逐行扫视书上的文字，思想上并不集中，读了许久不知道书上是什么内容；

上课时在座位上玩手指，玩文具，或者做其他小动作；

学习时常常被外面的一些影响吸引了注意力。如鸟叫虫鸣,别的小朋友做游戏的声音等;

一边做作业,一边想着今晚的动画片节目;

每次学习都不能坚持较长一段时间,不时找借口喝水、上厕所、出门或做其他一些与学习无关的事。

以上这些常见的不良学习习惯,是孩子经常犯的,家长要时刻注意,及时发现,及时帮助孩子改正。

孩子的习惯和性格,是经年累月而逐渐形成的,良好的学习习惯的培养更是如此。对于坏习惯,家长应坚决制止,协同孩子改正,同时,家长还要不断地肯定孩子学习上的点滴好习惯,看到了便要加以表扬,让他这一点好习惯巩固下来。

在学习语文方面,比如:你的孩子能不能多动动笔头,记记日记?看书看报,听收音机,看电视时,有没有随手记一点什么?跟朋友、师长联系,有时可通通电话,但有时能否动动笔头写写信?再比如:让孩子多说说话,讲讲故事,谈谈学校里的事情,或家长提出一些话题,让孩子发挥发挥,谈谈看法。当然,家长要有耐心,要善于倾听。

从小处着手,从点点滴滴抓起。对孩子多一点启发,多一点鼓励,多一点帮助,日积月累,孩子的良好学习习惯一定会养成,他的学习就会如虎添翼,他会在知识海洋中尽情地遨游,再不用你烦恼、发愁。

第四章　开发孩子的智力因素

> 由于遗传和环境的影响，人脑之间是有差别的，如对信息的接受有的人快，有的人慢。这是很多人为之困惑的。要使孩子的大脑反应快，一要反复学习，强化训练，多做习题，所谓熟能生巧。二要勤学好问，不会就学，不懂就问。这样既能解决难题，又能提高学习效率。

如何知道孩子的智商

人类的历史就是一部人类智慧与智商不断积淀与发展的历史。智商对人类社会与个人发展具有关键性的影响。一个人拥有较高的智商，就可能成为一个有智慧的人，一个成功的人。中外很多学者都就智商的内涵、构成要素及其内在关系问题等进行了众多的探究。

我国的心理学家曾多次就城镇居民对智商、智力的看法进行过调查，2000年的调查资料表明：一般群众对"聪明"大人和儿童标准不一样。经综合归纳，高智商的成人的十大特征为：

①逻辑思维好；
②适应能力强；
③富有创造性；
④接受新事物能力强；
⑤应变能力强；

⑥富有想象力；
⑦有自信心；
⑧独立性强；
⑨有分析能力；
⑩博闻善记。

而高智商的儿童是：好奇心强；爱思考和提问；富有创造性；观察能力强；记忆力好；富有想象力；动手能力强；兴趣广泛；模仿能力强；反应敏捷。

以上只是人们笼统地把智力的一些要素罗列了一下，从科学的角度来看，还得加以必要的量化。其实这个工作国外早在20世纪初就已经做了。

20世纪初法国公共教育部准备制订一个低能儿童学校的入学标准，需要有一套普遍适用的低能儿童智力测定的方法。法国心理学家比奈教授接受了这一课题。不久以后，一套一直沿用至今的智力测定方法就诞生了。

在比奈所编制的题目中，按照年龄分成难易程度不一的一个个等级。这方面比奈有着巨大的贡献，过去人们在描述一个孩子智力超常时，总说"这孩子真聪明"，然而聪明到什么程度，谁也说不清楚。又如，人的智力是随着年龄不断发展的。三个同样能数1到100的孩子，甲才3岁，乙5岁，丙是小学二年级，他们的智力评价分别是超常、一般、迟钝。这已经初步有了些智力测验的味道了。但还不够，比奈首先提出了心理年龄的概念。心理年龄很难描述，却极易测定，即通过了比奈表上的4岁组而未通过5岁组题目的，心理年龄为4岁。这种测定近年来精确到了月份，如通过了5岁组，又通过了6岁组的一半，即为5岁半。依此类推。这样，一个在今天人们已经非常熟悉了的新概念就产生了。这个概念就是智力商数（IQ），简称智商。

比奈的公式是：

$$智商（IQ）= \frac{心理年龄}{实际年龄} \times 100$$

智力商数是比奈在其本人的智力差数的基础上改进的。一开始他提出智力差数。一个实际年龄为5岁、心理年龄为6岁的人，其智力差数=心理年龄-实际年龄=6-5=+1即为早一年，如他心理年龄为4岁，则其智力差数

为 -1，即迟一年。但是这个方法有许多缺陷。一个孩子其实际年龄为 1 岁，心理年龄为 2 岁，其智力差数为 1，早一年；另一个孩子实际年龄为 8 岁，心理年龄为 9 岁，智力差数也是早一年。但很明显这两者的聪明程度并不相同，前者根据资料分析是很少见的，几万人中才有一个，完全可以冠以超常儿童的称号，后者却是相当普遍的，一般的学校中大约有 15% 左右。比奈注意到一个在 4 岁时被测定为早 2 年的孩子，在 8 岁时的结果可能是早 4 年，他由此想到这其中可能是一个比值。

而在引进了智商（IQ）之后，情形就完全不同了，前者的 $IQ = 2/1 \times 100 = 200$，后者 $IQ = 9/8 \times 100 = 113$，两者相差甚大。

那么 IQ 表示什么意义呢？

比奈指出：全体人口的智商平均为 100；其中 50% 在 90~110 之间，所以这部分人称为智力正常；80~90 为次正常智力；70~80 为临界正常智力；60~70 称为轻度愚钝或轻度智力孱弱；50~60 称为深度愚钝；25~50 称为痴呆或亚白痴；25 以下为白痴。

给孩子独立思考的空间

爱因斯坦曾说过："**发展独立思考和独立判断的能力，应当始终放在教育的首位**。而不应当把获得专业知识放在首位。如果一个人掌握了所学学科的基础理论，并且学会了独立思考和工作，他必定会找到他自己的道路，而且，比起那种主要以获得细节知识为其教育目的的人来说，他一定能更好地适应进步和变化。**思考、思考，我就是靠这个学习方法成为科学家的。**"

当前经济发达国家已经把培养孩子的思考能力放在教育的首位。因为，只有独立思考的人才会独立做事，才会有"我要干"的决心。美国教育界认为：在学校只强调掌握读写能力，而不注重思考能力是不行的，这样不利于孩子们的正常发展。必须掌握基本功中的基本功——思考功。他们认为，鼓励孩子们动脑——创造性地思考，独立解决问题，自己做出决定，这对孩子的成长至关重要。

有一个孩子叫刚刚，从小学习成绩很好，备受老师及邻里的称赞，家长心里自然也是乐滋滋的。为了让孩子一心一意地学习，早晨，妈妈起床做好早饭，盛在碗里。孩子还没从床上坐起身来，妈妈着急地把他拉起来，帮他把衣服套上去。他洗脸，母亲给他拧好毛巾；他吃饭，突然想起今天有图画课，该带上颜料，哇啦哇啦嚷着让爸爸放进书包，急得妈妈抄起匙子往他嘴里塞饭。好不容易吃完了，走到家门口，儿子站在那儿，皱着眉头，焦急地催促着："快点！快点！"爸爸蹲在地上给孩子擦皮鞋，妈妈拿着孩子的眼镜，手忙脚乱地在镜片上呵了几口气，再替孩子擦亮镜片，然后把眼镜给孩子戴上。收拾整齐后，夫妻俩一起送孩子下楼。到了楼下，爸爸骑上摩托车，妈妈把提在自己手上的书包放进车前的置物篮里。孩子坐在车后，爸爸跨上车，骑出去，一边还是不放心地叮嘱着："当心点，坐好了。"

从一年级到四年级，天天如此，直到孩子的学习出现了危机。别的孩子学习困难往往是不理解，这孩子学习一直好，怎么会差的呢？原来是动作太慢了。平时父母伺候惯了，做什么事都有父母为他想着，有父母事先为他准备，起初这孩子的动作慢并没有引起大家的注意。四年级以后，不仅功课的难度增加了，练习量也大大增加，动作慢使这孩子常常做不完卷子上的试题。实际上，动作慢是思维慢的一种表现。

在大部分家长的观念里，衡量孩子有没有能力，将来是否有出息，主要标准是学习成绩。如果成绩好，其他方面的能力，比如生活是否能够自理，能不能和别人和谐相处，心理素质如何等等都无关紧要。如果孩子成绩不好，那么，无论他有多少其他方面的优点，家长也是视而不见。家长的眼睛只盯着成绩，成绩！就像钻进钱眼里的守财奴一样，怎么都出不来。

殊不知，这样做的后果会使孩子进入恶性循环。

因此，在一定的范围内，应当让孩子有一定的自由度，这样才能使他的创造性得到发展。正如陶行知先生所说的，教育孩子要有"六大解放"：一要解放大脑，使他能想；二要解放双手，使他能动；三要解放眼睛，使他能看；四要解放嘴，使他能谈；五要解放空间，使他能到大自然大社会中取得丰富的学问；六要解放时间，不要用功课表把时间表填满，要给他们一些时间消化所学的课程，并且学一点他自己喜欢学的，做一点他自己爱做的。

一对夫妇带着他们9个月大的女儿进入餐厅,把她放在餐桌旁有扶手的椅子里站着等候。女婴向周围看了一下,伸手就把一只装有冰块的酒杯抓起来放在托盘上。她母亲看到了,并不中断与其父亲的聊天,只是把一只手移到离托盘很近的地方,以便孩子脱手时能接住。大约10分钟,女婴全神贯注地玩她的冰块,一点也不吵闹。她把冰块从杯里倒出来,在托盘里滑来滑去,还把冰块拿起来舔舔,擦擦鼻子,又从一只手换到另一只手。等冰块融化了,她又用冰水重复同样的动作。饭菜送来了,女婴还在继续用这些东西刺激她的头脑,由于这样满足了她的需要,看起来她沉浸在快乐之中。她的父母一直在毫无顾虑地谈话,并不责备她或让她坐得规矩些。他们就是用这样的方法,让孩子通过感官从环境中学到了知识。要是他们像大多数父母那样把酒杯、冰块拿走,待孩子哭叫起来再哄逗她,那只会使她受到压抑。类似的事情和机会,每个人每天都可以发现或制造出来许多,这对提高孩子的感知和智力有利。这样积累起来的知识,以后将是孩子进行创造活动的素材,因为通过这次玩冰,孩子能够发现冰块是滑的,以后利用这一知识,她或许能够自己制作一个小冰车。

如果孩子的思想有了自由驰骋的时间和空间。就有了独立活动和表现自我的机会,也就可以做好自己感兴趣的事。想一想,试一试,做一做,在独立的尝试中有发现,在发现中有创造,才会慢慢滋长出阿基米德式的智慧。

如何让孩子成为记忆神童

记忆力是一种十分重要的能力,它可以通过努力不断得到发展与提高。记忆力好的孩子大多善于说话,乐于表达,具有较强的语言表达能力。培养孩子的记忆力,对孩子所学到的知识进行积累,是至关重要的。

我国古代大哲学家王充自幼记忆力强,酷爱学习,6岁时就跟着父亲读书认字,读过的东西,他差不多都能过目不忘。8岁的时候,有一天父亲朗读晁错的《论贵粟疏》,小王充一旁默默地听着,等父亲读完,王充几乎一字不漏地把全文背了出来,父亲又惊又喜,把他正式送到学馆中去念书。在学馆中,老师讲的上千字的文章，王充很快就能背下来。渐渐地，老师讲课不能满足小王充的求知欲望了，他就在晚上自学《论语》、《尚书》，一边读一边抄写，接着就背诵，差不多每天都能抄一千字，背熟一千字。到了15岁时，王充已经遍读诸子百家，积累下渊博的知识，已是一位才华出众的少年。于是父母想方设法、节衣缩食把他送到东汉王朝的首都洛阳，让他继续深造。

到洛阳以后，王充又几乎把全国藏书最多的图书馆翻阅了一遍，但仍不改自幼养成的习惯，一有机会还要到小书坊上去看书。他不光读诸子百家的经典著作，还广泛涉猎其他学科的书，使他掌握了不少自然科学的知识。还有当时被视为"非圣无法"的书，如桓谭的《新论》，他都非找来读不可。

智力超凡的王充凭着自己惊人的记忆力熟读背诵了大量各类著作，涉及自然科学及其诸子百家的各种文章。到32岁时，王充就开始撰写其巨著《论衡》，他坚持不懈地写了30多年，直到他去世前，终于完成了这部巨著。这部30多万字的论著是我国哲学发展史上的一座里程碑，无论在学术上，还是在思想上，至今仍有很大的参考价值。谢夷吾在向光武帝刘秀推荐王充时，说他是少有的天才，连孟子、司马迁都不能超过他。

父母要帮助孩子学习和掌握提高记忆力的方法，这样提高孩子的记忆力能收到事半功倍之效。

（1）重复记忆法

即让孩子反复重复来巩固记忆。这种方法更适用于年幼的孩子，家长完全不必担心孩子会对此产生厌恶情绪，因为孩子本来就喜欢重复，同一个故事他可以百听不厌。当然你在重复的时候，可以采取一些变化的手段，比如边讲故事边做些手势，或者在故事叙述时向孩子提几个问题，甚至可以让孩子接着讲，以提高孩子的兴趣，增强记忆的效果。反复感知事物的结果，就会在孩子的大脑皮层中留下深刻的印象。

（2）联想记忆法

利用联想是促进记忆的有效方法之一，因此要重视培养孩子的联想能力。神童常常具有善于联想的特点。

曾获国际"菲利亚"奖章的小诗人刘倩倩的诗歌《请你别问我为什么》，就是由《卖火柴的女孩》的形象联想而写成的。科学上的许多发明发现也是由联想引起的：牛顿由苹果落地而发现万有引力定律，瓦特由开水冲击壶盖而发明蒸汽机。

(3) 直观形象记忆法

根据孩子记忆的直观形象性特点，充分利用直观教具，帮助孩子记忆。实验证明，直观形象记忆法是帮助孩子提高记忆力的有效方法之一。在日常生活中常常可以听到孩子模仿电视广告或卡通片中人物的语言，而且惟妙惟肖。另外，直观形象记忆法常常可以跟游戏结合起来，让孩子在玩的过程中接受新知识。

著名科学家维纳小时候曾有过一大堆玩具，如小蒸汽机、小型电动马达、万花筒、幻灯机等等。在玩这些玩具的过程中，维纳获得了许多浅显的科学知识，而这些知识为他以后的学习打下了良好的基础，同时也激发了他强烈的求知欲望，最终使他成为一代科学巨匠。

(4) 归类记忆法

如果把记忆喻为知识的仓库，那么只有把知识归类，仓库才能最大限度发挥它的储存能力。有人曾用归类法来教孩子识字，效果不错。这是利用了汉字的特点，用基本词来带形声词，如：井、阱；青、请、清、情、晴、精。这样认字不是零敲碎打，而是一串一串的，便于孩子记忆。有人还利用这种方法归类了英语单词速记窍门。这些方法，实践证明都是行之有效的。

(5) 歌诀记忆法

一般有节奏押韵的材料，便于记忆。如果能充分利用孩子的机械记忆，让他们从小背一些儿歌、诗歌（要注意选择孩子容易理解的），对于开拓孩子的知识面、开发智力大有益处。另外，也可以把某些知识用孩子喜爱的歌谣方式传授，一定能取得较好的效果。

(6) 多种感官参与记忆法

利用多种感觉器官（耳、眼、口、手）来参与记忆活动，能提高记忆的效果。

有人曾做过这样一个试验：用三种方法让三组被试者记忆10张画：

第一组：只告诉画了些什么。

第二组：给被试者看这10张画。

第三组：给被试者看这10张画的同时告诉被试者画中画了些什么。

过一定时间后，测试被试者的记忆结果，结果如下：第一组记住了60%，第二组记住了70%，第三组则记住了86%。可见利用多种感觉器官参与记忆活动，能大大地提高记忆的效果。

总之，家长可以在日常生活中有意给孩子安排一些有利于增强记忆的刺激，培养记忆的能力；但更重要的恐怕应该说，只有丰富的童年生活及感觉经验，才是儿童早期记忆发展的沃土！

如何提高孩子的观察能力

观察能力是智力活动的发端和源泉。心理学研究证明：在缺少日常刺激的情况下，使感觉起作用的机会很少的儿童，在理智的内容上苍白无力，并且注意力涣散，易受外界暗示干扰，缺乏学习能力。事实上，如果一个人对周边事物"视而不见"，他的精神世界就会有所欠缺。如果一个人的亲身观察有限，他的知识相当于"浮光掠影"，只停留在表面，他的智力活动也就像无源之水，显得苍白无力。

观察能力是通向成功的桥梁，是一个学者不可或缺的能力。

宋代大文学家欧阳修得到一幅古画，画面内容是一丛牡丹花下卧着一只猫，十分逼真。但是欧阳修不知道是什么意思，于是就去问宰相吴正肃。吴正肃一看到画就说："这是'正午牡丹'。"欧阳修反问说："何以见得？"吴正肃回答说："画上的牡丹，花瓣色泽浓艳而干燥，正是中午牡丹的样子。花下猫的眼睛眯成一条线，正是午猫的形象。如果是清晨，牡丹的花瓣应该是收缩而湿润，猫的眼睛也应该是圆的……。"欧阳修听后恍然大悟，十分佩服。

那么，吴正肃的判断为什么如此准确呢？主要原因是他对牡丹花一天的变化及猫的眼睛在不同光照条件下的扁圆情况作过细致的分析和研究，因而对它们有了一个整体、准确的知觉。这种有意识、有目的、有计划的知觉形式就是观察。观察和我们平时所说的看不是一回事。看，有的是有目的的，有的是无目的的，而观察则是有目的的看，带有一定的研究性质。

对于孩子来说，培养他们良好的观察能力是十分必要的。家长在鼓励孩子勤于观察的同时，还要注意帮助孩子掌握观察的正确方法。下面，我们向家长推荐几种观察的方法。

(1) 观察要仔细

一位行人问伊索："请问，到最近的村子还得走多长时间？"伊索回答说："你就走吧！"行人说："我知道走，但请你告诉我需要多长时间？"伊索说："你就走吧！"行人想这个人大概是个疯子，于是继续向前赶路。过了一会儿，伊索大声地对他喊道："再过1小时你就到了！"行人回头大声问："为什么刚才你不告诉我呢？"

这是什么道理呢？原来伊索要观察行人走路的快慢，所以要等他走一段路以后才回答。伊索很懂得观察的重要。他这样做是对的，但那个行人并不理解他。伊索的这种观察，可以说是一般的观察。一般的观察是对简单事物的观察，如伊索对行人走路的观察。但世界是复杂的，事物也是复杂的，对待复杂的事物，就需要运用较高一级的观察。运用这一种观察就需要注意力集中，对观察对象进行仔细的观察。如不是这样，那么就会错过机会，不能准确地认识

事物，有时甚至会遭到失败。反之，如果能在观察时认真仔细，那就能真正认识事物。

(2) 要培养观察的兴趣

兴趣与观察力是密切联系的，浓厚的观察兴趣是发展观察能力的重要条件。只有对某一事物产生极大的兴趣，才能使你积极主动地、心情愉快地去探究，去观察。为了提高观察能力，就需要培养自己广泛的兴趣，又必须发展主要兴趣。达尔文常常连续几个昼夜不停地观察动物的活动，连两只蚂蚁打架，他也会蹲下去看上几个小时。正因为他对生物有浓厚的观察兴趣，才使他在生物学上取得了举世瞩目的成就。

不同的人在观察同一现象时，各人会根据自己的兴趣而注意不同的事物。如同在农村里，一个植物学家会注意到各种不同的庄稼和野生植物，而另一个动物学家会注意各种不同的家畜和野生动物。我们必须培养自己具备较为

广泛的兴趣,这样才会使我们津津有味地进行多样的观察。

(3) 要多种感官综合运用

我们感觉外部世界的主要途径有:视觉、听觉、嗅觉、味觉和触觉。心理学研究表明,在观察中,综合运用这些感觉方式,能提高大脑的兴奋性,从而提高观察的全面性与准确性。

(4) 在观察过程中,要做到既全面又有重点

观察事物要从不同角度、多方面地进行,才能观察到各方面之间的联系,从而对观察对象有一个整体的认识。在整体认识的基础上,观察还要有所侧重。对一个群体、一个类型的事物,如果对其中每一个事物都进行细致的观察,那显然是不切实际的。即使在面对一个事物时,每一次观察也不太可能对所有方面做面面俱到的观察分析。因为,受人本身体力、脑力的制约,每一次观察的量不宜太多,时间不宜太长。因此,要教育孩子每一次观察都要注意抓好重点。要做到全面而又突出重点地观察,就要学会在观察中做到条理清楚,然后按序进行。

比如,青蛙的解剖实验。孩子在生物课上解剖青蛙时,要先观察它的整体特点,然后分别对它的神经系统、消化系统、生殖系统和血液循环系统等进行观察。这样,观察才不会显得杂乱无章,手忙脚乱。

(5) 观察要依靠知识

有一天,法国大生物学家居维叶在午睡时被吵醒,他看见一只怪兽,正把有角的头及两只蹄子伸进窗口,嘴里发出阵阵叫声,好像要一口吞下他似的。居维叶看了一下怪兽,却满不在乎继续入睡了。原来这只怪兽是顽皮学生装扮的,想吓唬一下老师。当时居维叶并不知道这是学生的恶作剧,可为什么他一点不怕呢?学生带着好奇心去请教老师。居维叶笑着回答了他们,学生们被说得口服心服。你知道居维叶是怎样回答的吗?居维叶说:"有角有蹄子的动物,都是只吃植物而不吃肉类的,所以我没有觉得有什么可怕的。"

一般的人一见到这头怪兽会吓得要死,可居维叶却照常睡觉,这是为什么呢?这是因为居维叶对动物有丰富的知识,他知道有角有蹄子的动物是不吃人的。这也就是说,观察要依靠知识,只有具备一定的知识,观察才能准确,对观察的对象才能真正理解。

(6) 观察需要多方面的训练

有一次,国际心理学会议正在举行的时候,突然从外面冲进一个人,后面追着一个手中挥舞着手枪的黑人。两个人在会场中追逐着,突然"砰"的一声枪响,两人又一起冲出门去。事情发生的时间前后不过 20 秒钟。在与会者惊慌情绪尚未平息之时,会议主席笑嘻嘻地请所有与会者写下他们目击的经过。原来这是一位心理学教授请求做的实验。结果,在上交的 40 篇报告中,没有一个人的记录是完全正确的。有 20~40% 错误的 14 篇,有 40~50% 错误的 12 篇,有 50% 以上错误的 13 篇,只有 1 篇错误少于 20%。而细节出入则更大。虽然每个人都注意到两人之中有一个是黑人,然而 40 人中只有 4 人的报告说黑人是光头,符合事实。其中有的说他戴了一顶便帽,有的甚至说他戴了一顶高帽子。关于他的衣服,虽然大多数人都说他穿一件短衣,但有人说是有条纹的。而事实上,他穿的是一条白裤子,一件黑短衫,系一条大而红的领带。

这就是情景训练,通过这种情景训练。可以培养孩子敏锐的观察能力。

当然,我们不能用上面这种方式对孩子进行情景训练,家长可以利用生活的琐事来训练孩子的观察能力。

如何让孩子专心地学习

心理学知识告诉我们:人在注意某一事物时,大脑皮层的相应区域就会产生一个优势兴奋中心,这个优势兴奋中心是大脑皮层对刺激物进行分析和综合的核心,因而能对注意到的事物产生清晰和完整的反映。同时由于兴奋与抑制的相互作用,大脑皮层其他区域所受的刺激在一定程度上受到抑制,因而会忽视同时存在的其他事物。如果大脑皮层同时有几个兴奋中心,就会出现注意力分散的现象,即通常所说的"分心"和"走神"。

我们常说,注意力是知识的窗口,不注意,知识的阳光就无法照射进来。

总有一些孩子不能把精力专注于老师讲课上。他们脑子想昨天晚上的电视剧内容,想放学以后去网吧玩,想刚才课间跟同学做过的有趣游戏,甚至想"传纸条"搞早恋；他们不看黑板而看别人干什么，甚至看窗外景物；稍有一些响动，他们就听得到，都要看看怎么回事。这种不专心非常影响学习效果，是很多人成绩落后的重要原因。

在学习上，专注力的持久度，会影响孩子学习前的潜在因素及学习中的投入程度和学习后的成效。当父母们说"我的孩子读书不能专心"时，请你认真看看下面的方法。

(1) 给孩子一个宁静的学习空间。 孩子时时刻刻都在学习，但是孩子仍希望有一个自己的空间可以做自己想做的事，所以父母要给孩子准备一个小小的天地或角落，让他们在其中画图、听音乐、阅读。

(2) 增进亲子休闲娱乐的时间。 通过休假时间的调整，父母可以安排适合全家休闲的方式，放松自己的心情，增进亲子共处的时光。旅游休闲不一定要去风景游乐区，可以在社区活动、散步、打球、拜访邻居、认识地理环境，甚至逛逛商店、超市、图书馆都是不错的省时省力休闲。充分把握"该休闲就休闲，该工作就工作"的原则，可促进孩子对作息性质的认识和区别。

(3) 作息时间要有规律，制订科学的生物钟。 如果孩子能清楚知道自己要进行的事情，那么他就会很快进入状态，也能够按部就班、有条有理地处理好每一件事。孩子的作息时间规律，其饮食正常、情绪平稳，是培养孩子专心的必要条件。

谈了那么多的培养孩子"专心"的方法，无非是希望孩子是真正地在学习，乐于投入学习的过程中，而非被迫坐在桌前浪费时间，虚掷光阴。而父母、老师也应用"心"去教养孩子，一同带领孩子学习。现今已有一些父母有了真切的领会，认识到"真情"超越金钱和权势，宁愿放弃追逐金钱而寻找心灵甘甜的泉源。想想你有多久没有为孩子亲手"煮"一顿早餐？有多久没有抬头望一望蓝天？有多久没有去闻一闻静夜星空的味道？孩子是用眼和心来看待我们的，我们整天忙忙碌碌的，没有静下心来和孩子说话，怎能要求孩子"安静"、"专心"呢？我们示范的程度越好，孩子自然而然就会循序渐进，养成良好的生活习惯和学习态度。

如何开发孩子大脑的潜能

作为父母谁都希望自己的孩子有一个聪明伶俐的大脑,多学一些知识技能,成为一个全面发展、多才多艺的人。怎样才能开发孩子的大脑潜能,提高学习成绩呢?

要开发大脑的潜能,首先应该了解大脑的功能和特点。大脑的主要功能如下:

(1) **接收信息**。大脑接收的信息有文字信息、图像信息,有直观的、微观的,有抽象的、具体的,有直接信息,也有间接信息。孩子的读书学习和参加各种活动,是大脑接收信息的主要渠道。

(2) **储存信息**。人脑储存的信息既是有限的,又是无限的。从一个人生活的具体环境来说,储存的信息是有限的,但从人一生中的各种经历来说,它储存的信息又是无限的。在人的一生当中,从儿童时代到参加工作,一直到退休后的生活,大脑储存的信息不计其数。在人的记忆中,有很多事都忘记了,但有些事却让孩子终生难忘。正像人们常说的那样,人的一生是"活到老,学到老"。由此可见,人脑储存的信息是无法以数字来计算的。所以,不用担心自己的大脑是不是"没地方了","不灵了"。只要反复、认真学习,再难的知识、技能都能学会。

(3) **信息的分析与决策**。人脑接收的信息不是机械地储存,而是要有一个分析、判断的思考过程。这个过程不是天生的,是靠平时培养、训练得来的。例如,一次读书学习。书读过之后。在孩子的大脑里会留有很多的信息、概念。如何认识、理解这些内容,什么是对的,什么是错的,都会有一个新的见解,这就是分析。还有,对于周围的一些事态发展变化如何应激,有时决定要做什么事等,这是大脑分析和决策的实施结果。所以,要求孩子在平时生活中学会用脑,遇事或者遇到难题,应该多动脑去分析思考,就像老人们说的那样,"眉头一皱,计上心来"。

(4) **遗忘**。遗忘是人脑的保护功能。人脑每天接收和储存的信息很多,常用的信息就记住了。有的信息长时间不用，就会被新的信息所覆盖，这就是遗忘。所以，在学习中有些重要的知识，为了避免被遗忘，就要反复多次地背诵（信息的再输入）。学过的知识，不要以为学会了就是记住了，过后还要挤时间多复习几遍，学过的知识才能巩固。

当前，无论是学生还是工作人员，都希望能有一台电脑来提高学习和工作效率。但再先进的电脑也是由人脑来设计制造的，可见人脑的潜能是无限的。人脑的潜能是在实践中刻苦学习而得来的。

在长期的人生实践中，人们发现，大脑的第一个特点是学则活。一个人要想聪明伶俐，必须刻苦学习。学习的内容越多，储存在大脑中的信息、资料也越丰富，正如古人云"读书破万卷，下笔如有神"一样。

大脑的第二个特点是用则灵。在理科学习中很多人有这样一个感觉，光背诵公式、概念不行，必须多做习题。题做得多了，遇到的题型多、解题经验丰富了，理科的学习成绩自然就提高了。

大脑的第三个特点是思则新。在学、用的基础上，大脑要变得灵活，还要善于思考。在大脑占有一定量的信息、知识基础上，通过积极的分析、思考过程，就会在头脑中产生联想的效应。例如，瓦特通过观察开水壶盖上下跳动而发明蒸汽机。

思考能让人总结分析过去，通过联想、思考又能让人创新。物理学家爱迪生一生中有2000余项发明创造，有人说他聪明，他却说聪明是1%的灵感，99%的汗水。1%的灵感是从哪来的？靠勤学习、勤思考得来。

大脑的第四个特点是勤学好问，不怕头脑笨。由于遗传和环境的影响，人脑之间是有差别的，如对信息的接受有的人快，有的人慢。这是很多人为之困惑的。要使孩子的大脑反应快，一要反复学习，强化训练，多做习题，因为熟能生巧。二要勤学好问，不会就学，不懂就问。这样既能解决难题，又能提高学习效率。

掌握了大脑的功能和特点之后，要开发孩子大脑的潜能，提高学习成绩，必须明确以下几点：

（1）端正态度。要深挖潜能，在学习生活中，必须教育孩子端正学习态度，有远大的理想，明确学习目标和具有顽强意志。另外，还要时刻有一种健康的心理、愉悦的情感作为保证。例如，有的孩子产生"厌学"、"弃学"想法，这不是大脑的过失，恰恰说明这个孩子的学习目的不明确，学习意志不坚定。所以，当遇到困难的时候，就会产生厌学、弃学的心理。还有个别孩子把学习当作苦差事，觉得起早贪黑没有自由。这种学习心理的产生，是因为缺乏正确的苦乐观，缺乏饱满、愉悦的情感，同时也说明他不会学习，不会自我调节。一个人的心情只有在十分高兴的时候，才会对周围的一切事情有兴趣、有耐心，学习也是如此。当有了心理障碍时，愉悦的情感受到压抑，所以学习情绪低落，厌学。

（2）**学无止境**。因为人脑的记忆量无限，各种技能、本领的学习是越学越活，越用越灵。所以，要多学、广学、博学，不仅要学好文化课，还要培养广泛的兴趣爱好，使孩子成为一名多才多艺、全面发展的高素质人才，以适应未来事业发展的需要。

（3）**科学用脑**。科学用脑主要体现在学习有计划，生活上有规律。不能因为大脑潜能无限，就在学习过程中让孩子搞突击和连续作战。在学习的内容上要交替进行，在学习的时间上要劳逸结合。在学习中要始终保持乐观向上的情绪，在学习的方法上要勤动手、勤动口、勤于思考，重点问题勤复习，勤巩固。

（4）**脑的保健**。人脑的重要保健方式是充足的睡眠。要减少孩子的夜生活，如看电视，去歌厅、游戏厅、网吧、夜市等。在完成学习任务后，要尽早入寝休息。据科学家实验，同样的两只猴子，一只晚上自由入睡，另一只经常刺激它，不让它睡。一周后，常受刺激的一只猴子明显无精打采，而且患上了感冒，而另一只正常睡眠的猴子却安然无恙。

人也是如此，比如在春节前后的几天，本来过年了，伙食很好，可是吃什么都不香。食欲减退的原因就是因为人们习惯于在春节放假期间团聚在一起，晚上不是玩上通宵，也是玩上半宿，睡眠不足，所以不光觉得头昏脑涨，而且吃饭也不香。睡眠不足，第二天学习时就昏头昏脑，身困乏力，大大地影响学习效果。大脑保健还要注意动静交替，即在一段紧张的学习之余，唱唱歌、拉拉琴或参加体育活动，这样才有利于大脑疲劳的消除。除此以外，大脑保健最忌吸烟、饮酒。长期吸烟不但使人的记忆力下降，动作迟缓，而且还能引起多种疾病的发生，尤其是肺癌的发病率最高。酒精对人的心脏、肝脏、血管和大脑等重要器官都有危害，会使脑兴奋过度、神经麻痹失调，也会引起多种疾病发生。因此，不要让孩子吸烟饮酒。

如何培养孩子的想象力

美国天文学家黑尔这样说："我们切莫忘记，最伟大的工程师不是那种仅仅了解机器和运用公式的人，而应该是具有出色想象力的人。一个缺乏想象力的人，无论从事工程技术还是美术、文艺或自然科学都不会做出创造性成绩来。"

想象是人类的天性，我们每个人都有无穷的想象力，它也是孩子学习的非常重要的心理品质。可以说，一个人的想象力是智慧的标志，是心灵能力的外延，是综合能力的翅膀。人的知识是有限的，想象力却是无限的，它让孩子"思接千载"、"视通万里"，想象能打破时空界线，上天入地，古往今来，任意驰骋，任意翱翔。因此，想象力的培养对于孩子学习能力的提高非常重要。

喜欢想象是孩子的天性，孩子都有想象美好事物的天赋。在现实生活里，尤其是好问好动的孩子，在家里乐于把钟表、玩具、台灯等物品拆开，试图看个明白。有时他们不遵守纪律，爱东说西问。这常常被人认为是"没有出息"的表现，这种认识是错误的。

心理学家认为，有些孩子确实与众不同，不是他们不爱学习，而是他们有不同于其他人的兴趣、爱好和思维模式，他们能够想象到别人不能想象的事物，敢做别人不敢做的事情。其实，这正是他们想象力丰富，有强烈的求知欲和好幻想的表现，而这常常被大人们所误解。孩子的内心世界是容易发生变化的，父母误以为是有意识淘气的行为，是同长辈们过不去，由于父母不理解青少年的心理特点，因而错误责备他们，这就有可能扼杀其创造想象才能乃至阻止其心理发展。

孩子的想象多以探索活动表现出来。创造想象的动力支配他们去探索周围世界。一旦对远景未来有了设想，他们就要去尝试性地进行活动。

想象是孩子的天性，对这种天性，只保护还不行，更需要父母帮助孩子开发，加强想象力的训练。

（1）要鼓励孩子大胆想象

创造想象是孩童创造才能的重要部分。但在现实生活中，孩子大胆的创造想象常常得不到大人的理解。大人们一边惊叹自己的想象不如孩子的丰富、大胆，一边又有意无意地要孩子适应大人的条条框框，对孩子的一些不符合"规矩"的大胆想象加以纠正，殊不知这种愚蠢的做法往往过早地扼杀了神童的想象。

一次，一位专家去一所幼儿园参观，看到一个孩子用蓝色画了一个大大的圆东西，她问："你画的是什么？"那孩子答："大苹果。"这时，他的老师过来看了一眼，说："嗯，画得好。"摸了摸那孩子的头就走开了。我们的专家见状很纳闷，便问老师："他用蓝颜色画苹果，您怎么不纠正他呢？"那位老师诧异地看了她一眼，说："我为什么要纠正他呢？也许他以后真的会培育出蓝色的苹果。至于现在的苹果是什么色彩，他会在吃苹果时弄明白的。"

那位老师不干涉孩子大胆想象的做法是很值得学习的。

（2）丰富孩子的生活知识和经验

孩子喜欢幻想或者说乱想，这与想象有着本质的不同，不能把它们混为一谈。

首先想象是有一定目的性的，其次它是在一定知识的基础上产生的。

丰富的想象力是建立在大量的知识基础上的，而且知识的广度越大，深度越强，想象的能力也越强。家长要让孩子学习他们所能遇到的各种知识，不要对他们说"这个你不懂"、"长大后就知道了"、"那是你应该关心的问题吗"等等，让他们了解科学发展的趋势。

孩子有着强烈的求知欲，这是培养他们想象力的良好的条件。每当回答完孩子的问题，家长就要让他想象与这个问题有关的知识和其他问题，让他把许多知识联系起来，然后去想象它们之间的关系。这是创造想象的基础。经过这样的经常性的训练，孩子的想象力就一定会大大提高。

（3）结合孩子的好奇心，培养想象的生动性

孩子有强烈的好奇心,这是发展想象的起点。但是如果没有一点想象的目的,想象就会变成胡思乱想。当孩子问你一个问题时,你不但要完整地给予解答,而且还要反问:"你为什么要问这个问题呀?你是怎么想的呢?"然后比较他的想法和你的回答,告诉孩子,我们要针对一个问题去想象,不能凭空想象。

为了培养孩子想象的生动性,家长最好是提出孩子感兴趣的问题,让他去进行想象。

例如,可以对他们说:"一只老鼠掉到了水盆里会怎么样呢?"孩子就会去想象老鼠在水里挣扎,浑身上下湿淋淋的,急得乱游、乱抓的样子。

(4) 在观察大自然的过程中,引导孩子想象

大自然的一切都可以引发孩子无穷的遐想:蓝天中朵朵白云,像成群的牛羊;绿茵茵的草地好似墨绿色的地毯;蜻蜓飞舞如同飞机……

在孩子观察大自然的同时,家长有意识地引导孩子去想象、比拟,这些事物就会在孩子头脑中变成无数美好而奇异的童话。在孩子想象的同时,家长可进一步引导孩子把自己的想象用语言描述出来,或用图画表达出来。只要家长持之以恒地这样做,就一定能够培养出有丰富想象力的孩子。

(5) 在讲故事的活动里激发孩子想象

讲故事、猜谜语是激发孩子想象力的一种重要形式和途径。孩子酷爱听故事,尤其是最能促使孩子想象的童话和神话故事。

歌德母亲在歌德童年时期,就经常给他讲故事,并采用让歌德自己续编故事的方式来激励他提高想象力,这种方法对于今天的父母也很值得一试。比如下列方法都是激发孩子想象力的有效方法:

√用没有结尾的故事让孩子自编结尾;

√用谜语故事让孩子猜谜底;

√让孩子为故事的主人公画像;

√让孩子为故事中的人物重新设计命运;

√让孩子添加故事情节和细节;

√叫孩子替换故事中的人物并改变人物的性格和行为习惯。

以上是我们每个父母都很容易做到的。其实,只要我们有心,训练孩子

想象力的方法就会开发出很多很多。

如何培养孩子的思维能力

对于思考,有的孩子或许有这样的体验,不思考还好,一说要思考,要动脑,脑袋就疼。这事实上是不善思考,平时缺乏思考训练的表现。相反的,另一些孩子却觉得思考是一件自然、轻松、快乐的事,这是他们掌握了思考的窍门,积极思考,于是学习就轻松,成绩就优秀。其实,每个人都有一个神奇的智慧宝库,那就是大脑。但是,很多人并没有真正打开智慧之门,有效利用这个智慧宝库。生理学、心理学研究表明:人一生中仅仅用去大脑能量的20%左右,其余的智力潜能都处于沉睡之中。谁能将自己的潜能唤醒,充分发挥出来,谁就能成为生活、学习上的成功者。

我国古代著名的教育家孔子有一句名言:"学而不思则罔,思而不学则殆。"学与思是获得知识的两种基本途径。学习的一个极其重要的特点,就是必须通过思考,才能把前人的知识接受过来,变成自己的东西。不付出艰辛的脑力劳动,就不可能理解与掌握所学的知识,更不用说融会贯通、灵活运用了。所以古今中外的学者无不提倡"学以思为贵"。牛顿说过:"如果说我对世界有些微小的贡献的话,那不是由于别的,而是由于我辛勤耐久的思维所致。"数学家杨乐、张广厚告诫青少年朋友:"数学是一门着重于理解的学科,在学习中要防止死记硬背、不求甚解的倾向,一定要勤分析,多思考。"可见,善于思考,是成才最重要的心理品质。

培养孩子的思维能力不仅是老师的事情,父母也有很多事情可以做,几乎可以说是随时随地都可以做到。思维是一项高级的智力活动,它有一定的规律可循,在实际操作中,可以多加利用。

(1)要有丰富的知识与经验

孩子的知识越丰富,思维也就会越活跃,因为丰富的知识和经验可以使孩子产生广泛的联想,使思维变得灵活而敏捷。俄国著名的化学家门捷列夫,他因制订了元素周期表而对化学研究的发展起到无法替代的作用,但他不仅仅是懂化学，还对物理、气象等科学领域都有涉猎。

由于孩子的阅读能力有限，父母可以给孩子多买一些动画书、卡片等，还可以和孩子一起找动脑筋的故事，如寓言故事、科普性读物等，常常拿出来和孩子一起讨论。

（2）利用想象打开思路

想象力是智力活动的翅膀，为思维的飞跃提供强劲的推动力。因此，要善于提出各种问题，让孩子通过猜想来打开思路。牛顿从树上掉苹果而产生想象，进而研究出万有引力定律。一位物理学家在评论爱迪生时说："作为一个发明家，他的力量和名声，在很大程度上应归于想象力给他的激励。"这些都从一个方面说明了想象的重要性。

要孩子发挥想象并不难，关键在于父母随时随地地启发。比如，当看到自己车子上圆圆的轮子时，可以让孩子想象一下圆的轮子还可以用在什么上面。随便你提出什么需要想象的问题，孩子们的回答都可能千奇百怪，大大出乎你的预料，这个时候千万别嘲笑孩子的创意，打击他的积极性！

（3）培养孩子独立思考的习惯

有的孩子遇到疑难问题，总希望父母给他答案；甚至孩子还在思考时，父母就迫不及待地把答案告诉他了。虽然当时解决了问题，但从长远来说，这对孩子智力发展没有好处。因为父母经常这样做，孩子必然依赖父母的答案，而不会自己去寻找答案，不可能养成独立思考的习惯。高明的父母应该是，面对孩子的问题，告诉孩子寻找解答的方法。也就是启发孩子，一个问题应该怎样去想、去分析，怎样运用自己学过的知识和经验，怎样看书，怎样查参考资料等。当孩子自己得出答案时，他会充满成就感，思维能力提高而且产生新的动力。

（4）讨论、设计解决实际问题的思路

在孩子的生活、学习中，经常会出现各种各样的问题需要解决。家长应引导孩子并与孩子一起共同讨论、设计解决问题的方案，并付诸实施。这个过程中，需要分析、归纳，需要推理，需要设想，需要设想解决的方法与程序。这对于提高孩子的思维能力和解决实际问题的能力大有好处。

正确对待孩子的认知规律

大家知道，儿童的认知发展就像任何事物的发展过程一样，具有阶段性。

根据世界著名儿童心理学家皮亚杰的儿童认知发展理论，儿童的认知发展可以分为四个阶段。

第一个阶段的大致年龄是从出生到2岁，称作"感知运动阶段"。这一阶段的儿童主要是通过他们的感觉和动作技能来认识陌生的周围世界。最早，儿童只有本能的反射行为。比如当用奶头、奶嘴接触新生儿嘴唇时，他会自动吮吸；当我们把一根手指放入婴儿的手掌中，他会自动抓握。通过自己的反射行为，婴儿会慢慢形成"永久性客体"概念，即开始懂得，即使物体不在眼前，它们仍然存在。例如，当我们和2岁大小的孩子玩手指游戏，我们快速将大拇指隐去，孩子知道大拇指还在，只是现在不见了，所以他们不会要求将你的手指打开再寻找。

第二个阶段的大致年龄是2～7岁左右，称作"前运算阶段"。在前运算阶段，孩子的语言和概念能力以惊人的速度发展。但他们的大多数思维仍是相当原始的，比如，这一时期的孩子，你当面将牛奶从一个又高又细的杯中倒入另一个又大又浅的碗中，然后问他，哪儿的牛奶多，他会不假思索地回答：高杯比浅碗多。

另外，这一时期他们的思维呈有明显的以"自我"为中心的特点。

第三个阶段的大致年龄是7～11岁左右，称作"具体运算阶段"。小学的数学知识是典型的具体运算方式的运用。在这一阶段，孩子的思维逐渐开始摆脱"自我中心"，有了"可逆性思维"，但还缺乏抽象概括能力。

第四个阶段是从11岁左右至成人，称作"形式运算阶段"。从这一阶段开始，孩子能够运用纯符号进行抽象思维，能够运用系统的经验来解决问题。

到了"形式运算阶段"，孩子就能自如地学习代数知识了。

弱智儿童的智力发展不可能达到"形式运算阶段"。这是弱智儿童与正常儿童智力的根本区别之一。

儿童的认知发展是一定要经历这么四个先后有序阶段的。当然，具体到每一个孩子，这四个阶段的发生时间可能有早一点和晚一点的，但没有哪个孩子的认知发展是可以省略其中某一阶段的。假如我们为了某种理由，想让孩子跳跃某一阶段，实际结果只能是欲速则不达。一些不恰当的早期教育之所以以失败告终，很大程度就是跨越儿童认知的某一阶段或是过于缩短某一发展阶段时间的结果。这是我们时时应该汲取的。

儿童发展有其自身规律，教育一定要遵循规律。

儿童发展有没有关键期呢？

我们先来看一个事例：脑科学家曾意外发现，一个刚出生不久的意大利男婴，为了治疗轻微感染，一只眼睛用绷带缠了两个星期。结果，这只眼睛从此便失明了。这话听起来，有些不可思议，却是事实。为什么会这样呢？这是因为婴儿出生不久，眼睛至脑的神经回路正处在构建的关键期，由于缠上绷带的那只眼睛的神经细胞得不到工作的机会，这个"回路"便自然废退了。

另外，我们在从小失去听力的孩子身上可以看到这么一种情形：从小失去听力的孩子，他们中的绝大部分语言器官是完全正常的。长大后他们之所以不会说话，是由于在学龄前听不见而失去了说话机会。现在人们知道，只要在学龄前，特别是3岁前能对失去听力的孩子进行专门的语音训练，他们都完全可以做到"聋而不哑"。这已是国内外无数事例所证明了的事实。但是，如果他们不能在学龄前及时进行语音训练，长大后，他们一定是"因聋而哑"，并很难学会说话了。即使学会了说话，也不能说得清楚、流利。现在脑神经认知科学的研究已表明，如果在学龄前期过后才开始学习母语，就很难将母语说得流利。我们在聋哑学校看到许多孩子虽能开口说话，却发音模糊，语句生硬，其原因就是错过了3岁前的语言最佳康复期，而在较晚期才训练说话的。

所有这些，都告诉我们，儿童发展存在关键期。当然，错过关键期，并不是说孩子今后便不再能发展这一行为了，而是说，发展起来会事倍功半，而不像在关键期的发展是事半功倍了。比如，8个月是孩子学习咀嚼技能的关键期，这时，如果你仍只给他吸奶或喝流质食物的话，他今后就要花费更多的时间去学习吃长大后一定要吃的硬质食物了。再如在青春期以后学习外语，就很难把外语说得像母语一样流利。对此，恐怕我们每一个有着学习外语经历的成年人，都会有切身体会。

那么，在孩子的生长过程中，到底有哪些关键期呢？据国内外长期对儿童"关键期"的研究资料表明：

▲出生后8~9个月是孩子首次学习分辨多少、大小的关键期；

▲1.5~3岁是孩子学习口头语言的第一个关键期；

▲1.2~3岁是发展孩子计数能力（口头数数、按物点数、按数取物和说出总数）的关键期；

▲1.5~3.5岁是教育孩子懂规矩、守纪律的关键期；

▲3岁左右是培养孩子独立性的第一个关键期；

▲3~6岁是发展孩子音乐能力的关键期；

▲4岁前是孩子形象视觉发展的关键期；

▲4~5岁是孩子尝试学习书面语言的关键期；

▲5岁前后是口头语言发展的第二个关键期；

▲5岁左右是孩子掌握简单数概念的关键期；

▲6~8岁是孩子身体运动的速度、灵敏度发展的关键期；

▲11~17岁是孩子身体力量和耐久力增长的关键期。

抓住关键期，事半功倍；错失关键期，事倍功半。你选择哪一个呢？

第二篇

帮助孩子提高成绩

第一章　创造良好的学习环境
第二章　树立孩子的学习信心
第三章　提高孩子的阅读能力
第四章　适合孩子的"五环式学习法"
第五章　怎样帮助孩子做作业
第六章　帮助孩子学好英语
第七章　帮助孩子学好数学
第八章　帮助孩子学好语文
第九章　常见问题解决方案

第一章　创造良好的学习环境

人类的智力主要是靠后天的学习获得的，因此在孩子的智力定型之前（据有关专家研究，人类的智力到了17岁就基本上稳定下来，除非特殊情况，一般不会上升或下降），能否从周围环境中获取知识，或者从周围环境中获取什么样的知识，对孩子一生的成长是极为关键的。

环境的优劣对孩子影响很大

良好的环境是孩子成长成才的必要条件。家庭是对孩子影响最大的环境之一，要想培养出聪慧的子女，就必须为子女创造一个良好的成长环境。

为孩子创造良好的成长环境，包含着三方面的内容：第一，是良好的文化环境；第二，是真挚的情感环境；第三，是舒适的物质环境。良好的文化环境是指一个积极向上、追求上进的富有文化色彩，或者崇尚知识，崇尚文化的环境；真挚的情感环境主要指父母及亲友对孩子真挚的爱心和这种爱心的正确的表达方式；舒适的物质环境主要指能为孩子提供舒适的，哪怕是起码的生活条件，能够满足孩子的生理需求。其中，前两点是一种软环境，同时又是最为重要的环境。

瑞士动物学家波特曼，对人类即将出生的婴儿及各种动物的胎儿，进行了深入细致的研究之后发现，人无疑是所有动物中大脑发育最高级、最复杂的动物，然而却是在大脑发育极不成熟的状态下出生的。除人以外的其他哺乳类动物，如马、象、狮、虎等的幼畜，出生后很快就会站起来，并能像它们的父母一样行走。就连通常被认为最接近人类的猿猴，出生后一星期，也能像成年猿猴一样行动。这就说明，这些动物生下来的时候，就已具有成熟的大脑。波特曼由此推算出，要想使人类的婴儿出生时达到像大多数哺乳动物的胎儿出生时那样的成熟程度，那么婴儿就需要在母体内呆21个月而不是现在的"十月怀胎"。可是，如果人类的婴儿在黑暗、没有什么刺激的母体内再多呆11个月，像其他动物那样使大脑发育成熟以后再出生的话，恐怕人与其他动物的成长状况也就没有什么区别了。

人类的智力主要是靠后天的学习获得的，因此在孩子的智力定型之前（据有关专家研究，人类的智力到了17岁就基本上稳定下来，除非特殊情况，一般不会上升或下降），**能否从周围环境获取知识，或者从周围环境中获取什么样的知识，对孩子一生的成长是极为关键的。**

另一类很具说服力的事例，是在世界各地陆续发现的从小与野兽一起长大的30多个兽孩，如印度的狼孩、中国的猪孩等。在每一个事例中，被发现的兽孩都不会说话，对其他人充满恐惧和敌意，两脚蹒跚挪步或四肢爬行，像兽类一样吞咽生的食物，并且表现出动物的生活习性和本领。这些兽孩被人发现之后，送进孤儿院，进行精心的护理和教育，但终因他们错过了接受教育的最佳时期，各种努力几乎都没有成功，没有一个被造就成合格的人。他们或者很快就死去了，或者智力远远低于实际年龄水平。

要想营造一个适合学习的家庭环境，快乐应该随时散布在家庭里。首先父母的感情要尽量融洽，同时，父母要多参与孩子的学习，尽量帮助他解决学习中的困难，这会给孩子带来很多信心。在学习之余，多与孩子游戏。孩子稍微大一点，可以适当地向孩子讲解自己对他的教育的重视，使孩子充分意识到这一点，成为孩子学习的一种动力。

有些家长可能认为，只要孩子专心学习，不论环境多嘈杂，都能取得好成绩。其实，孩子的注意力是很容易被外界的环境所影响的。要孩子专心学习，环境是一个很关键的因素。以下是一个理想的读书环境最基本的条件。

(1) 安静的环境

要孩子专心学习，安静的环境必不可少。根据研究，常处于70分贝或以上的环境中，会使人记忆力减退，注意力不集中。所以孩子在嘈杂的环境中是难以好好读书和做作业的，甚至连字都写不好。

(2) **适宜的温度**

据专家介绍，处于18℃的气温中，人的思考能力最敏捷，反应最快；35℃以上，大脑容易疲劳，使人感到烦躁不安；但低于10℃则使人萎靡不振，不想做事。所以要注意孩子读书环境的温度是否合适。

(3) **适度的光线**

光线过强对于大脑来说是一种不良的刺激，不但会令孩子眼睛疲倦，还会感到烦躁、晕眩，影响思维判断力；光线太弱则不能令大脑有足够的兴奋，也会影响用脑的效率，而且还会使孩子容易患上近视。如果可以的话，注意书房墙壁的用色。根据研究，淡绿色和淡蓝色都有助于消除大脑疲劳，使人头脑清醒，精力充沛。

(4) **固定的学习场所**

固定的学习场所当然最好是书房，但如果受条件所限，未能让孩子拥有独立的书房，给他一个固定的书桌也是很好的，这样可以让他每次来到书桌前便有读书的感觉，有利于让孩子迅速集中精神。

如何与孩子相处

许多父母对待孩子很武断，甚至很霸道，"妈妈说了不准就是不准！""爸爸叫你怎样你就怎样！"这种话无非是告诉孩子家里我说了算，一切以我的喜好为准则。

自然，父母不允许孩子做的事，大都是有道理有理由的，可是没有多少道理或者干脆不讲道理的也大有人在。

如果孩子已可明白是非，这时，**父母在批评孩子时，必须讲清道理，指示他正确的做法。**

有些父母看见小孩在与小朋友交往时，不论一时打得多么不可开交，过一会儿又亲密无间，便产生误解，以为孩子心思简单，事情一过就忘，因此觉得训斥孩子无甚大碍，反正他也不会往心里去。

其实，孩子心思既很敏感又很脆弱，且极易受到伤害。他很清楚内外之别，孩子一般不会计较小朋友之间的言行，对父母的言行举止却很在意很重视。假若做父母的一贯不尊重孩子，动辄训斥孩子，而不说明道理，或者明知自己无理，也绝不向孩子低头道歉，反而执意要孩子按自己的想法去做，那么，重压之下的孩子势必口服心不服。长此以往，孩子或者会产生强烈的逆反心理，你说什么他都不爱听，不愿做，脾气倔犟；或者被吓得畏畏缩缩，服服帖帖，凡事不敢有主张，只是唯父母的马首是瞻。这样的孩子永远只会是父母的孩子，没有自己的个性，更无从谈起个人事业的发展。只有自尊自信的人，才会尽力去实现自己的理想，才无需去奉承迎合他人，他可以面对成就而不骄傲，也可面对失败、挫折或者别人的讥讽、嘲弄而不失去自信。

那么如何与孩子相处呢？具体做法如下：

（1）每天必定抽出一定时间与孩子分享

在美国，孩子大部分时间都是自己生活，自己动手，自我服务，但同时父亲或母亲一般都会每天保持一固定的时间，如临睡前半小时，一小时，与孩子交谈，听孩子诉说他一天来的各种感受。中国的父母与孩子纠缠在一起的时间很多，但少有真正用心聆听孩子讲话的父母，不知道这对孩子十分重要。用心去聆听孩子的话吧，这会使孩子意识到他对你是多么重要。

（2）接受孩子的各种感情表现，绝不要轻易否定

孩子可能会为一些成人认为无足轻重的事而伤心，但伤心确是真实的，应给予同情与支持。

因为成人经历事物多，曾经沧海难为水，很多事不会放在心上，或见怪不怪，视作很自然的事，而孩子心地纯洁，对事物的感受新鲜细腻。因为小朋友摔了一跤，孩子可能会担心得睡不着觉，做父母的千万别说："这是人家的事，又不是你，睡你的觉吧"；看了电影、电视，孩子会为他所喜欢的人物担心、伤心甚至流泪，家长这时如果嘲笑孩子，"这有什么好哭的，那是在演戏，全是假的，傻孩子"，那只会使孩子更伤心。

（3）强调孩子的优点比批评缺点更有效

对孩子的优点都应及时予以肯定，对于错误尽量施以正面的引导，切忌否定、嘲弄的言语和表情,让孩子知道在你心里,他是个好孩子。

(4) **让孩子负些责任**

一些力所能及的事情让孩子自己去做、去关心、去实现,使他具备独立性、责任感。从小被侍候得无微不至的孩子,依赖性强而自我奋斗能力太差,容易遭受打击,失去自信,自尊心也会消失得无影无踪。

(5) **多与孩子进行心灵上的沟通**

如今不少父母忙于工作,忙于赚钱,把孩子交给保姆,交给老人,图自己省事,往往以买玩具、买衣服、给许多零用钱作为补偿,其实孩子最需要的是父母对他心灵上的关心,与他做思想上的交流。与其花钱买名牌货品、高档玩具给孩子,不如多花时间与孩子谈心、交流。

(6) **勇于向孩子承认错误**

让孩子知道父母也是人,也会犯错误。孩子最恨成年人的虚伪。老老实实向孩子说一声:"对不起,我错了,请原谅。"孩子会从中得到教益,学会认真做人,也学会宽恕别人。

在上述这样的家庭教育环境里,很容易保护孩子的自尊心,从而使孩子对自己充满自信,很骄傲地表现自己,不至于因羞怯、自卑等不健康心理而影响其行为表现,以致隐藏自身的求知欲望,使父母很难与孩子沟通交流,更谈不上发现孩子的求知欲了。对孩子,无论是在什么情况下,用粗暴的语言、态度只会伤害孩子的自尊心。父母若能在童年保护、培养孩子的自尊心,那将使孩子的一生受益无穷。

如何引导孩子热爱学习

一位家长很喜欢收藏。他带孩子去参观古董展、邮票展、火花展等,热情地向儿子介绍这些收藏品背后的故事,以及相关的知识。儿子觉得新鲜、好奇,他惊奇于邮票居然会那么丰富多彩,并蕴藏着许多学问、知识。父亲有意识地诱发儿子的收藏兴趣,鼓励他确定自己的收藏对象——邮票。他带儿子去邮票市场买邮票,并给他买有关邮票的图书、杂志。儿子看了有关集邮的书之后，父亲同他一起进行各种专题集邮。他们共同来看邮票的内容、背景、设计、印刷、暗记等，再分门别类地收藏。父亲趁机又教会孩子有关分类收藏的多种知识。

儿子从收藏中获得了许多乐趣，也有了小小的成就感。同时，他在集邮中大开眼界，丰富了知识。如《邮票上的名山大川》帮儿子学好自然常识；《邮票上的文学家（科学家）》使儿子对古诗文对科技发明记忆得深刻。

父亲发现儿子的书桌变得井井有条了，不再是作业本、教材乱七八糟地摊上一堆。父亲问儿子什么时候变得有条不紊的，儿子指了指邮册。

由此可见，让孩子从做中学，通过实践获得知识、技能，形成能力，这是一种很有效的学习方式。可以设想，如果这位家长就事论事地通过说教的方式要求儿子改掉做事没有条理的毛病，可能根本达不到上述效果。

比如，一些家长让孩子通过丈量自己所住房间的长、宽、高让他们学习数和度量；有些家长让孩子通过买东西算账学习算术，这都有助于孩子把数学和现实生活联系起来，理解数学的真实含义。

父母自己躺在床上看电视，却叫孩子"好好读书"，自己总是看一些报纸杂志，却叫孩子只能看参考书、儿童文学，并要孩子将来上一流大学，这实在是说不过去。

要叫孩子用功，父母本身也应该用功才对。但并非要父母求取"学问"，或阅读一些高难度的书本，而是希望父母也能自我进步、自我要求，而不只是看些周刊、电视连续剧之类的东西。

父亲偶尔坐在书桌旁做些公事什么的，母亲也可坐在书桌旁写写日记、记记账等。如此身体力行、以身作则的样子看在孩子眼里，比说上100遍"用功啊"还有效呢！

特别是当孩子还小时，如果缺少了与孩子一起学习的观念。让孩子一个人面对枯燥、难懂的知识，对培养孩子的学习兴趣是有影响的。如果父母能够与孩子一起学习，让孩子觉得面对困难的不只是他一个人，这样就不会厌恶学习。当遇到学习困难时，父母也应该与孩子一起解决，让孩子体会到学习的乐趣。所以，与孩子一起学习对培养孩子的学习兴趣是非常重要的。

父母与孩子一起学习，还有一个非常重要的因素，就是让孩子明白学习是一件重要的事情。因为孩子还小，他们对学习的重要性没有实质的认识。当孩子稍微懂事以后，他就会逐渐明白，父母都花费时间来陪自己学习，说明学习对自己是一件非常重要的事情。

另外，与孩子一起学习，还可以培养孩子的自信心。因为，当父母帮助孩子解决学习上遇到的一个个困难以后，就会让孩子觉得困难也是很容易解决的，从而增强孩子的自信心。同时，这也是培养良好的学习情绪的一个重要方法。

我们说了与孩子一起学习的很多好处，目的就是为了更好地教育孩子，希望父母多与孩子一起参与学习。但是，在与孩子一起学习的时候，应该注意的问题还是很多的。如果忽视了这些问题，往往会适得其反。那么，应该注意哪些问题呢？

在与孩子一起学习时，尽量把自己也当成一个学生来看，是与孩子一起学习知识，而不是去监督孩子学习的。这一点非常重要，如果处理不好，往往会使孩子对学习感到厌倦，而且也会影响对父母的感情。曾经有一位家长，对帮助孩子的学习很热忱，同时也积极参与，常常与孩子一起学习。但是，他的做法太过武断与极端，让孩子感觉到那是在监督他学习，从而开始厌倦学习。同时，父母在他心中的印象也越来越差。这个家长的行为就是适得其反了。

学习不只是孩子一个人的问题，父母应该适当地参与，与孩子一起学习。但是，我们应该处理好这个过程中的任何一个环节，这样才能够达到教育的初衷。否则，就会带来相反的效果。

营造适合孩子做作业的环境

中国古代一些有见地的父母，特别重视环境对孩子的影响。"孟母三迁"的故事值得我们今天的父母很好地思考。在孟子很小的时候，他家住在一片坟地旁边，孟子就学着玩哭丧、埋人之类的游戏。孟子的母亲认为这种环境不利于孩子的成长，便迁到一个集镇上住下，结果孟子又玩些做买卖的游戏。

孟母还不满意,又迁居至一个学校旁边,孟子受到良好的影响,渐渐地懂得有礼貌,勤奋学习,于是孟母决定在此地定居下来。这个例子告诉我们的父母应充分重视家庭环境建设,给孩子创设一个良好的做作业的环境。

做作业要集中精力,不要让家庭生活矛盾干扰孩子,不要把自己不好的情绪带给孩子;做作业又要安静,要有一个理想的学习空间,确保您的孩子思想集中,去钻研学问。

做作业是一项艰苦的脑力劳动,需要踏实、专心,最忌讳浮躁、注意力不集中。一个孩子在家里学习的时候,必须"入境"、"入静",即做到目的明确、思想集中、心里踏实、适度紧张。一坐到书桌前,先想一想要干几件事,安排好先干什么后干什么,避免忙忙乱乱。做作业,就全力以赴,心无旁骛,且保持适度紧张,提高学习效率。要达到这样的境界,需要父母与孩子共同努力,父母起引导作用。越是年龄小的孩子,越需要父母多下工夫。

父母要让孩子明白做作业专心、踏实的道理,把讲道理与训练结合起来。古今中外,专心学习的故事很多,找给孩子看,讲给孩子听。有条件的地方,可以带孩子到大型图书馆的阅览室去看书、翻阅报刊,让孩子感受那种人人专心读书的环境气氛。训练方法主要是定时、定任务、定要求,让孩子力所能及,高效率完成,亲自尝到专心读书学习的甜头。年龄小的孩子,父母应该给孩子示范,比如,一定时间里,工工整整地写多少个字、记多少个词语、背多长的课文。还可以用竞赛的方法进行训练。坚持一段时间,专心的习惯就能养成。

有的父母,每天只知道用简单的话催促孩子、训斥孩子,而没有训练孩子,结果使孩子养成马马虎虎、潦潦草草、应付差事的坏习惯,反过来又埋怨孩子不争气、没出息。父母却没有想想自己应负什么责任。如果孩子已经不能"入境"、"入静",父母先得反省一下自己的做法有什么毛病,不能一味地说孩子不好。然后,改变自己的做法,明理导行,帮助孩子改变不良习惯。

让家里的环境适合孩子学习,有几个方面应做到:

(1)给孩子预备固定的学习桌椅

桌椅的位置不能乱动。做作业最忌讳"打游击",一会儿在这里,一会儿又熬到别处。桌椅固定，孩子容易形成专心的心理定势，一进入这个环境，脑子就进入学习状态。父母们都知道马克思在大英图书馆读书的故事，为什么他每天固定在一个座位上？就是为了更专心地读书学习。时间长了，他脚下的地板磨出了凹沟。桌子上不能乱七八糟地放东西，应整齐地放课本、作业本、文具以及必要的工具书，旁边有一个小书架、书箱更好。桌子上和桌子旁边决不要放玩具、零食，以免干扰学习。

(2) 房间布置要适合孩子做作业

孩子的房间布置应简洁、明快，摆放物品不能太多太杂。墙壁以淡色为好，不要贴、挂很多东西，应该有一条关于学习的格言或座右铭，最好由孩子自己选择。有的父母让孩子从自己的实际出发，自己编写格言、警句，抄好贴在墙上，同时不定期更换。房间的布置要适当考虑孩子的个性特点。

(3) 在孩子做作业时保持环境安静

孩子做作业时，家人尽量保持安静，电视、收音机最好不开，如果在不同的房间，应把门关好，声音调小。说话不应大声。

(4) 家里人最好有共同学习的时间

条件允许，每天晚上几点到几点，全家人都同时学习，有的读书，有的看报，有的写东西。这样的家庭气氛最能促进孩子专心学习。

有的孩子特别好动，房间就应减少大红大绿、花色斑驳的东西，以免助长不稳定的情绪。有的孩子过于内向、沉闷，房间的布置反而需要热烈、活泼一些。

另外，父母要创造适合孩子做作业的心理气氛。这里主要是指人际环境问题。长辈与长辈之间，长辈与晚辈之间互相关心、亲密和睦，是孩子"入境"、"入静"的重要条件。如果家庭关系不和谐，矛盾重重，甚至吵吵闹闹，对孩子就容易形成一种心理干扰、情绪压力，孩子会产生焦虑、恐惧、厌烦等心态，无法安心学习。

创造良好的做作业的环境，是孩子专心学习的基本条件，父母应充分重视。

给孩子灌注学习动力

火车没有动力不能奔驰,机器没有动力不能运转,一个人没有动力将一事无成。动力,心理学上叫做动机。学习动力就是学习动机,就像火车的发动机,它是推动人学习的内驱力。一个人的学习或工作能否获得成功,在很大程度上取决于他个人动机强度的大小。

每个孩子都有各自不同的学习动机,并且都绝不止一种学习动机。如对某个老师感到亲近,愿意学他教的课程,而在学习过程中逐渐产生了兴趣,那么兴趣又成为新的学习动机;或因为对某一门课程感兴趣而学得认真,受到老师的表扬,进而为获得更大荣誉而加倍努力,兴趣动机又部分转化成了荣誉动机。这些动机又都可能在一定条件下转化成目标动机。随着年龄增长,学习动机也会随之起变化。如小时候较多地是为父母、为老师、为分数而学习,以后才逐步地树立起崇高的学习动机。

凡是学习成绩优良的孩子。一般都有较强烈、正确的学习动机,而学习动机又是可以逐步端正和培养起来的。

(1) 树立崇高的理想

远大的理想和抱负,是孩子在人生道路上的坚定信念,对学习具有巨大的、持久的动力。徐特立老人说:"一个人有了远大的理想,就是在最艰苦、最困难的时候,也会感到幸福。"

(2) 用榜样激励孩子

荷兰物理学家范德瓦耳斯,经常阅读名人传记,用榜样激励自己,他所在的莱顿城中心十字街头有一个小广场,那里竖立着荷兰大画家伦勃朗的塑像,他每天清晨去上班,总要绕道去瞻仰伦勃朗的塑像,作为一天的第一课。他经常在塑像前暗下决心:"你也是我们莱顿人,您家比我家还要穷,您原来做的是油漆店的学徒,学习条件并不比我现在好,却靠自学成功了,我要好好向您学习。"榜样的力量激励着范德瓦耳斯努力学习。

(3) 订立学习的具体目标

经过努力能够实现的阶段性具体目标，可以使人产生一定的压力和信心，激发追求目标的动机，促进学习的进步。物理学家笛卡儿用工作测量器研究两种态度对于工作效果的影响。第一种态度是不提出目标，使劳动者尽力工作至疲劳为止；第二种态度是将工作目标确定在某一固定位置，在一定时间内，计算劳动者运动的次数。经过半年之久的研究发现，采取第二种态度时，劳动者工作的总重量较多。这一事实表明，具体目标能引发"学习欲望"，使学习的效果增加。因此，要为孩子制订好每学期、每个月、每周、每天乃至每小时的学习目标，还要有每门课的阶段目标。

(4) 了解学习结果，正确利用评价

来自学习结果的种种反馈信息（如作业的正误、成绩的好坏、应用所学知识的成效等），来自社会、学校、家庭等方面的评价（奖励、表扬、惩罚、批评等），不仅对学习方式的改进具有调节功能，而且对学习动力具有较大的激发作用。好的学习结果和肯定的评价一般来说（不骄傲的话）能鼓起进一步追求成功的努力，但对于坏的学习结果和否定的评价，则往往因人的个性不同而可能表现出截然不同的态度：对强者可以激起奋发；对于弱者则可能引起情绪消沉、丧失自信。因此，要注意有意识地锻炼孩子的个性，学会正确看待结果和评价。

(5) 参加竞赛，激发斗志

让孩子参加适当的学习竞赛，适当的竞争，能激发斗志。有一种"自我求成"或获得自尊的需要，有助于积极进取。学习竞赛可以分为个人、团体和自我三种方式，一般来说，个人的方式较好。最常用的方法是自我竞争，即"今日之我"与"昨日之我"进行比赛。

(6) 强调持之以恒

"持之以恒"是指在学习过程中要有刻苦学习、不怕困难、坚持不懈、勇往直前、不达目的决不终止的学习态度。

我国教育家一贯强调在学习过程中要坚持不懈，持之以恒。荀子曾说："锲而舍之，朽木不折；锲而不舍，金石可镂。"他还说："岁不寒，无以知松柏；事不难，无以知君子。"先秦时期的思孟学派也强调说："有弗学，学之弗能弗措也。有弗问，问之弗知弗措也。有弗思，思之弗得弗措也。有弗辩，辩之弗明弗措也。有弗行，行之弗笃弗措也。人一能之，己百之。人十能之，己千之。果能此道，虽愚必明，虽弱必强。"意思是说，要就不学，学不成功，决不放弃；要就不问，问不明白，决不放弃；要就不思考，思考无所得，决不放弃；要就不去辨别，辨别不清，决不放弃；要就不干，干而无结果，决不放弃。人家做一次会了的，我做上百次；人家做十次会了的，我做上千次。如能这样，愚者就会变成聪明，弱者就会变成强者。

如果能够做到这些，肯定能够激发出孩子的学习动力，富有激情地投入到每天的学习当中去。

培养孩子坚强的学习意志

学习离不开坚强的意志，坚强的意志是进行主动学习的保障。我国有句古语"书山有路勤为径，学海无涯苦作舟"，这"勤"、"苦"二字靠的就是顽强的意志。坚强的学习意志是孩子成功的法宝，那么，父母该怎样锻炼孩子的学习意志呢？

(1) 坚强的意志来自于伟大的目标

"伟大的目标产生伟大的毅力"。没有自觉的目的，就不会有坚强的意志，更不用说主动地进行学习。而且，意志越坚强，行动就越坚强。古今中外，每一个成功者的脚印，无不是在为实现自己的理想和目的而进行拼搏的过程中实现的。敬爱的周总理小时候读书时，就立下了"为中华之崛起而读书"的志向。正是这种伟大的目标促使他在革命征途中不畏艰辛、坚定不移地向着革命目标奋进。对于孩子来讲，树立远大理想，确立正确的学习目标，制订切实可行的学习计划并认真努力实施，就能自觉钻研科学文化知识，排除干扰，克服困难，达到预期的目的。

(2) 培养克服困难的勇气

生活不是一帆风顺的，有鲜花，也有荆棘；有欢乐，也有泪水。但意志坚强的人遇到困难时，不畏缩，不气馁，勇往直前，直到取得最后的成功。

著名音乐家贝多芬在26岁那年，不幸失去了听觉，这对一位音乐家来说，无疑是一个致命打击。但是，贝多芬并没有绝望，没有懈怠，却做了生命的强者。他将内心的爱情、痛苦、信念都反映在他伟大的作品里，他以坚强的意志、惊人的毅力与命运展开了顽强的搏斗，使自己的生命重新沸腾。世人无不称颂贝多芬的艺术成就，正因为他的音乐蕴含着一种对于命运不屈服的力量，反映出了贝多芬的拼搏精神和坚强意志。

在孩子的学习过程中，也不可避免地会遇到来自生理、心理、环境等方面的一系列困难。如，要承受脑力、体力的劳累；经常遇到种种诱惑对于学习的干扰；不时碰到学习的难题等。那么，在遇到困难时怎么办？这就需要孩子培养克服困难的勇气，正视困难，克服困难。**面对困难时，可以让孩子用自我鼓励的方法，用一些生活哲理来激励，如用"有志者事竟成"、"失败是成功之母"、"世上无难事，只要肯登攀"等警句来进行自我鼓励，以增强信心，振作自己**；也可以用自我命令的方式，做自己的指挥员，通过口头命令，如通过"决不能退让，要迎着困难上"等来使自己克服困难；还可以进行自我说服，如用"我应当这样做"、"我一定要做"、"一定能做到"等调整自身心理活动，来获得精神力量；或者以座右铭的形式来促使自己去克服困难，等等。

(3) 顽强的意志来自不懈的坚持

荀子的《劝学篇》中有这样一段话："故不积跬步，无以至千里；不积小流，无以成江海。骐骥一跃，不能十步；驽马十驾，功在不舍；锲而舍之，朽木不折；锲而不舍，金石可镂。"它给家长们这样的启示：凡事必须坚持不懈，勇往直前，才能获得成功。司马迁含辛茹苦16年，才完成《史记》这部不朽的巨著；哥白尼写《天体的运行》花了36年；马克思用了整整40年的心血完成了《资本论》这部划时代的科学巨著；没有歌德60年的长期积累，光彩夺目的艺术品《浮士德》是不可能产生的。

俗话说："只要有恒心，铁棒磨成针。"孩子的学习尤其需要恒心。要有恒心，首先就要有信心。如果对自己丧失信心或信心不足，那么做起事情来就会是虎头蛇尾，甚至有头无尾。有的人在学习中往往是三分钟热度，一开始积极性很高，甚至达到了废寝忘食的程度。但经不起时间的考验，一遇到困难就半途而废，其主要原因就是缺乏信心。其次，还要养成一个善始善终的好习惯。斯大林说过："对于一件事情只要开始来做，就一定要做到底。哪怕这件事情并不怎样大。"学习亦如此，不能朝秦暮楚，见异思迁，要发扬滴水穿石的精神。

（4）提高自我控制能力

培根说过："天性好比种子，它既能长成香花，也可能长成毒草，所以人应当时时检查，以培养前者而拔掉后者。"马卡连柯认为："不仅要善于期待并获得某种东西，而且要善于迫使在必要时拒绝某种东西。"没有制动器就不可能有机器，没有抑制力就不可能有任何意志。所以，自制力是意志的一个重要品质，它是灵活控制自己情绪、约束自己言行的品质。

在学习上，有些孩子自控力比较强，学习时注意力高度集中，他们记忆力强，思维敏捷，反应灵敏。有些孩子却由于自我控制能力弱，上课时总是走神，左顾右盼，爱做小动作，害怕困难，所以学习成绩总是不能得到提高。所以，增强自控力，首先就需要增强纪律观念，经常检查孩子，养成自觉遵守纪律的好习惯。其次，还需要具有自我强制能力。在这方面要谨防各种各样的第一次。如，孩子下决心要天天早起一个小时背诵课文，第一个星期做到了，可到了第二个星期，由于天气异常寒冷，被窝里很暖和舒适，就想"今天算了吧，就这一次"，到了第三个星期，又正好是个星期天，又想"算了吧，星期天何必搞得那么紧张"。这样一次又一次原谅了孩子的懒惰行为，一次又一次都给孩子已下的决心开了后门，而最终结果是难以控制孩子。因为如果容忍孩子的缺点一次，就可能容忍一千次，一万次。第三，要增强自控力，还需要制订出具体的制度、计划并严格执行，注重自我检查、自我监督。

具有坚强的意志，就使孩子的学习有了坚强的保障，所以要真正使孩子成为学习的主人，就要不断地从小事做起，培养孩子顽强的学习意志。

让孩子学会艰苦朴素

艰苦朴素是我国人民的一种美德。近几年来，随着商品经济的发展，物质生活的丰富，人们的生活水平普遍有所提高。同时，在社会上拜金主义、享乐主义、超前消费之风兴起，奢侈浪费之风盛行。在家庭生活上，有的讲阔气图享受，追求超前消费；有的对子女娇生惯养，上下学有小轿车负责接送，对于孩子的物质需求有求必应；有的对子女"全包全替"的周到服务，使子女缺乏劳动锻炼，导致生活自理能力很差。在这样的"大气候"和"小气候"的影响下，无形中在幼儿的心灵播下了奢侈浪费的种子。在当前现实生活中，许多儿童没有经历过艰难困苦，根本不懂得"艰苦"二字，只要求吃好的，穿好的，玩具越多越好，越高级越好，若不满足，动辄生气。他们不知道粮食、衣物和玩具等物的来之不易，有的随便抛撒浪费粮食，不爱护衣物，特别是对玩具更是随意搞坏，乱丢乱甩，弄得残缺不全，浪费严重。

而在世界许多地区，如何使自己的子女具有节俭和勤劳的品质，正是当今富豪们教育子女中十分注意的一个方面。据美国社会学家斯坦利教授近几年调查研究得出的结果，"美国富豪们75%以上生活非常俭朴，教育子女严格，以身作则。"他们力图为自己的后代树立良好的榜样。

美国的山姆·摩尔·沃尔顿是个拥有85亿美元的富翁，但是他却住在一座小镇上的普通房子里，平时开一辆旧福特车，穿着工作服，像一名普通工人，其生活也同样乐趣无穷。他的后代常以此为荣，并继承着这一良好的家风。

英国报业巨子罗伯特·麦克斯，为了培养孩子成才，从小就对他的两个儿子明确宣布："尽管我现在拥有20多亿美元的财富，但你们不要有任何的奢想，将来也不会让你们继承这笔财产。"

大量事实表明，如何培养子女的艰苦奋斗能力，树立勤俭节约意识，使其具有远大的理想和为实现理想而奋斗的精神，正成为当今有见识的富豪们家教的重要内容。

据美国心理学家研究所得出的结论：在艰难困苦环境中长大成人的孩子，

与在优裕环境中长大的孩子相比，成才比例要高得多。这是因为，生活在艰难困苦环境中的孩子，早早地磨去了他们的娇气、骄气和懒惰等不良习惯，为了生存而去战胜困难。严酷的现实告诉他们，要想得到什么必须自己去奋斗。而正是在这种长期与困难作斗争中，增长了才干，壮大了胆量，锻炼了意志和体魄，使他们具有坚韧不拔的意志和战胜一切困难的信心和决心。所以，古今中外有识之士在子女教育方面，无不注重艰苦奋斗的教育，鼓励孩子到艰苦的环境中百炼成钢。可见，对孩子进行艰苦朴素教育是家庭教育中不可忽视的一件事。

在我国古代，这样的例子更是举不胜举。不过，由于传统文化的影响，我国古人多提供正面教育，较少引导与暗示。

宋代是我国少有的文化盛世，这与其开国皇帝赵匡胤的治国思想有关。作为唐末五代以来杰出的政治家、军事家，他深深懂得"马上得之不可马上治之"的道理，特别提倡读书和重用读书人。最可贵之处是他身为皇帝，却生活俭朴，反对奢靡，对皇后、皇子、公主、弟兄都严格要求，并且利用一切机会谆谆教导，勉励他们以身作则，为树立全国俭朴之风作出榜样。

北宋著名大臣范仲淹也是一个这样的人。范仲淹身居要职，所得到的俸禄是相当优厚的，但他始终保持着艰苦的生活习惯。不仅自己省吃俭用，而且对自己的子女衣食费用也都严格要求。二儿子纯仁结婚，他听说未过门的媳妇用绮罗做了一顶帐子，十分恼火，说："怎么用这么贵重的东西做帐子，岂不是败坏我家素来清俭的家风吗？"他明确表示："要是将这顶帐子带到我家来，我就当众把它烧掉。"

范仲淹省吃俭用，不是为了扩大自己的家业，也不是把钱留给子女，而是用来从事社会福利事业。他在苏州买地，建立义庄，又用自己的积蓄收养了4个义子。到他死的时候，竟然连一件新衣服都没有，还是靠友人的帮助才办了丧事。古往今来的大量事实表明，对子女进行教育，培养他们的艰苦朴素、吃苦耐劳精神是十分重要的一环，这不单单是为了使子女本人顺利健康成长，也是为了整个社会的安定团结，人际交往之中的和谐共处。

那么，如何进行艰苦奋斗教育呢？

首先，要端正家风，提倡勤俭节约，反对挥霍浪费，家长以身作则，做出榜样，让孩子受到熏陶感染，潜移默化。不要以为现在生活条件好了，不必向孩子进行什么艰苦朴素教育了。在孩子吃的用的穿的方面，首先要及时保证孩子健康成长的需要，但不可大手大脚。有的家长跟着电视广告走，在孩子吃的用的穿的方面，追求名牌、高档次，这样不利于培养孩子艰苦奋斗思想的形成。第二，注意对孩子进行劳动教育，让孩子做些力所能及的家务劳动。在农村的孩子一定要让他们参加力所能及的体力劳动，以养成他们的劳动习惯。第三，经常给孩子讲艰苦奋斗和勤俭节约故事，树立以艰苦奋斗为荣的风尚。第四，细致观察孩子日常生活中的问题，教育孩子珍惜粮食和衣物，爱护玩具，使其从小养成良好习惯。第五，要适当控制在校学习期间的生活费用。即使家里经济条件好，也应注意使自己的孩子与当时当地孩子生活水平相一致，可略高于一般学生，但不宜过于悬殊。

父母应注意自己的一言一行

父母在家庭教育中，对孩子要诚实、信任。父母应坦诚地对孩子讲心里话，讲真话。这将教会孩子同情人、理解人，真诚地与人交往，也将使孩子懂得如何有效地面对问题。

父母是孩子的第一任老师。家庭教育的内容和形式是多种多样的，但对孩子影响最大、最直接的，是讲话。父母的习惯用语、语气和态度，对孩子的品德、心理素质，乃至智力开发，都有不可忽视的影响。从某种意义上说，有些家教的失败，就是由家长的语言造成的，很少讲究方式，往往随口而出，想怎么说就怎么说，实乃最大的失误。

曾参是春秋时期著名的思想家，孔子的主要弟子之一，在中国封建社会中被统治者尊为仅次于孔子、孟子的宗圣。他的教子思想也给后人以深刻的影响，颇有启迪。

曾参强调做人诚实，以身作则，并且以此教育儿子。在他看来，父母是孩子的榜样，父母的言谈举止对于孩子都有很大的影响，凡是要孩子做到的自己先要做到。有一天，他的妻子要到市场上去买菜，儿子也想跟着母亲出去玩，拉着母亲的衣襟，又哭又闹。她不想带儿子出去，便顺口说了句：你先在家里，等我回来，我就给你杀猪吃。儿子听母亲这么一说，也就不再闹着跟母亲出去了。曾参妻子在说这话的时候，只不过是开个玩笑，哄哄孩子，事情一过，孩子也就忘了。然而，曾参却不是这样想。他认为父母应当是孩子的榜样，对孩子说话不算数，就是欺骗孩子。父母欺骗了孩子，孩子就会产生对父母不信任的想法，就会认为是可以欺骗别人的，这不是教育孩子的正确做法。

当曾参妻子从街上回来时，只见曾参在忙着捆猪，旁边还放着磨好的杀猪刀。妻子就问："这是干什么啊？"曾参说："你不是说等你回来就杀猪给孩子吃吗？"妻子说："我只不过是跟孩子说着玩的，哪是真的要杀猪啊！"曾参说：孩子是不能欺骗的。孩子小，什么也不懂，大人说什么，他都会信以为真。今天说话不算数，骗了孩子，就是教孩子说假话。孩子是最听母亲话的，如果你说话不算数，骗了孩子，你以后再说什么，孩子也就不相信了。曾参说服了妻子，为了教育孩子，在孩子面前树立父母的形象和威信，他就毫不犹豫地操刀把猪杀了给孩子吃。

在父母如何教育子女问题上，曾参还提出：有道德修养的人对于子女的爱，不体现在表面上，使用他们也不在外表，而是让他们遵循一定的原则，而不是强迫他们听从。心里虽然爱但不表现出来，通常是采用严肃的态度从上面去监督他们，而不可以言辞取悦他们。他还强调说：不要求子女遵循一定的原则，就等于抛弃了他们。

曾参是我国古代著名的思想家。他在对儿子的教育上，采用教之以信，以及爱之而勿溺的教育原则和方法，对于培养孩子良好的品德有着积极的作用，因而为后人所效法。

我们做父母的，应该努力做到实事求是，表里如一，不要胡吹一气、欺骗孩子。凡是要求孩子做到的事，自己一定要先做到，要给孩子树立榜样。对于孩子的正当要求，特别是要求父母办的事，一定要办，不能置之不理，更不能言而无信。如果一时有困难，也应该主动向孩子说清楚。

为人父母，教育子女首先要正己。俗话说"上梁不正下梁歪"，是很有道理的。

不可"棍棒底下出孝子"

多少年来,"棍棒底下出孝子"成为人们教育孩子的一条法宝。"打是亲,骂是爱,不打不骂难成才"成为人们的口头禅。这种粗暴的教育方法,世代相传,不知流传了多少年,不知摧残了多少少年儿童。事实证明,棍棒教子,只能摧残孩子的身心健康,只能加深孩子与父母之间的隔阂。这是家庭教育上的一种误导。孩子是有自尊心的,绝大多数的孩子在遭到父母的训斥、毒打之后,往往产生与父母的对立情绪,感到家中没有温暖,遂转向社会上找伙伴,有的甚至因此而走上犯罪道路。有人说棍棒之下多出逆子,这也是从实践中总结出来的一条经验。为人父母,不可不注意这一点。

既然过于纵容、过于严厉都会导致孩子的不健康发展,那么在纵容与严厉之间的中间点又在何处呢?为人父母,怎样管教自己的孩子,才能算适度呢?那就是要对孩子既讲民主又要有必要的约束,保持父母的民主性的权威,而且坚持到底。基辛格父母的"刚柔相济"法不失为一项创举,有助于我们父母理解上述话语。

美国历史上有一位杰出人物:他是美国历史上第一个非原籍美国的国务卿,是美国第一个犹太人出身的国务卿,是美国第一个兼任总统国家安全事务助理的国务卿。也是美国在二战后第一个由学者出任的国务卿,他就是活跃于美国和世界政治舞台上的美国前国务卿基辛格。

基辛格出生在德国巴伐利亚州菲尔特市一个犹太人家庭,他的家庭属于中产阶级的小康之家。幼时的基辛格很聪明,爱好活动,很有些调皮。这样的孩子该如何教育呢?管得太严,孩子个性受到压抑,管得太松,孩子往往会放任自己。基辛格的父母采取的是互相配合的方法,基辛格在家庭中受到的便是这样一种自觉不自觉的配合教育。

基辛格的父亲是位中学老师,教希腊文和拉丁文。他教学认真,一丝不苟,性格略嫌拘谨,在家尤其显得严肃。所以,基辛格从小就很怕父亲,父亲对他十分严格,提出了很多要求,做不到的话,就要处罚。在父亲的不断训导和管束之下，他在学习和品德方面做得很好。这对他的一生都产生了良好的影响。

与父亲相比，和母亲在一起就轻松多了。基辛格的母亲性格外向，幽默开朗，善于交际，她对孩子宽容得多，甚至有点儿宠爱。基辛格受到父亲训斥后，总能从母亲那里得到安慰，若闯了祸，母亲便成了他的"避风港"、"保护神"。他常常放学以后把书包放到回家路上的一家杂货店，然后一溜烟地跑出去玩，至于书包嘛"我妈妈会来取的"。有时他还会悄悄地向杂货店老板娘赊几块糖吃，然后说："我妈妈会给钱的。"在学校里，他参加学生合唱团，还担任过指挥，又特别贪玩，最喜欢踢足球。正是由于母亲的小小"庇护"，小基辛格尽管有爸爸的约束，还是度过了无忧无虑的童年。

基辛格父母的这种教育方法，很能给我们现代家庭教育以启示：在日常教育中，对待孩子一方松些，一方紧些，孩子犯了错误，一方给以批评，一方则给以劝导，这样孩子既感到了父母的期望，有一定的压力，又不至于感到难以承受；既可以在德智体等方面健康发展，又可以保证身心的正常发育。这种教育方式是造就基辛格这位杰出人物的重要因素。

基辛格十几岁时，德国纳粹开始疯狂迫害犹太人，基辛格一家不得不辗转逃往美国。由于在德国经历了一段时期的民族磨难，随着年龄的增长，他表现出越来越强烈的求知欲，他的老师后来回忆："他的求知欲和好奇心是没有止境的。"后来，无论是参军入伍，还是入学攻读，他始终保持着这种旺盛的探索精神。

在他获得哈佛大学博士学位后，开始一步步登上仕途。在尼克松任总统时代，他实质上是美国对外政策方面最有权势的人物，也是美国政府中第二号有权势的人物。他曾秘密来到北京，为中美关系正常化作出了努力并表现出非凡才能，从此，他的名字也为中国人民所熟知。他于1973年荣获诺贝尔和平奖，这个奖项中，凝聚着他父母的期望和心血。

我国由于历史、文化等多方面的原因，在教育子女时，还是以"严"为主。不过，主张"严"要"严"得合适，并不提倡打骂教育，棍棒开路。

父母在教导孩子时，一定要把爱建立在理智的基础上，要掌握好爱的分寸，同时要把爱和管教结合起来，做到爱而不娇，教而有方，千万不能溺爱孩子，娇惯孩子。要做到：不要一切以孩子为中心，不要培养孩子在家庭中的特殊地位，不要把好的享受都留给孩子；不能对孩子百依百顺，无限度地去满足孩子的各种要求，不能孩子要什么就给什么，想干什么就让干什么；从孩子的零花钱到玩具，从吃喝穿戴到亲戚朋友给孩子的礼品，父母都要过问一下并给予限制；不要对孩子实行过度保护和包办代替，让孩子自己干一干，闯一闯，吃点苦、受点累是大有好处的。

真的爱不是无原则的爱，父母对孩子的教育固然应以鼓励、表扬为主，但是，应该批评指正的事必须进行批评，只要你说明批评的理由，把握好批评的分寸、场合、方式，相信孩子是会接受的。这里略谈一下批评处罚的分寸：

批评时的语言要简单明确，要心平气和，不要大声吵骂，暴跳如雷。指出错在哪，后果和危害，如何改正即可。批评对事不对人，更不可因一件事否定了孩子的全部。避免孩子的厌烦情绪和对抗心理，对一件错事不可多次批评，轮番处罚。要善于把严格与宽容化为一体。严字当头主要是对孩子要求要严格，批评要严厉，但要结合宽容，要对孩子的错误予以谅解。在批评和处罚时，必须是一贯的，不可依父母心情的好坏而随意决定和改变。对不同孩子的性格，区分不同的轻重方式，如对胆小内向的，尽量温和，以免伤害；对倔犟的孩子，不可强压，以免孩子更加固执、蛮横。在处罚时，要注意时间与场合，孩子做错了事，应及时批评处罚，不可拖，不要在饭前饭后休息时批评；尽量避免在公共场所批评孩子，以免伤害了孩子的自尊心。此外，在批评和处罚之后，还要注意观察孩子的改进情况，改错明显的，父母要立即给予肯定和鼓励。

第二章　树立孩子的学习信心

> 让孩子具备面对未来环境挑战的关键能力，其中最重要的就是，培养孩子成为一个有自信的人。因为自信，孩子可以笑；因为自信，孩子可以追风逐浪；因为自信，孩子可以活得更有生命力；因为自信，孩子可赢得人生；因为自信，孩子可以从容优雅地面对未来！

信心是孩子学习的动力

自信心对人一生的发展起着不可估量的作用。一个缺乏自信心的人，便缺乏在各种能力发展上的主动性和积极性，而主动性和积极性对刺激人的各项感官与功能及其综合能力的发挥起着决定性的作用。

自信心，是一个人自己相信自己的愿望或预想一定能够实现的一种心理状态，是一个人的自我意识的重要组成部分，具有自信心是自我意识成熟的一种表现。自信心是力量的源泉，是胜利的保证。它犹如混凝土建筑中的钢筋，是人们自身行事的脊梁。居里夫人有句名言："我们应该有恒心，尤其要有自信心！"自信心是人们成才必备的一种心理品质。古往今来，凡在事业上取得成就的人，无一不是以坚强的自信心为其先导的。古希腊著名学者阿基米德宣称："给我一个支点，我将撬动地球。"这是何等气魄的自信，正是这种令人惊叹的自信，燃起了他无比的智慧，使他做出了光照史册的巨大贡献。

对于学习来说，自信具有同样重要的意义。著名艺术家默森说："自信是成功者的第一秘诀。一个孩子要想搞好自己的学习，缺乏自信心是不可想象的。"失去学习自信心，也就失去了学习的灵魂。哲学家卡莱尔曾说过："人世间最可怕的怀疑就是对自己的怀疑。"丧失自信心，是人生前进道路上最致命的陷阱。缺乏自信心的人总是在哀叹：哎呀，不行，我学不会，我干不了。他们在学习道路上总是怕这怕那、犹豫徘徊、裹足不前。而屈从于这种情绪的代价是昂贵的，就个人来说，可能失去本属于你走进一所大学甚至是一所名牌大学的机会，可能失去本属于你的丰硕的物质成果，可能失去本属于你创造发明的科技专利，可能失去本属于你取得的事业。

由此可见，培养孩子的自信心，让孩子自己相信自己、充分肯定自我，在孩子的成长过程中将起到多么重要的作用！

培养孩子的自信心，父母应当做些什么呢？

通过实践活动培养孩子的自信心。父母要积极地支持孩子参加各种各样的实践活动，让孩子在实践活动中取得经验，成功的经验累积得越多，孩子的自信心就会越强。比如，年幼的孩子可能感到滑滑梯很害怕，就先让他从较矮的梯子试着往下滑，他滑下来了，会感到很高兴。这一经验就形成了一种自信。我们不能否认的是我们深受传统教育的父母，总是以我们传统的教育方式对孩子进行过度的保护。这样发展下去的结果是，孩子不再具有冒险精神，既缺乏克服胆小的勇气，也没有敢于拼搏的信心。这种不敢迎接困难、接受挑战的孩子，真令人担忧！

父母要及时地肯定和赞扬孩子的良好行为。当孩子有一个好的行为表现，或做成了一件事情，父母都应给予及时的肯定，绝不能视而不见。孩子往往是通过别人的眼睛来认识自己的，父母对孩子的表扬、肯定、评价，将对孩子的志向、情感、行为起着极其重要的作用。

比如，当孩子第一次穿衣服，尽管衣服穿得不整齐，父母也应该称赞："你真能干，像个大孩子，衣服都能自己穿了。"孩子从父母满意的微笑、赞扬的话语中，得到鼓励，于是孩子看到了自己的价值，就会相信自己的力量。

一些做父母的，常常会低估孩子的能力，对孩子的出人意料的聪明举动，对他们开阔的思路和惊人的理解力与洞察力，熟视无睹；既无心去考虑孩子的意见，更不准备接受孩子在某些方面比我们的认识更为高明的现实。这样做的结果，无疑对孩子的自信心是一个毁灭性的打击。

让孩子参与安排家庭事务。父母偶尔让孩子去安排一下家庭活动的计划，或让孩子参与讨论一些家庭问题，孩子就会明白自己什么样的要求是合理的，什么样的要求是不合理的。这样，孩子就能学到许多东西，并能表达出自己的观点，由此提高自己的自信心。

我们每一个做父母的，无不渴望自己的孩子得到最广阔的发展空间。然而，我们总是在无意间或者说是无知之下，限制了孩子的发展。我们总是过多地干涉孩子的决定，从穿衣戴帽，到交朋结友，时时刻刻都在为孩子"操劳"。这种教育只能让孩子更加依赖父母，而怀疑自己的信心和能力。

当孩子由于某种特殊的原因（生理或心理上的），而陷入自卑的境地时，父母应该坚信，自信心是可以锻炼出来的。

但愿我们做父母的都明白这样的道理：生活对于孩子来说是一片未开垦的处女地，他们所需要的是一股拓荒者的勇气与自信，而不是恐惧与畏缩。生活中每一件事、每一次经历、每一次的成功和失败，对于茁壮成长的孩子都是无比重要的，都会影响到他们一生的成长。

让孩子有一个良好的心态

在社会生活中，不同类型的人的自我心态对他们的言行有以下影响：

（1）良好、健康的自我心态：在社会生活中，有一定的弹性和韧性。它会促使人们争取达到天时、地利、人和，让其实现自我、控制自我，又能摆脱自我，取得学习和事业的成功。

（2）娇惯、任性的自我心态：在群体生活中，专横跋扈，为所欲为，听不得批评和反对的话，常常是"不碰南墙不回头"。这样的人，在生活中经常会遇到挫折。

（3）障碍型的自我心态：表现为思维片面、固执，行为易偏激。这种障碍心理如果得不到及时疏导和调适，会严重地影响学习和生活。

（4）极端型的自我心态：表现为自私自利，损人害己，极易走向"下坡路",甚至形成犯罪,影响一生的前途。

以上四种自我心态,在一定条件下可以互相转化。孩子在学习生活中,良好的自我心态不会自然形成,要靠学习、修养和自我调节(或者别人的疏导、调适)而形成。在学习生活中,怎样才能有一个良好的自我心态呢?

(1)要建立正确的人生观、价值观。懂得人活着不能光为自己着想。要以集体为重,以大局为重,关心他人胜过关心自己。为人处世要心胸宽广,要能容人、团结人、帮助人。对于良好心态的调节,不能光以"我"为核心,要有一种公而忘私的自我牺牲精神,而且还需要高尚的社会道德品质和良好的人文主义精神。

(2)需要有"自知之明"。在学习生活中正确认识自我,调节自我。不要认为什么事都是自己对,要虚心好学,取长补短。"自知之明",主要体现在自我反省和积极的自我调控方面。

(3)需要顽强的意志作为保障。例如,当孩子在课堂上思想溜号的时候,当孩子在学习中感到厌倦的时候,当有同学约孩子去网吧的时候……这些都需要孩子有一个坚强的意志,立即进行自我调节。让孩子想一想,都学会了吗?这样做父母能答应吗?为了自己的理想、目标,为了不辜负父母的期望,必须时刻自省、自控,及时调节自己不正确的意念,以达到"改邪归正"。

这里所说的自我心态,主要是指孩子的自我心理状态。一般孩子的自我心态,大多数都有一种朝气蓬勃、积极向上、勤学好问,一心向往着美好未来的愿望。然而,由于当今的社会竞争,家庭、环境、教育影响,各种不良心理倾向必然要影响孩子的心理。例如,有的父母竞聘、上岗、下岗,有的父母吵架、离婚,有的家长不务正业,有的家庭生活贫困等,这些都会影响孩子的心理。由于学习竞争,生活攀比,学校、社会和家庭对升学的压力,特别是处于青春期的孩子性心理的萌发,成人感的突出,在交往心理、亲情心理及各种学习心理中,随时都会产生各种不同的心理障碍和心理问题。因为每个孩子的自我心理状态不同,他们在学习中的表现也不一样。具有良好自我心态的孩子,思想积极上进,学习成绩优秀。他们能自觉地克服各种困难,努力拼搏,能顺利地考上高中、大学,实现远大理想,走向生活中的辉煌。那些自我心态不好的孩子,却因为某些心理障碍、心理问题而耽误学习。

例如，有的孩子学习成绩下降，有的逃课、辍学，有的甚至走上歪路。由此可见，孩子心态的好坏，在其学习过程中，起着决定性的作用，从某种意义上来说，甚至会影响其一生的命运。

孩子在学习生活中，要保持和调节好自己的心态，还要有一个正确的"苦乐"观念。什么是快乐？勤奋、好学，取得优异的学习成绩是快乐；通过自己的劳动，换来更多人的舒适、安逸是快乐。什么是痛苦？在未来的生活中，没有知识、不懂科学将是终生最大的痛苦。在生活中，良好的自我心态的调节，会像肌体中的新陈代谢一样，使你更新，成长，排除种种"疾患"，是心理健康的标志，是学习、事业成功的保障。

孩子自我心态的调节方式，一是自我调节；二是把自己的心理问题及时地向父母、亲人诉说，通过父母或亲人给予调节；三是把自己的心理问题向学校的心理教师诉说，他们可以更及时地进行调适。

孩子学习感到苦累怎么办

我们先来了解一下形成的原因。

孩子在学习过程中感到苦和累，主要有以下几个方面的因素：

（1）因为孩子的学习阶段正是青少年发育成长的旺盛时期，也是学习知识、能力训练、接受教育的最佳时期。所以，在这一时期学习科目增多，知识面加宽了。例如，学习时间长、内容多、作业多等。因此，有的学生感到学习紧张，又苦又累。

（2）长期以来，由于传统的应试教育的影响，学校、家庭和社会都追求升学率。孩子要承担多方面的压力，学习负担和心理压力加重，因此也会感觉学习的苦和累。

（3）进入中学阶段以后，有的孩子学习方法不当，不会安排时间，缺乏学习指导而引起苦和累的感觉。例如，有的学生在学习过程中，缺乏积极主动的学习态度。虽然他们也下工夫复习、背诵等，但由于在课前不会预习，课堂上不爱发言，遇到一些难题又不好意思问，所以在学习过程中必然会觉得紧张、乏味，并且感觉到又苦又累。

孩子文化课的学习，是打基础阶段，学校的严格管理、家长望子成龙的迫切心情都是可以理解的。但在孩子的学习生活中，怎样才能避免学习中的又苦又累？怎样才能学得轻松愉快呢？

首要的是让孩子调整好学习心态，不要把学习当作负担，如果把学习看得太"死板"、"僵化"，就会成为心理负担。孩子完成学习任务，一方面是为自己将来更好地生存打基础，不辜负父母的殷切期望。另一方面，要用乐观、积极的态度来对待学习。细想起来，什么是学习呢？用孩子自己的话来说，仍然是一些具有不同文字符号的"游戏"罢了。例如，拿理科的运算过程来说，解题、证明就好像摆积木一样，头脑中掌握的图样（公式、定理）越熟练，摆出的积木形状就越新颖、多样。文科的学习不能死记硬背，要学会分析、综合，在充分理解的基础上进行分析、归纳、整理。其实，这个分析、归纳、整理过程，也就是识记和背诵过程。在学习过程中要学得轻松、愉快，请让孩子记住以下几点：

①在上课之前加强预习，发现难点和疑点，带着问题去听课，这样可以学得主动、灵活。

②在课堂上要大胆、积极主动争取回答老师的提问，这样可以锻炼胆量和表达能力。

③在课后要认真复习，巩固提高，这样可以温故知新，加强知识的记忆。

④发扬"勤学好问，不怕头脑笨"的学风，这样可以节省时间，提高学习效率。

⑤有知难而进的顽强学习意志，这样才能取得优异的学习成绩。

其实在生活中，没有什么事是一帆风顺的。前进的路上，困难、挫折是常有的，学习中的苦和累，都是很平常的事，人人都可以遇到，关键是孩子怎样面对。这里面有一个辩证的思维方法，即生活中的苦与乐、轻松与劳累都是相对而言的。如果能换位思考，把完成作业和亲手解开一些难题作为自己的乐趣，把正确地回答老师的提问，争取优异的学习成绩当作无上光荣的话，那么孩子的"苦"和"累"的观念也就变了。

学习中的苦和累怎样转换为乐趣，这里面还有一个学习动机和生活追求的问题。对于一个贪图享乐、没有明确学习目的、没有学习热情的人，生活中无所追求，他在学习过程中必然会感觉到又苦又累，一点意思也没有。相反，对于一个有明确学习目的，在生活中追求完善、高尚，并且有高度责任感、荣誉感的人，他一定会起早贪黑、废寝忘食地学习，那么，对学习过程中又苦又累的感觉，自然而然地就不存在了。

　　在生活中，人们对苦和累的感受也是不一样的。作为父母来说，面对社会上激烈的竞争要起早贪黑，辛辛苦苦地工作。面对生活中的苦和累，我们为什么无怨无悔呢？因为心中有一个坚定的信念，那就是为了生活，为了孩子们的成长，再苦再累心里也是甜的。生活中的苦和累只是一种现象，关键是要有一种追求，有一个坚定的信念。在学习生活中，如果能有一个远大的理想，坚定的信念，为了实现这个理想和信念，就会不觉得苦和累了。

激发孩子的求知欲

　　求知欲是人们探索了解自己所未知事物的欲望，是人们追求知识的动力。也正是这种奇特的求知欲望，爱迪生才成了伟大发明家，瓦特成了蒸汽机的创造者。求知欲不仅是每个人积极学习的内在动力，是创造成功的起点，更是每个孩子的天性。不要怀疑孩子的能力，不要轻易否定孩子的做法，对孩子的这种天性应当正确地加以引导、培养、激发。应当从多重方面对孩子朦胧的雏形的求知欲轻轻唤醒。每个人的一生不可能是工作的一生，但一定是不断求知，不断上进，不断充实自己以适应快速变化的生活的一生。从小激发培养孩子旺盛的求知欲，是使孩子走向成功的第一步，也是使孩子受益终生的神奇法宝。

　　我国著名教育家马相伯在追忆自己少年时代时有这样一段叙述："我在儿童时代喜欢仰观天象，并且喜欢追究天象的根源，当万里无云的时候，我总喜欢月亮。我每天晚上看月亮，竟看得发狂。有一次在月亮底下拼命追赶它，但终是徒劳，又有一次我登上桌子开窗，拿着一根手杆去敲月亮，但仍是落空！因此我向长辈发出许多疑问：月亮是活的吗？月儿生在哪儿？到了初三四或二十四五时，我又要问：'为什么只剩一半了呢？那半个哪儿去了呢？'"孩子爱提问题，而好问才能真正学到知识，也能促进大脑的发展和思维能力的提高。孩子通过不断提出问题和探索问题的积极思维活动，促使了其大脑神经细胞的发育，提高了脑的功能，促进了智力的发展。

在知识经济时代，学习与求知将是面向全体公民的，它把一切具有教育功能的系统都联系起来了，它具有整合性的特征；求知是持续的，它贯穿人的一生；同时也是全面的，它向人们提供所需要的涉及生活和工作空间的各种知识，终身求知是开放的，任何人都可以在任何年龄阶段，选择任何适合自己需要的知识来学习。

因此，从小培养了孩子的旺盛求知欲，就可以使孩子具备努力驱动自己求知的动力，自觉地、发自内心地去探求知识的宝库。不会因以后失去父母、老师的教导、帮助而失去学习和求知的动力。求知欲的培养，能让孩子受益一生。具有强烈的求知欲，才能使一个人真正做到"活到老学到老"，使其一生能够永远适应快节奏改变的时代生活。

其实，学习任何一门功课，孩子是否有求知欲望，这种欲望是否强烈，是学习这门功课的原动力，也是能否学好的基础。切忌在孩子毫无思想准备的情况下，父母武断地下达学习任务，这会使孩子在没有接触这项学习任务之前，就有一种本能的抵制与反抗情绪。这样做的后果，必然是事与愿违，很难取得良好的效果。

日本教育家铃木主张，若父母希望孩子将来能拉一手漂亮的小提琴，应当在孩子很小时，就有意识地让他反复听著名的交响乐、各种唱片，经常带他去看别人拉小提琴，使孩子渐渐地对音乐产生兴趣，有了自己也想试试拉小提琴的愿望，这时才给他提琴，并提供必要的指导与帮助。加上孩子如饥似渴地练习，必能取得很快的进步。

先培养孩子某方面的兴趣，再让他接触这方面的学习，确是很好的经验。所以在每年的暑假期间，父母都应该了解一下，下学期孩子将要开哪些新课，如要开地理课，有时间就先带孩子一起看看地图，让他找北京在哪里，上海在哪里，旨在让他事先有所接触，引起好奇，培养兴趣。又比如，下学期要开物理、化学课了，你可以事先找机会在轻松自如的气氛下，有意识地给孩子提一些有关问题。如天为什么会下雨？天热了温度计上的水银为什么会上升等问题，与他一起讨论，以激发孩子的兴趣。这时，孩子往往又会针对日常遇到的现象，提出许多"为什么"。这时就可以告诉他，父母也不见得都知道，你好好学习物理、化学，这些问题都可以得到答案。这样，在尚未开课前，孩子心目中就有了向往与渴求，开学后，从这门课一开始就兴致盎然地听讲、提问、找答案。这样积极主动地学习，还用愁成绩不好吗？学习成绩好，又会反过来进一步提高学习的积极性。一旦对学习真正产生了兴趣，他不仅会主动地去学，而且会越学越想学，越学越容易学，这就引入了良性循环之中，你也就不用天天为孩子不会做作业发愁了。

反之，如果家长引导无方，一旦造成孩子对某门功课的畏惧心理，或产生了厌烦情绪，大脑会产生一种排斥倾向，便很难学好了。

在美国，为了提高数学教育水平，经过专门研究后提出了一项计划。该计划决定，在幼儿园和小学一年级中，开设"熊猫咖啡厅"，让孩子轮流担任顾客和职员，向班里同学卖入场券。这样让他们在游戏般的实践中，接触不同的运算、计算价格以及正确地找零钱等。还让学生按食谱学习烹调，这也需要计量，甚至要算比例，同时对形状、大小、颜色、轻重等产生感性认识。用这样的方式使孩子们在学会了计算方法的同时，对数学产生了浓厚的兴趣。试验结果，孩子们对学习数学的兴趣显著提高，数学成绩普遍有所提升。

孩子厌学怎么办

有的孩子贪玩，不爱学习，在心理调查的时候，他在调查问卷上写道："我常立志好好学习，可是一拿起书本就不想学了，很厌烦。这是怎么回事？"

有这种心理的人，当别人提起学习的时候，他也会暗下决心，一定要努力。可是，当真正坐下来学习的时候，心里总像"长草"似的，很厌烦，就是学不进去。

形成这种心理的主要原因如下：

（1）生活中缺乏远大的理想。自己未来想干什么，不知道，社会上哪一个行业好，没想过。正因为在生活中没有理想目标的激励，所以在平时的学习中就会出现松散、懒惰和应付了事。还常常是"明日复明日"，就像给父母念书似的。

（2）生活中缺少压力。平时在家中有吃有喝，要什么有什么，不缺钱，不缺物，好像学不学都能吃饭，不上学也能有工作。这样的人大多数都是家庭条件优越、生活太幸福了。因此，在学习过程中没有紧迫感，认为自己学不学都行。

（3）学习中缺乏动力。有这种心理的人，最大的问题是不知道学习有什么用，不知道为什么要学习，缺乏学习的动力。虽然他嘴上也说着学习是为了长知识，但是，一到实际学习的时候就什么都忘了。

（4）缺乏竞争意识。没有认识到知识与人才的重要性。老前辈曾经留下这样一句话：人无远虑，必有近忧。告诫后人在生活中要有长远打算，否则你就会遇到困难和忧愁。是的，对于一个在学习生活中没有远大理想、没有竞争意识和紧迫感的孩子来说，三年初中、三年高中的学习时间一晃而过。毕业后，看到同学们纷纷都考入高中、大学，成为社会上高素质、高层次、高收入的人，到那时候再后悔，晚矣。

2001年，《黑龙江日报》曾经发表题为《与"狼"共舞更显英雄本色》的文章。文章以连锁经营为例，指出了中国加入世界贸易组织之后，所面临激烈经济竞争的严峻形势。中国加入世贸之后，中国市场与外国市场接轨，各国的经济、企业都要进入中国市场。在这种"万类霜天竞自由"的世界经济竞争中，谁能成为强者？以什么样的心态去应对这种新的发展机遇和挑战？文章中打了个比方，说我们就好像"与狼共舞"一样，这样的后果显而易见，如果你稍一疏忽，不是被"狼"伤害，就是被"狼"吃掉。现在，"狼"真的就在你的身边，怎么办呢？能被"狼"吓倒吗？你甘愿被狼吃掉吗？在这种危急时刻，要想生存，只有"与狼共舞"才更显英雄本色。这个"共舞"靠什么？不是吃喝玩乐，也不是欺骗和说谎，而是靠知识、本领、靠先进的科学技术，孩子即将面对的就是这样的未来，不学习行吗？不但要学习，而且还要努力学、抓紧学，否则，孩子将来真的会被"狼"吃掉！这将是一个多么残酷的现实呀？

对于有厌学情绪和厌学行为的孩子，父母首先应当在充分了解孩子的前提之下，培养孩子学习的自信心。在学习上，一个信心十足的孩子，他的学习兴趣必然是浓厚的，学习的主动性、积极性也是很高的。当孩子产生厌学情绪后，常常会不自觉地在学习上表现出自暴自弃、消极被动的行为。父母一旦发现孩子的这些情绪和行为，就要及时地对症下药，给予孩子积极的鼓励，帮助孩子重新树立学习的信心。对于那些年纪较小的孩子，父母应主要以激发他们的学习兴趣为主，要以丰富多彩的形式帮助孩子克服学习信心不足的毛病。

对于年纪稍大一点的孩子，父母要观察孩子的学习动机是否正确。影响孩子学习质量的一个重要因素就是学习动机的问题。动机是人为满足某种需要而激发出来的一种内部动力，它可分为内部动机和外部动机两种。比如孩子讨厌画画，父母就不必忙于批评、指责孩子，这种在外部压力下才去行动的动机，不能使孩子从内心产生自愿、自觉的心理。尽管外部动机有时对孩子的学习也很重要，但很难让孩子自觉地、积极地学习。父母应当根据孩子的特点，通过赞扬、鼓励，把外部动机转化为内部动机，去促进孩子学习。

让孩子克服厌学情绪、改正厌学行为，"多表扬，少批评"是一条很好的经验，已经被很多人所证明。俗话说"娃娃宜夸"，鼓励、夸奖都是帮助孩子克服厌学情绪、改正厌学行为的好办法。

这种方法对于那些自尊心强的孩子非常有效。当父母发现这样的孩子，在具体的学习上有了进步，尽管这种进步只是一点点，父母也要抓住契机，不失时机地给予表扬和赞许，以激发孩子的进取心，从而帮助孩子克服和改正厌学情绪。与之相对的错误行为是采取"当头一棒"的做法，这种"棒喝"只会让孩子产生"烂船就当烂船使"的念头。

还有一些父母，面对孩子的厌学情绪和行为时，往往采取给予孩子一些物质刺激的方法。这样的方法同样是错误的，把孩子的学习和物质奖励挂上钩，久而久之不但不起作用，甚至还会起反作用，滋长孩子的享乐思想，或者使他在学习上稍有进步便会产生骄傲情绪。

纠正孩子的厌学情绪，还需要父母的耐心。父母要根据孩子的生理、心理成长规律，给予孩子耐心的、具体的帮助。比如，幼小的孩子，父母在关心他的学习时，可以问孩子："今天得了几颗星？"如果孩子表现得很好，他会很自豪地告诉你，他得了五颗星，或者他会惭愧地说："今天我做错了一道题，只得了一颗星。"只要有这样的耐心和细心，即便孩子偶尔有一些厌学情绪和行为产生，父母都是能够正确解决、处理的。

孩子厌学心理的形成和发展是一个复杂的过程，但有一点是肯定的——孩子厌学是包括家庭教育在内的教育失误的表现。因此，我们做父母的要认真查找原因，同时及时地对孩子进行一些必要的辅导。在孩子有进步时及时地鼓励他，这样便会使孩子逐渐地克服和改正厌学情绪和厌学行为。

对于已经有厌学情绪和行为的孩子，父母应当为孩子创造一个良好的学习环境。父母要"身教重于言教"，以身作则，不可在孩子做功课时，自己在旁边玩麻将、玩游戏机、看电视等。此外，建立民主的亲子关系，注意发现孩子的优点，尊重孩子的兴趣爱好，遇事以理服人，和孩子协商解决，等等。这样的家庭，父母也要适当地运用合理的奖惩办法，尤其注重对孩子的精神奖励，去逐渐激励孩子的上进心。另外，父母要加强与学校老师的联系、沟通，绝不要在孩子面前讲学校、老师的坏话，从而使孩子对学校、老师失去热情，影响孩子的正常学习心理。父母要告诉懂得事理的孩子，不爱学习将会给他的一生造成什么样的后果，同时再找一些热爱学习、勤奋学习的榜样，让孩子在比较之中，明白讨厌学习的错误，鼓励孩子改变自己。

以上都是解决孩子厌学问题的一些比较实际的方法。常言道："教育不是万能的。"如果孩子厌学的情绪越来越严重，尤其是随着年龄的增长，孩子表现在学习上的态度和实际效果都很不理想，面对这些问题，父母除了要帮助孩子找到种种原因之外，就此采取一些措施，对孩子稍有强制性是很有必要的。

孩子厌学不是病，但要解决好孩子的厌学问题并不是件容易的事情。作为父母，在没有找出孩子的厌学原因之前，最好先不要指责孩子，甚至于对孩子"动手动脚"地强制孩子。"晓之以理，动之以情"应当永远成为我们教育孩子的一条准则，否则，我们在对孩子的教育上，终将成为一个失败者。

如何激励孩子前进

自信是成功的起点，是前进的力量。父母应该让孩子从小看到自己的长处，尤其是那些有缺点的孩子，一定要让他们相信自己："我并不比别人笨"，"别人能办到的，我也能办到；别人办不到的，我还能办到"。树立这样信念的孩子，就会具有最大的独立性，就一定能通过自己的努力而取得成功。

大人们常常不经意地向孩子们展示自己多么有能力、有魄力、有气力。我们的每一句话，像"你怎么把房间搞得这么乱"，"你怎么把衣服穿反了"这类话，都会向孩子们显示他们是多么的无能，是多么缺乏经验。我们这么做就会使他慢慢地失去了信心，失去了自己努力去探索、去追求、去锻炼自己的自觉性，忘记只有通过各种锻炼和闯荡才能使自己成为一个有用的人。

父母常常有一种先入为主的概念，认为孩子只有到了某种年龄，才能做某种事情，否则的话，他就是太小，太缺乏能力，不能做这类事情。但是往往孩子在那个时刻是可以做得很好的，但是父母却人为地推迟了他学会本领的时间。而且最关键的是父母的这种做法，会使孩子失去自信，怀疑自己的能力，减弱他们的进取心。这种消极因素将会对孩子的一生都有影响。比如一个5岁的孩子，如果帮助父母收拾桌子，当他手中拿到一个盘子的时候，妈妈会很快地说："不要动它，你会打碎它的。"虽然妈妈能让盘子不破损，但是妈妈的举动在孩子的信心上投下了阴影，而且推迟了他的某种能力的发展，也许正是因为妈妈的阻止耽误了一个小天才的诞生。

要发现鼓励孩子的最有效的方法，最重要的一点是深入透彻地了解自己的孩子。每一个孩子都有不同的特点，这就决定了我们使用的方法也是不同的，这就需要家长花时间去找到这种不同之处。鼓励孩子，树立他们的自信心，使孩子对自己有正确的认识，而不是终日怀疑自己，怀疑自己的能力与价值。自信的孩子，不需要别人来评价自己的好坏。家长应当鼓励孩子将幸福掌握在自己手中，相信成功是自己努力的结果。**给孩子们机会，让他们自行选择、决定，使他们看到正确结果，这才是最好的培养孩子自信心的正确**

方法。

鼓励孩子的自信心，应帮助他们发现自己对周围的环境以及整个大局能够做出多少贡献，由此让孩子找出自己的位置和重要性。我们讲述这些道理就是想让所有关心下一代的人们有意识地帮助孩子，使他们懂得他们是整个社会的一分子，他们所做的一切都与整个社会息息相关。他们可以作出贡献，可以与别人合作，可以参与，可以帮助别人使他人变得更好。

鼓励的重点侧重于使孩子认识到自己是集体的一部分，是家庭的一部分；而赞扬更侧重于个人、个体本身。用鼓励的方法，家长可以教育孩子人生的真正乐趣在于让自己的周围感觉到自己的存在，并由于自己的存在而变得更好；鼓励使孩子认识到，他们无须变成一个完美无缺的孩子，只要他们肯于尝试，他们就会感觉到无穷的乐趣，这样才能塑造成完整无缺的自我意识。

第三章　提高孩子的阅读能力

阅读是学习的最基本的能力与方式，要获得知识，就离不开阅读。通过阅读，可以把孩子引入一个神奇、美妙的图书世界，使他们的生活更加丰富多彩、乐趣无穷。同时，还可以使孩子从书中获得人生的经验。因为人生短暂，不可能事事都去亲自体验，书中的间接经验，将有效地补充个人经历的不足，增添生活的感受。

培养孩子的阅读兴趣

兴趣对一个人是相当重要的，它可能关系到一个人一生的志向和事业的成功。兴趣是一种潜在的强大动力。当一个人对某个方面产生兴趣后，它就会给这个人带来不可思议的力量和勇气。

居里夫人说："好奇心是学者的第一美德，而好奇又总是兴趣的导因。"

达尔文说："我的性格上的优点，就在于有强烈的多样的兴趣。"

天才源于兴趣。一个生机勃勃和富有创造精神的人，总是睁大着敏锐的眼睛，带着求知的饥渴，观察周围的一切事物，从中汲取知识的养料。

然而，兴趣并不是先天具有的。一个人的兴趣是由他的生活环境和教育环境决定的，是后天的，也就是说兴趣是可以培养的。孩子的兴趣爱好是在学习和生活实践中培养起来的，没有先天就对学习感兴趣的。因此，家庭要重视早期培养孩子有益的兴趣，这是每一位家长都可以做到的。

不管学习内容或形式多么有趣，学习总是需要下苦功，下力气的，因而就学习过程本身来说总是一件苦差事。"学海无涯苦作舟"说的正是这个道理。为了变苦为乐，保持对整个学习过程的兴趣，从一开始学习起就要养成艰苦学习的习惯。

法国启蒙思想家卢梭在《爱弥儿》一书中写道："重要的是，开头就要习惯于在不好的地方也能睡觉，这是以后不怕遇到坏床的办法。一般地说，艰苦的生活一经变成了习惯，就会使愉快的感觉大为增加，而舒适的生活将来是会带来无限的烦恼的。"读书就是这样。如果养成了在吵闹的环境中专心读书的习惯，即使以后遇到嘈杂的学习环境，也不会被外界的干扰搅乱自己的思想。

通过阅读，可以把孩子引入一个神奇、美妙的图书世界，使他们的生活更加丰富多彩、乐趣无穷。同时，还可以使孩子从书中获得人生的经验。因为人生短暂，不可能事事都去亲身体验，书中的间接经验，将有效地补充个人经历的不足，增添生活的感受。

让孩子爱读书、会读书并形成习惯，父母应做到以下几点：

（1）父母首先要有阅读习惯

父母有阅读习惯，这是一种潜移默化的影响，因为孩子会不断地询问："书里到底有什么有趣的故事？"如果父母不读书，却想让孩子读，他就会说："你们都不看书，为什么要让我看？"

（2）激发孩子的阅读兴趣

在家中摆满各种有趣的书籍，让孩子可以顺手拿来翻看与欣赏。不过可别忘了及时给予鼓励。要使阅读成为孩子生活中不可缺少的内容，使阅读成为一种享受而不是负担，这需要身教。如若父母视阅读为生活乐趣的一部分，孩子自然会乐于读书。父母经常津津有味地读书看报，对待书报总是兴趣盎然，孩子便会觉得读书一定很有趣，于是对书籍充满着好奇。

（3）要把读书作为一项消遣活动

在轻松的气氛下，安排一小段时间，与孩子一起读几分钟书。可在外出时带上一两本书，在公园里，在郊外，在河边，在清新的空气中，在鸟语花香的环境里，与孩子一起读上几段书。这样，自然而然地把孩子引入图书世界，使读书成为孩子的消遣活动。

(4) 帮助孩子选择好书

教育学家认为，孩子需要那些与他们的年龄、兴趣及能力相适宜的图书。所以专家建议，父母可以让孩子多接触不同类型的读物，如报纸、杂志乃至街头标语广告、商品包装等等。通过这些文字读物会让孩子懂得：语言文字在生活中的每一方面都是非常重要的。

(5) 与孩子一起阅读

在孩子能独立阅读以后，仍坚持同他们一起阅读。很多专家建议，同孩子一起阅读，至少要坚持到他们小学毕业。大部分孩子在12岁以前，其倾听理解能力要比阅读理解能力强，所以，父母为他们念书比他们独立阅读收益会更大。

(6) 让孩子带着问题阅读

在孩子阅读过程中，父母应先抽出时间，看看孩子要看的书，提一些问题写在纸上，让孩子仔细阅读，然后回答问题，这样可以避免囫囵吞枣。

(7) 配合看一些名著欣赏作品

在孩子看了一定量的名著后，可以引导孩子看一些名著欣赏作品，看看别人对名著的评价是什么；跟孩子一起聊聊，看过的书都写了些什么，有哪些特点。这样孩子就会从读过的书中慢慢受益。

引导孩子读好书

阅读是学习的最基本的能力与方式，要获得知识，就离不开阅读。北宋时的大文学家欧阳修认为，立学以读书为本。当代数学家华罗庚曾说过："学习必须先从踏踏实实的读书开始。"古今中外，无数的名人、学者、科学家对书的喜爱几乎达到了如痴如醉的程度。他们高度评价书籍："书籍是全人类的营养品"，"理想的书籍是智慧的钥匙"，"一切震撼智慧的学说，一切打动心灵的热情，都是在书里结晶成形的。"科学家牛顿曾经很贴切地把书比做"巨人的肩膀"，孩子若站在巨人的肩膀上，就有希望比巨人还要高。

在孩子开始认识这个世界的时候，父母就为他们准备好的书籍，并引导他们，培养他们读书的兴趣和良好的读书习惯。那么，孩子的这一生，父母可能就不必过多忧心了。

孩子自觉地爱书的时间极短，经研究确定，应该在七八岁到十二三岁之间。这个年龄阶段孩子对文字单纯地好奇和喜爱，能从唾手可得的书籍中得到启发和满足；过了这个阶段，孩子的心思便会被许多其他东西所吸引，他的身心会被许多成长的烦恼所占据，父母便失去了一个启发孩子的阅读兴趣以及帮助他们养成终生受益的良好的读书习惯的绝好时机。

许多父母常常担心孩子不读书，或只读漫画、脑筋急转弯之类的书。可以肯定的一点是，有这种担心的父母，基本上还是很关切孩子的阅读的。其实他们的孩子没能养成良好的读书习惯，问题出在这些父母一开始就没有对孩子进行正确的引导，以至于让漫画一类的读物比自己抢先一步吸引了孩子的注意力。

假设你家有个上小学二三年级的孩子，你可以在家里他容易走到的地方放个小书柜，里头放着有趣的童话书，如安徒生、格林或中国童话都可以；有比较简易的世界历史、地理、名人传记、昆虫世界、水族介绍等，当然《金银岛》、《格列佛游记》、童诗也可以放进去，让他随时可以阅读，以发现一个吸引他的新世界。

鲁迅因为《山海经》，从此忘情于神话世界的迷人。很多伟人在艰苦的童年都曾因为得来不易的几本书，度过了他们的成长期，改变了他们一生的方向，甚至造就了他们未来的事业。

现代父母不必花费多少钱，就可以给孩子提供那些伟人童年时曾经梦寐以求的书籍，何乐而不为呢？

欧美社会从十八九世纪以来就有一种传统：晚间一家人在灯下，彼此朗读一段书给家人听。这种习惯，不仅是分享知识，也是维系家人感情的最好方式。

有一些父母总在问，我的小孩学什么才有用？读这本书"有用"吗？

天底下哪有什么书是一定"有用"的呢？即使是教人养狗做菜的书，够实用的了，假如不真拿来应用，也是"没有用"的。至于许多"没有用"的书，其实倒有大用。

《山海经》有什么用呢？但它启蒙了中国现代文学史上的大文豪。

唐诗宋词有什么用呢？但它必然能使孩子的心灵世界受到熏陶和感染。世界历史丛书有什么用呢？但它必然会开拓一个孩子的眼界和心胸。

某些父母花许多钱强迫孩子补英文、学钢琴，给孩子买昂贵的衣服，却舍不得或不肯费心，去为孩子准备几册可以丰富他整个童年的书。实在不是明智之举。

人的缜密思考能力和周密的逻辑推理，只有经由阅读结构完整、思路清晰的书籍，才能养成。今天，虽然传递知识的媒介愈来愈多，但是，属于书籍的那部分功能，却是没有什么媒介所能取代的。

教给孩子阅读的方法

西方教育家罗伯特说过："每一个知识渊博的学者没有不爱读书的，书是知识的宝库，教孩子学会读书如同为孩子打开了进入知识宝库的天窗。孩子在读书中成长，在读书中成才，在读书中成为顽强的人。"

在孩子的语言能力得到一定的发展时，他们渴望读书的欲望很强烈，使阅读成为最大的乐趣。这时，我们要给孩子创造一个宽松的环境，用正确科学的方式来引导孩子读书，让孩子善于读书，乐于读书，勤于读书，培养孩子读书的兴趣，提高孩子读书的热情。随着孩子知识的丰富与思维的开阔，他们学着观察生活，感受一切美的事物，学会思考，学会表达，写作能力也随之得到提高。

孩子可塑性强，在这个时期培养浓厚的阅读兴趣，帮助养成读书的好习惯，将会使孩子终生受益。

下面我们就来看看一些基本的读书方法。

（1）画出重要句子

边阅读边画出重要句子。这些重要句子包括以下几种。

主题句子：反映一篇文章或一段材料的主题，常常是文章的标题或一段话的开头。

结论句子：反映一段材料的重要结论。这个结论就是精华，是回答主题句子问题的。结论句子常在材料的结尾。

内容转换的句子：一篇文章或一段材料常常分几个层次去论述或说明，在各层次之间常用这种句子转换内容，读出这种句子，你也就知道内容要点变化了。

论证说明的句子：这是一些为了说明内容，分层次说明要点的句子，其中不乏精彩的论述。

阅读中注意找出这些重要句子，就可以读懂作者的意图。有材料，作者对一些重要的话或单独设段落，或用黑体字标记出来，或者干脆标上数码（例如本书的有些章节），这就更便于画出这些重点句子了。

（2）编写阅读提纲

一边阅读一边把主题句子、内容转换句子、结论句子等简要地在纸片上记下来，并且把这些内容的从属层次关系标记清楚，这就形成了阅读提纲，它反映了材料的内容纲要。为了准确编出阅读者提纲，常常不是读一遍就能编写准确的。在读第二遍、第三遍时，要边读边修改。

这种编写阅读提纲的办法，可以使同学们边读边概括要点，有利于抓住纲要，有利于从整体上把握材料。学会编写阅读提纲，既是个习惯又是个能力，需要长期锻炼才能做到。

（3）从整体上把握材料

有些同学一开始阅读时过于注意个别语句甚至个别字词，把一篇逻辑性很强的材料"肢解"了。这正像把一只完整的兔子分解了：这是头，那是腿；这是肝，那是心脏；摆了一桌子"器官"。这样虽然对具体的部分看得很细，但使人看不出兔子的整体形象。有的语文老师在引导同学分析课文时，一句句分析、一字一词细嚼，把一篇完整的文章肢解了，学生们对文章整体结构、中心意思反倒没用心去思考。这样很不利于从整体上把握文章，很难看清脉络。在这种教学的影响下，一些同学阅读其他材料时，也缺乏从整体上把握的方法，结果降低了阅读效果。

要利用编阅读提纲的办法，首先把文章结构搞清楚，然后再细细理解每一部分内容的结构和要点，最后再对各部分更加细化地去理解。在整个过程中，对一些关键字词仔细推敲，有时显得非常重要。总之，要处理好从整体上把握材料和仔细推敲字词的关系，这是一个相辅相成的关系。

(4) 精读与粗读相结合

材料不精读不可能理解深透，但所有情况下都去精读，会使我们的阅读量大大减少，也不利于吸纳知识。

所以，在时间允许的情况下，对重点材料要精读，要读透。在时间不足或者做筛选性、查阅性阅读时，可以粗读。这样，精读和粗读有机结合起来，对增大信息量、提高阅读效率及效果，对广泛准确地理解消化知识是很有帮助的。

(5) 阅读理科教科书注意事项

这类材料一般包括导入语、概念、定义、公式（定理、定律）的引入与推导，包括例题、练习题以及节末总结和章末总结等部分组成。阅读中注意上下文的逻辑关系，注意概念定义的用词用语的含义包括几层意思；注意定理、公式的条件、结论以及适用范围；注意例题上、下之间的因果关系和使用的技巧、办法，尤其要注意特殊的思维方法。物理、化学、生物等教科书中还要注意实验操作说明的用词用语。

数、理、化、生等教科书中一般用词用语都简练准确，有一些是常用术语，包含着特定的含义。阅读时留意这些用词用语，既有利于理解材料，又有利于自己在做题中模仿使用这些规范用语。对这些用词用语，其实用不着特殊记忆，只要经常留意，慢慢也就能够熟记熟用了。

(6) 阅读文科教科书注意事项

这类材料一般有课题、标题、框题……还有提示语等。这些都是材料的重点内容和结构提纲，阅读中应当特别关注这些地方。

政治课本中除课题、标题、框题外，一般分为论点、论据，在阅读中应当注意划分清楚，并且弄懂是从几个方面论述论点的。这样容易理解深刻又便于记忆。阅读中要注意找出基本观点，注意分析问题的方法（基本立场和思想方法），弄懂这些东西，就容易弄懂精神实质。

阅读历史课本，要注意史实和史论。史实一般是指历史事实（事件的背景、经过等），史论一般是指对史实的看法（历史的经验教训等）。注意这些地方，就可以学会用辩证唯物主义和历史唯物主义的观点看待历史事件，慢慢学会分析问题的方法。

阅读政、史课本不要死记硬背，一定要理解基本观点和学会分析问题的方法，逐步提高自己分析问题、解决问题的能力。这对于开卷考试是非常有意义的。

激发孩子的读书热情

热爱必须是发自内心的情感才能形成，强制是不会产生出热爱的，帮助孩子激发对阅读的热爱。就必须使孩子从内心产生对阅读的浓浓感情。

并不是所有的孩子从一年级起就喜爱读书。即便父母把阅读视为初级教育的第一要素，孩子们也不一定会成为热心读者，而且他们可能长大以后也不爱读书。正如教育学家大卫·斯根屡次指出的，我们的孩子成长在一个崇拜运动员和电影明星更甚于艺术家和教师的文化中，在同龄人中间，一个篮球明星比一个书虫更受仰慕。许多孩子的家长会为他们的足球赛加油，而不会和他们一起读书。孩子们卧室里总有电视，却不一定会有书柜，孩子们收集交换的有篮球明星卡、邮票，却没有书籍和诗歌。当他们聚到一起时，通常是看电视或玩游戏。阅读被视为孤独的活动，偶尔有一个博览群书的孩子也被说成是"脱离"生活。

甚至在课堂上，孩子们也没有可观的时间去真正阅读。在《成为读者之国》一书中，研究者们报告普通小学生要花去70%的在校日做课堂作业，平均一年1000页。另有研究人员估计在普通学校里，孩子们每天花2小时做练习和试卷，却只有12分钟读书时间。而且即使孩子们在学校有机会读书，通常也会有一个个的测验接踵而至。最后，根据所谓的阅读水准，我们的孩子被分门别类，安上标签。甚至一个10岁的孩子都已经知道他们班有张阅读等级表。

这样也就难怪我们的孩子不像我们这样喜爱读书。不过我们也不必为此自责。孩子们宁愿做任何事情也不愿读书，这是一个寻常的、可以预料的问题。

　　为了解决这个问题，我们不必总是自问："我的孩子喜欢阅读吗？"与其等他主动地阅读，还不如竭尽全力去挖掘他去阅读的可能性。一个好的起点就是减少竞争，也就是建立一种让孩子自己选择阅读的条件。设想孩子们会选择读书而不是看电视、玩电子游戏、去朋友家串门或电话交谈是不现实的，因此，我们需要划定界限。不应明确地说限制看电视是为了阅读，否则阅读又成了罪魁祸首。也不应把玩电子游戏作为阅读后的奖励。但是**减少他们与电视亲近的时间，有助于将阅读变为一项可供选择的活动。**

　　孩子读书需要父母的帮助。从念书给孩子听，到孩子自己阅读，是一段艰难的历程，并非每一对父母都能带孩子顺利走过。

　　在孩子很小的时候，孩子们读到的都是独立故事片段，通常一口气就能读完。他们挑选一本书、阅读、把书还掉，这就是读书的全过程。随着孩子日渐成熟，他们的阅读方式也会改变，其中之一就是他们最终必须学会对一本书保持兴趣。这听起来微不足道，其实不然。有时这需要父母的协助。

　　起初，为了帮助孩子保持阅读兴趣，我们可以鼓励他定下心来读几本而不是一本书。如果读一本书需要花几分钟，那么一堆书就能让他持续不断地读下去。其次，如果孩子主动选择了例如两本童话故事、两本棒球手册，或两个版本的金发姑娘传奇，那确实可喜可贺。因为当书籍彼此相关时，读者就会去思考书与书之间、文本与文本之间的关系。当然，读几本童话故事和读一本关于雷蒙娜的章节小说相差无几。在三年级后期或四年级，孩子们就开始阅读篇幅较长的书籍，这有助于培养深刻的思维方式。适合这一目的的书籍有《乔治和玛莎》等。孩子们很难拿一本书独自看上好几个片段，避免让其他书籍争夺他们的注意力非常重要。也就是说，孩子在学校和在家里读的最好是同一本书，这本书也许不同于我们读给他听的那本，但必须是他在熄灯之前读的那本。同样，我们必须把这本书装到他的背包里带到学校，而且我们希望老师在放学之前也能帮着把书装到他背包里带回家。

孩子读书贵在"有恒"

学习是一件极其漫长而艰巨的工作，所谓"学海无涯"，一个人唯有不烦不躁、不弃不辍地学习，才可能学有所成。恒心正是对一个人学习毅力的考验。几乎人人都想扩大自己的阅读面以增长知识，但多读书究竟靠的是什么呢？不是速度，更不是投机取巧，而是恒心。

有人误以为加快速度可以使自己看更多的书，表面上这很有道理，其实却不尽然。因为阅读应该讲求质和量的统一，只增加数量是不行的，如果一味求速而忽略了质，那就等于根本没有吸收知识。可见，阅读的关键并不在于速度。毛泽东向来反对那种只求速度、不讲效果的阅读方法。他在读《韩昌黎诗文全集》时，除少数篇章外，都一篇篇仔细琢磨，认真钻研，从词汇、句读、章节到整篇文章的意思，全都认真、深入地思考。通过反复诵读和吟咏，其中的大部分诗文他都能流利地背诵。《西游记》、《红楼梦》、《水浒传》、《三国演义》等小说，他在很小的时候就看过，在20世纪60年代的时候他又重新看过。他看过的《红楼梦》的不同版本差不多有10种以上。一部《昭明文选》，他上学时读，参加革命时读，新中国建立后读，到了经济建设时期还读过好几次，他批注的版本，现存的就有3种。这种求质不求量的读书精神是难能可贵的。

田园诗人陶渊明隐居时，有不少求学少年向他请教读书的方法。一天，他家里来了位少年，谦虚地向他请教读书的方法。

陶渊明拉着他走到一块稻田边，指着一棵一尺来高的禾苗说："你仔细地瞧一瞧，看禾苗是不是在长高？"少年目不转睛地看了半天，眼睛都看酸了，那禾苗却仍然和原来一样不见长高。

他失望地对陶渊明说："没见长呀！"

陶渊明又把少年带到溪边的大磨石前问他："你看看那块石头，那磨损得像马鞍一样的凹面，是在哪一天被磨成这样的呢？"

少年想一想，说："不曾见过。"

陶渊明耐心地启发诱导说："要你看禾苗，是想让你知道，虽然眼睛观察不到，但禾苗的确是每时每刻都在生长的。如同我们做学问，知识的增长也来自平时的点滴积累，我们自己虽然没有觉察到，但是只要持之以恒，终究可以见成效的。"

少年豁然开朗，再也不提请教读书妙法的事情了。回家后，少年日夜苦读，从不间断。功夫不负有心人，几年后，他终于考取了功名。

据科学家分析，一个具有中等水平的人，每分钟可以读300字。以这个速度计算，15分钟就能读4500字，如果每天读15分钟的书，一年下来的阅读量就是150万字。所以说，只要能持之以恒地读下去，即使每天利用很少的时间，日久天长，你就能发现自己的知识量已经得到了极大的增长。

因此，我们在教育孩子阅读时，在注意读书速度的基础上，更应始终牢记一点：持之以恒才能不断超越自己。

如何对孩子进行阅读训练

父母们经常把孩子阅读方面的成长描绘成突如其来的奇迹般的变化。"有很长一段时间她根本就没在读。可是真莫名其妙，她突然就开始阅读了！"

很多孩子都是如此，在一个显著的阶段内，他们的各种阅读技巧就像拉链上的小齿一样凑拢到一起，这时他们就会逐步成长为读者。但这个阶段并非"莫名其妙"地突然到来。事实上一无所知的大人们常常忽略或无视孩子们在成长为独立读者的道路上迈出的关键几步，因此尽管孩子们就在我们眼皮底下取得了各种重要的不可思议的突破，可我们总觉得那些是微不足道的。相反，我们会悲伤地摇头叹息："她总是不会阅读。"

我们总是把目光投注到一个目标上，等待孩子能够准确阅读陌生文字的那一刻，而在他们达到这个目标之前，却漠视了他们的种种努力："她不过是记住了那个故事。"或"她只是装装样子而已。"似乎除了那个真实之外，什么都没有价值。

从一开始就应意识到孩子常常会"装装样子"。然而，一个把书上下倒置,"读"一则复杂的神话故事的孩子正在逐步朝阅读走去。

阅读研究专家玛格丽特·米特说:"在开始阅读时,一个边玩边读、模仿成年人行为的孩子比接受识字训练的孩子处于更有利的位置。"我们应当明白在大人们想象的"装装样子的海市蜃楼"中,孩子们确实能取得长足的进步。让我们来看两个例子。

一个假装阅读的小男孩正漫不经心地翻着书。他先从末尾开始,眼光在画页之间跳跃,凌乱无序。有3页书上画着一只狗,然后第4页上出现了一只猫。在他"读"的这本书包含了关于猫和狗的故事。而另一个孩子捡起了同一本书。她先翻到封面,然后假装读出书名,她语调完美——这是在解释作者的姓名;翻到扉页时,她可能还会重复一遍书名和作者;接着她开始从头至尾阅读全书。她研究画面,猜测故事情节:"我知道了,这是本关于捕猎的书。"然后她又翻回第1页,用手指着上面的第一个字,逐字逐句念下去,尽管她只是在假装阅读,只是在猜测文字的含义而不是破解文字符号,她的故事听起来仍然令人信服。而且,她的语调随着标点符号而变换,她的语气停顿也和相应的页、句子的长短一致。这个孩子已经远远地胜出了第一个孩子。

那么在一个孩子还不会独立理解一页字的时候,我们该如何帮助他阅读呢?如果我们的孩子像那个小男孩似的从后往前翻书,眼睛飞快地掠过画页,毫无逻辑顺序,那我们该怎么办呢?

首先,我们必须认识到哪些是我们的孩子能做的,这比把注意力集中在他做错的事情上要好得多。让我们来看看这个小男孩:

①他能主动阅读,他认识到本书值得一读,可能会很有趣。

②他懂得书中包含着人物和思想。

③他懂得人们打开书是为了找寻里边有趣的事物。

④他懂得读书时应依次翻页,有时还可大声谈论书的内容。

当然,以这个小男孩为例,最好的方法是和他一起阅读。当他捡起书,从后往前翻页时,大人可以说:"让我们先读封面。"然后我们可以大声朗读书名,也可以让他装读。不管是哪种方式,我们都可以停下来思考一下真正的或他虚构出来的书名。重复书名时,我们就会猜想这本书讲的到底是什么。

这就是最好的早期阅读教育。

同样，我们还可以说："让我们先来看看图画，我喜欢这样。"如果孩子正在专心致志地研究画面，我们就应该给予鼓励。"你是个很棒的小读者！我喜欢你专心阅读图画的样子。你学到了很多，不是吗？"

我们应当以这样的方式诱导幼儿阅读，同时强调一些有效的技巧。下面，我们就来看看这些技巧及其运用方式：

①在逐页阅读一本书之前，应当先浏览一番。从书名和封面来推测该书的内容，看看它如何与我们的生活相联系，如何与该作者的其他作品及同类作品相联系。

②阅读画面，从中推测故事的进展。

③翻到第一页，看看画面，用手指着第一个字和孩子一起读，从左至右移动手指，并逐行向下。以后每页都先看图画，鼓励孩子猜测字的含义。

④时常停下来简短地讲述该故事与我们生活的联系，评论人物（"他看上去简直是疯了！"），想想接下去会发生什么，并提醒他注意明显的印刷规则（"他们把这些字印得比其他的都深，是不是？"）。

⑤重要的是，要关注孩子的种种举动及时作出反应，并参与到他的阅读中去。

当孩子初步成长为一个读者时，大部分的阅读教育都体现在我们陪伴孩子阅读。和他一起阅读通俗易懂的故事，我们也是快乐的。

我们的目的并非要让阅读的魔毯载着孩子飞向光怪陆离的土地和生活，而是向他们展示阅读的过程，呈现阅读的技巧。放慢速度，以便一个年幼的读者能轻松自如地参与到这个过程中来。

妈妈和艾伦一起读书时，总喜欢稍稍落后一步——让孩子去翻页，看看他是否能主动地阅读画面。如果他没有这么做，而是伸手去翻下一页或几页，妈妈就会说："等一等，我喜欢看那些画，你呢？"妈妈会逐步诱导，告诉他妈妈是怎么想的。妈妈可能会稍作沉思，"嘿……他在干什么呢？我想他是在……"最理想的是，在这个当口，孩子会插进来："他在追赶那只猫，猫要跑到树上去。"以及诸如此类的话。

这样看了一会儿之后，妈妈就会建议："让我们来读读字好吗？"同样，妈妈会稍作停顿，让孩子有机会领读第一个字。如果他无动于衷，妈妈就会说："让我们来指着第一个字。"这样他们的手就合拢到一起，大手管着小手，指着那些字。

这时，读出字的那个人很可能是家长，因为在早期阅读中家长不应让孩子去分解或朗读字。家长应尽量强调那些更宏观、更基本的阅读概念，尽量让孩子把手头的书"吃进肚子"，这样他下一次就会一个人粗略地阅读了。在这个阶段，妈妈想让孩子获得对书面语言的感觉，让他逐步明白有些文章包含着故事，有些则只是单词，有些是基本指南，另外一些则是图形。妈妈是想让孩子掌握阅读的大致要点：从封面到封底，从左至右；看看画面如何解释文字，一页文字又如何引向下一页文字。最后我想让孩子懂得是什么构成了一则故事、一页书、一句话、一个词和一个字，甚至于让他去理解标点符号的作用。

一旦孩子学会了辨别文本类型，能通过画面来猜测故事情节，并观察和理解书上的黑色符号时，那么，他比一个只会指着画面上的事物说出"狗"、"狗头"的孩子显然已胜出一筹。

第四章　适合孩子的"五环式学习法"

> 五环式学习法，是根据孩子学习知识的规律总结归纳出来的，是被实践证实了的一种有效方法。实践中许多孩子一致的感受是：试用五环式学习法最初显得比较忙碌，但坚持一段时间，学习步入良性循环之后，反而感到学习较以前轻松多了。

第一个环节是课前预习

预习，就是在老师讲课之前，孩子自己预先学习。在老师讲解之前，认真阅读教材，养成主动预习的习惯，是获得新知识的重要手段，是为接受新知识做好准备的学习环节。

但是，有些孩子往往没有认识到预习的重要性，因而常常忽视预习这一环节，导致上课时顾得上记笔记，就顾不上听讲，顾得上听讲，就顾不上思考。

课前预习是孩子学习过程中一个必不可少的环节，对学习影响很大。一位优秀的中学生说："预习是合理'抢跑'，一开始就'抢跑'领先，争取了主动，当然容易取胜。"根据对北京市1000名初一至高三学生的调查，重点学校有25%的学生、普通学校只有17%的学生能够达到预习要求。也就是说，至少有75%的学生没有预习的习惯。根本原因在于，他们没有真正认识到预习的好处。课前预习能给接下来的听课打好基础，有助于提高听课效率。

一项调查显示：在初中学生中，经常预习的孩子的数学平均成绩要高于不做预习的孩子的平均成绩，而且差异是显著的。

预习可以使孩子在课上，更明确注意学什么。由于事先预习了，课上就可以有选择地认真学知识重点、学自己的疑点。由于针对性明确，可以更合理地使用和分配自己的精力。

预习可以使孩子在课堂上提高效率，保持主动。由于提前把一部分知识搞懂了，对知识有了整体的了解，所以听起课来，就不像没预习那样紧张，心理压力没那么大。心情比较轻松，学习效果就好。

预习还可以提高孩子的自学能力。自学能力是人们继续学习的基本能力，是终生都需要的。预习中由于必须自己阅读、自己理解、自己解决一些疑难……这些过程对培养自学习惯、提高自学能力，都有很好的促进作用。

由于课前预习用得比较多，因此这里重点介绍课前预习的一般方法：

首先，阅读教材，理解教材。要做到精读，仔细理解其中的含义。这一步是预习的基础，要尽可能精读、深究。

其次，在阅读理解的基础上，标出重点，画出疑点，着手整理知识提纲。按孩子的理解，这段教材讲了几个问题，每个问题具体讲什么，把提纲列出来，对教材整体也就有了比较完整的认识。这一步是课前预习最关键的一步也是最难做的一步，需要一定的锻炼才能做到。

在阅读理解教材的过程中，有时很难一下子把所有内容都搞得那么透彻只要从整体上尽可能把握材料的内容就是了。对重点有了解，把疑点标注出来，这样就可以在下节课中有的放矢地听课。到那时再彻底解决问题，是会更容易的。

再次，尝试做习题，尝试回答问题。当孩子对预习的新知识有个初步的了解（包括对其中的例题也基本搞懂）后，孩子就可以尝试着做做有关习题，试着解答课后的有关问题。待上课时再对照老师的答案，找出差别，就会进一步加深理解了。

第二个环节是认真上课

课堂，是教师传道、授业、解惑的地方；是孩子获取知识、培养能力、开发智力的场所。课堂学习有着举足轻重的作用，是保证学习成绩优秀的关键。听课，是孩子系统学习知识的基本环节和重要方法。

每一堂课上，老师讲课很少会像记流水账一样平铺直叙，大多数时候有铺垫引申，并通过种种方式来帮助孩子加深印象。对孩子来说，听完一节课就像是跟着老师做了一次旅行，头脑要不断思考新的问题，眼睛要不断注意新的景色。如果不能从老师的讲述中辨别出什么是重点，以及它和其他知识的关系，这样的听课可以说是失败的，必然会被逐渐遗忘掉。因此，每个孩子在听课时一定要学会抓住每堂课的重点。

一般来说，老师所讲的内容都要认真地听，但有时候为了照顾不同层次的孩子，老师也会采取一些不同的方式讲不同深度的内容，这时就要根据自己的际情况来听。老师讲课的内容主要有：基本概念、基本理论、基本关系式等；预习时没有搞懂的内容；孩子最容易混淆和出错的地方；补充的重要内容。应该有选择地听，即抓住有重要意义的关键内容来听。

要抓住听课的重点，首先是要根据课前预习的情况，重点听在预习的时候没有弄懂的部分，仔细听老师的讲解，争取把疑难问题解决。其次，要抓住老师讲课内容的重点，要善于从老师所讲述的内容中去捕捉有用的"关键"信息，如定义的阐释，公式、定理的推导，以及解题的方法等等，还要注意老师是如何导入新课，做小结等。

在听课时，孩子有时也会有发生"卡壳"而跟不上老师讲课思路的情况，这是学习中常有的现象。这或者是老师引用的旧知识自己掌握得不太扎实，或者是老师在讲述中采用了某种新的思维方法，或者是老师讲课速度太快，孩子还不太适应，这时千万不要放弃，最好的办法，是暂时将"卡壳"的问题放下，接着往下听，待到老师讲课告一段落及至下课后，再去问老师或查阅教科书。

还有一点必须注意，孩子在抓课堂重点时，一定要好好抓住开头和结尾。有的孩子听课时，常常忽视老师讲课的开头和结尾，错误地认为，开头语不是"正文"，可听可不听；结束语则是"正文"的"重复"，既然前面已经听过了，就可以不用再听了。因此他们在上课开始和结束时常常心不在焉，这是大错特错的。实际上，老师讲课的开头，虽然往往只有几句话，但却是整节课的提纲。孩子只有抓住这个提纲去听课，下面的内容才能清楚，才能知道应该做什么？该按照怎样的步骤去做。结尾的话虽也不多，却常常是一节课精要的提炼和复习的重点，有着不容忽视的作用。

总之，老师讲课的开头和结尾是相互照应的，它们对听课具有启迪、点拨的作用，必须注意和听好。抓重点，还要注意老师强调的部分。老师在讲课时强调的，在板书中用彩笔勾画的，以及直接要求孩子们注意的，都是重点知识，必须重点关注。

第三个环节是课后作业

孩子的作业是课堂教学的延续，它是孩子独立完成学习任务的学习方式；孩子学习的一个根本目的，就是要学会独立分析和解决问题，最终成为能独立工作的合格人才。孩子在完成作业的过程中需要独立思考、独立钻研，有时要亲自动手操作或手脑并用。由此可见，作业有助于孩子发展智能和创造性才能，有助于培养他们灵活运用知识解决问题的能力和提高他们的自学能力，并养成按时完成任务的习惯和责任心。因此，一定要让孩子养成按时独立完成作业的学习习惯。

孩子在校所学习的知识，是一种间接经验，是比较抽象的，而作业题都是比较具体的问题，通过解决比较具体的问题，将它们同抽象的知识联系起来，既把不同的具体问题归入一定类别的抽象知识中，又把抽象知识具体化，这样孩子对知识的理解就会深刻得多。同时，由于自己解决了问题，印象深刻，也会促进记忆巩固。可见，孩子对知识的理解和巩固，是在预习、上课、复习、作业的过程中，一步一步深化的，而不是一步登天能够完成的。

做作业是孩子学知识进行复习和巩固的过程。但如果盲目地、稀里糊涂地做作业，走捷径甚至抄袭，这些好处便荡然无存了。许多孩子做作业时，经常是拿起题就做，一旦遇到困难了，才回过头来翻书、查笔记，这是一种不良习惯。做作业前，要先把所学的有关内容简要地复习一遍，可采用"过电影"的方式，在自己的头脑中搜索一下课堂上老师所讲解的知识，在脑海里形成一个总体印象。将所学的知识回忆起来，若实在回忆不起来，再翻开课本或笔记进行对照。这样，孩子在做作业时，才能保持头脑清醒、思路清晰、考虑周全、得心应手。否则，知识不熟练，做起题来处处碰壁，不但耽误了时间，还降低了学习效率。

孩子做作业，并不是说只要是个题目拿过来就可以做，选择的题目也应该要有一定的针对性和科学性。习题，首先要和他所学的知识有相当密切的联系。如果他是一个初二的学生，没有特殊的情况，他不可能去做初三的习题。合理地找一些习题来做，按部就班，这样一点一点地前进，往往更有利于孩子实力的积累。就像跳高一样，开始从低处跳起，然后一点一点地加高，最后进行一次超越并决定胜负。遵循循序渐进的原则，不可操之过急，这样才能收到好的效果。

在做作业的过程中，如果发现什么困难，则表明孩子对那一块的知识点掌握得还不是特别牢固。这时候，孩子就要通过复习或者其他的方法把基本的知识重新看一遍，达到相当熟练和清楚的程度，然后再回过头来做题，和以前比较一下，看一看有了哪些提高。

第四个环节是周末复习

"重复是学习的母亲"，这是德国学者约瑟夫·狄慈根的名言。他本人就是通过自学成名的，所以我们有理由相信他的这句话就是经验之谈。大量事实证明了这句话的正确性。有些人虽然涉猎群书，但不求甚解，结果必定会一事无成。所以，**一个人要想在学习上取得成绩，就必须对知识牢固掌握、融会贯通，而要做到这点，最重要的就是要反复学习，不断重复。**实验也表明，一次学习在大脑表层上留下的印象不会稳固，也容易受到其他因素的干扰。只有经过多次复习，记忆才能巩固下来。所以，复习最重要的好处就在于它能够巩固所学到的知识。

学校的课程安排是以周为单位的，一周是学习生活的一个小阶段。在周末，非常有必要对这一周的学习内容进行总结和复习。研究发现，有几个时间有利于巩固记忆。一是学习的最初几分钟，二是学习后的48小时；三就是学习后的一周时间了，因为在一周之后，大脑将产生永久性记忆痕迹。根据这一生理变化，及时采用复习加深重点和难点的理解，提高记忆效果，巩固所学知识，就显得特别重要。周末复习可以让孩子采用如下方法：

第一，温习一遍教材。按照一定的顺序，将一周所学的主要科目的内容温习一遍。结合课本上的思考练习题，分析一下教材讲了什么，应重点掌握哪些内容，哪些自己已经理解了，哪些尚需进一步掌握。通过这种方法，可以强化对教材的理解，使记忆的内容更加条理化。

第二，检查一下作业。把一周的作业都看一遍，看看哪些是基础训练题；哪些是能力提高题；哪些习题与教材的重难点有关；哪些题目自己做对了，哪些又做错过。做对的可以想想还有没有其他方法可以解决，找出最简便的那一种。对做错的习题要加以重视，看看错的原因何在，试着把它们重新做一遍，和原来的解题方法进行比较分析。这样，可以让自己对知识的掌握程度心中有数。

第三，在理解的基础上对所学内容进行筛选、分析、归纳，然后整理出其主要脉络，使之条理化、系统化，并用自己的语言编写出一个提纲，记在笔记本上。这样做有利于加深记忆和以后的复习。

第四，要总结一周的学习方法。这一点，往往是容易被人忽视的。其实，在复习知识以后，我们应该再花点时间对本周的学习方法进行总结。认真总结自己一周以来在各个环节和各主要科目上的学习方法，好的学习方法要继续坚持，不好的学习方法要加以改进。做到"有则改之，无则加勉"。

第五个环节是从容应考

考试是检查掌握知识的程度和分析问题、解决问题能力如何的一种方法。目前在评定学习成绩和升学上都将考试的分数作为重要依据。

考场上风云变幻,各种各样的考题都会遇到。有时容易的题也会因为紧张而变得难做,有时也会因突发的灵感使难题变得容易。一般来讲,在考场上处理试题时可以让孩子遵循以下原则:

第一,遇到容易题。遇到自己感到非常容易的题时,切忌因兴奋过度,"乐"中出错。要知道,成绩是相对而言的,简单题对大家都容易。而且简单题若不小心更容易出错。对这样的考题,考试的侧重点应当在于"细心"和"认真"。因此,要更加小心谨慎,"在战术上要重视敌人"。

第二,遇到难题。遇到难题或步骤繁多的题时,千万不要紧张,自乱阵脚。首先要明白,考场上人人平等,对自己难,对于大家肯定都难,试题本身的难度对自己的影响和对大家是一样的。如果实在做不出来,可以先放过去,等其他试题做完后再回过来慢慢地"啃",这样常常会"柳暗花明又一村"。否则,老是钻在这个牛角尖里,会使人感到"山穷水尽",只能增添急躁情绪,浪费宝贵时间,影响大局,而换一道试题,常常可以使思路重新活跃起来。

第三,遇到"似曾相识"的题。这时,需要更加小心审题,切不可简单轻率地按照准备好的或练习过的方法照搬。因为这类试题,往往是表面相似,其实命题人常常改动了个别字词,变换了答题角度,重新规定了范围,只一字之差,解法就可能完全不同,答案自然也就不一样。这一点,在比较重要的考试中常会出现。

第四,遇到没有见过的题。遇到没有见过或根本没有遇到的题目,首先要坚信,完全超出教材和大纲内容之外的试题是不会出现的,自己已掌握的知识是完全能够做出此题的。要冷静地回忆一下题目的内容属于课本中哪一部分所讲的,想想这一部分的知识体系及有关的解题思路和方法。这样,常常会从中理出一个头绪来。

第五，遇到综合性较强的大题。有的同学常常会觉得"老虎吃天，无从下口"。其实，大题都是由小题组成的。我们可以采用分解的方法，把大题一步一步地分解成小题，只要每一道小题都能做出来，最后综合起来，也就是大题的答案了。

第六，遇到特殊题。许多题往往都有一套常规解法。一旦用常规解法解不出来，就说明该题有其特殊之处。这时，要仔细读题，找出试题的"死穴"（关键词句），问题即可迎刃而解。不妨换个角度，或从多角度思考问题，可以尝试把一道试题分成几个层次去理解，或者用几种方法（几条原理）去解题，或采用逆向思维去解题。例如，有的数学题，详细演算可能根本做不出来，但用"观察法"，很可能一眼就可以看出答案。

你有你的千条计，我有我的老主意。不管试题如何变幻，关键是孩子自己要真正掌握知识，真正把知识变成孩子自己的，这样不管遇到什么样的试题，都可以迎刃而解。

第五章　怎样帮助孩子做作业

孩子做作业，是进一步消化和巩固所学知识、检查对所学知识掌握程度、培养运用理论分析和解决实际问题的能力，是训练理论推导、运算、文字表达等方面技能的重要环节。孩子拿起作业题不用翻书查找，不用请教老师和同学，势如破竹，这就说明了自己预习、上课、课后复习的效果是好的。相反，面对作业题，不知从何入手，也不知参考什么书，请教别人连问题也说不清，这说明自己在前面的学习环节中脱了节。

怎样对待做作业拖拉的孩子

多数孩子写作业都比较拖拉，往往几十分钟的作业要花整整一个晚上的时间。如果父母不管，第二天就交不了作业。我们也常常听到有些父母抱怨孩子："才写两个字就开始玩，要是他能拿出看电视的认真劲儿写作业，就不用操心了。"

遇到这种情况，父母要首先给孩子规定时间。孩子在学校里的学习是有严格时间规定的，如每天上课、下课，都有固定时间，不能想上多久就上多久，也不能想玩多久就玩多久。孩子在家里也应该有固定的学习时间。例如，放学后最好先写作业后玩儿，或者在晚饭后稍稍休息一下，立即做功课。有关调查表明，学习好的学生，一般都在严格规定的时间内准备功课,这样做的好处,主要是帮助学生形成一种时间定向,到了什么时间就自然而然地产生了做什么事情的愿望。如,到了规定的写作业时间,孩子的学习愿望和情绪就会出现。这种时间定向能在很大程度上使投入学习的准备时间减少到最低限度,使孩子能够很快地进入学习状态,开始专心学习。

同时,训练孩子的专注能力也是很重要的一环。有的孩子在写作业时喜欢摸摸这儿、看看那儿,迟迟进入不了学习状态;有的孩子写作业时总有许多毫无意义的停顿,刚写几个字就站了起来,或者说几句闲话等等。表面看,这些孩子一直在写作业,但实际上学习效率极低,既白白浪费了时间,又会养成做事心不在焉的坏习惯。久而久之,会造成思维迟钝,注意紧张度降低,影响智力发展,使学业落后,以致形成拖沓的作风,学习、工作都没有效率。所以,在对孩子的写作业要求上,不要只满足于孩子"一坐就是几个小时",而要教育他们在规定的时间内精神专注,高效率地完成任务,帮助孩子学会控制干扰,训练他们高度的专注能力。

今年刚上一年级的小辉,作业拖拉、磨蹭,父母每天花大量时间来督促,他还不一定能完成作业。父母想尽办法软硬兼施,也难以见效。为解决这样的问题,父母可从孩子做作业的准备工作是否充足、环境配合是否理想等方面去考虑问题,并运用一些辅导策略来帮助孩子按时完成作业。

(1) 找出孩子不能顺利完成作业的原因

连续几天观察孩子做作业的情形,找出症结所在。一般初入学的孩子因握笔能力不佳、笔画掌握不好而速度慢,这时,即使父母一味地催促"快快快",孩子也很难快起来。即使真的快起来了,作业的质量也难以保证。

(2) 培养先完成功课再玩的习惯

作业是每天的例行工作,父母要向孩子说明作业与学习的关系,更应坚持做完作业才能玩的原则。当然,如果有特殊情况,可适当调整作业时间。

(3) 了解作业是否过多

低年级孩子注意力持续时间最多半小时,作业过多,影响孩子的学习兴趣。应了解孩子的作业量和完成所需的时间,及时与老师沟通。

(4) 找出干扰孩子注意力的因素

桌面上多余的东西常是转移孩子注意力的主要因素。孩子写作业之前，父母要和孩子一起清除桌面及临近区域的杂物，这样可以避免边写边玩的情况发生。渐渐地，父母还可以帮孩子养成好习惯，写作业之前自己先收拾好附近的杂物，不让这些东西干扰自己。这不仅是对自己负责任的态度，也是孩子做好写作业心理准备的重要环节。

孩子的作业潦草怎么办

汉字是中华民族文化的载体，是人们互相交流、沟通和传播信息的工具，写好汉字应该是对小学生的基本要求。写字既能育德益智，又能养心健体；既能训练孩子的基本技能，又能培养全面素质。常言道："文如其人。"书面是否规范整洁，往往能反映出一个人对学习、对工作的认真程度，也会使别人对自己有个良好的第一印象。老师们也会承认，对于那些书法漂亮、字迹工整、文面整洁的作业或卷子，总会自然而然地多几分"优待"。低年级学生由于贪玩，往往会潦草地完成作业，作业中经常会出现这样那样的错误，造成学习成绩落后。父母可以试着使用如下方法帮助孩子克服作业潦草现象：

(1) 预防法

在孩子完成作业前，父母提出适当要求，防止潦草。

(2) 换本法

父母不妨试一试让孩子互相"换本"做作业。所谓"换本法"做作业，是指同学之间相互交换作业本做练习，把作业做在同桌或好友的作业本上，每一次换本做作业之后，必须签上名，这样的作业必须对同桌或好友负责，培养孩子的责任感。通过相互交换，相互接触别的同学的作业本，促使同学间广泛地相互交流，及时改正学习中的错误，形成作业的良性循环，有利于增强孩子的评判水平和自我约束的能力。

"换本法"作业不分优、差，大家都可为别人做榜样，包括平时学习能力比较差的学生。因为是将作业做在别的同学的作业本上，要给别人做榜样，所以他们也会相当的认真。"换本法"做作业，一般一个星期做一次，宜选新的小节的第一次作业。有一个案例：丁一山的作业一直都很马虎、潦草、经常出错，在老师的推荐下，丁一山的父母使用了"换本法"做作业，让丁一山和好朋友冯哲交换作业本做一次家庭作业。丁一山拿到冯哲的作业本后，看见冯哲的作业写得非常清晰、干净，而且想到，冯哲拿到自己的本子后，也会看见这次由他代写的作业，就不好意思涂抹、潦草了事。结果，丁一山这次家庭作业写得特别认真。当丁一山拿回自己的作业本后，看见冯哲写的那页得了100分，而且和自己以前的作业比较也差别很大。从此，丁一山每次做作业都很认真，不但不马虎了，而且还写得非常整齐。

（3）对比法

当孩子作业有了一些进步时，用表扬来激励孩子继续努力，不断进步。当孩子出现退步时，用夸奖他以前的好作业来抑制错误行为。父母也可以把孩子写得好的作业和写得不好的作业进行对比，把两种作业贴在墙上，让孩子不断地进行比较，并提醒孩子认真、仔细。

（4）重写法

经过多次诱导，孩子还是潦草地完成作业，父母需用强制的手段，让孩子重写作业，使孩子重视作业质量。

孩子不爱做作业怎么办

孩子不做作业，或者不喜欢做作业，这是每一个父母都会遇到的问题。很多孩子并不需要什么理由就决定了"我就是不做作业"。

孩子嘛，要什么理由呢？如果非要一个理由不可，那他还是一个孩子嘛！

我们的意思当然不是同意孩子不做作业。我们说孩子不需要理由，指的是孩子总是按其天性行事，喜欢的就会愉快地去做，不喜欢的就会坚决不做，甚至坚决抵触。孩子不需要理由还有一层意思，就是孩子可以不讲理由，但父母却不能这样。找一找孩子不爱做作业的原因，帮助孩子解决做作业中所产生的困难，应当是父母义不容辞的责任。

孩子不喜欢、不愿意做作业，即使父母揍他多少次，也是不管用的。反而不如帮助孩子理一理"不做作业的根子"，顺藤摸瓜，帮助孩子提高学习兴趣，使之逐渐养成独立完成作业的好习惯。

怎样帮助孩子逐渐养成独立完成作业的习惯呢？每个孩子不喜欢、不愿意做作业的原因各不相同，其结果也是千差万别的，我们当父母的从哪儿着手才好、才具有实际效果呢？

近年来，国家教委为减轻孩子的学习负担，对低年级学生的课外作业进行了限制。然而，有些父母为了孩子早日成"龙"，却自作主张，增加了孩子的课外作业，哄着或逼着孩子去做过多的课外作业。这些父母不注意孩子的心理承受能力，让孩子一做就是几个小时。因此，孩子不爱做作业，甚至对做作业产生反抗心理也就不奇怪了。父母的这种错误行为，一旦长期下去，进入恶性循环，孩子非但不能成"龙"，反而有可能会变成"问题儿童"。请家长们对照一下，自己是不是也有这样的现象存在？

教育学家和儿童心理学家都强调，早期教育不应当对孩子只强调死记硬背，而最重要的是培养孩子的学习能力和学习兴趣。什么是孩子的"学习兴趣"？简单地说，就是父母能够不失时机地把孩子的学习内容，融合到现实生活和娱乐游戏之中，从而激发出孩子的学习热情。面对孩子不喜欢做作业的现实，当父母的是否为此采取了一些可以让孩子感到充满兴趣的学习方式？比如，问答式、猜谜法、比赛法，等等，既让孩子学到了知识又增加了学习兴趣，提高了学习能力。如此一来，就避免了孩子讨厌的、刻板的做作业方法，尤其是对低年级的孩子更为适用。

在对待孩子做作业的问题上，有些父母喜欢和孩子"讨价还价"，大搞物质刺激。比如："宝贝，你把作业做了，妈妈就给你一块钱。""你不做作业呀？那好，下次妈妈绝不带你去逛动物园了！""这一个月，如果你每次作业都是优，月底妈妈就给你买新衣服！"这些对孩子"讨价还价"的做法是相当错误的。

正确的做法是父母从一开始就要让孩子知道学习、完成作业是他必须做的事。也许孩子并不是那么容易改正缺点，父母不妨结合一些实例及名人刻苦学习、成才的故事去激励孩子，使读书、完成作业逐渐成为孩子的自觉行动。

再者，对孩子的家庭作业，父母不应该唠叨，也不应当逼迫，更不应该替他代劳。如果想让孩子学会"坐下来安安静静做作业"，我们当父母的还要舍得花工夫。正所谓先"察言观色"才好"对症下药"。如果我们只会大叫："你又不专心了，你如果现在还不会好好地做作业，有你苦头吃的！"这种话只会让孩子感到焦虑不安，还会引起孩子的恐惧心理。事实上，孩子还小，他对自己的"将来会怎样"没有兴趣！

此外，父母对孩子完成作业的"价值"不应当估计过高，这一点也是有成功例证的。许多教育成绩突出的学校并不留作业给年龄小的孩子，而这些小学生和那些为家庭作业努力奋斗的孩子相比，似乎是同样的聪明。不要担心孩子的未来会怎么样，也不必认为如果孩子不愿做家庭作业就意味着他上不了学。应该让孩子们把学校看成是有趣、悦人的地方，是能给他们带来学习乐趣的地方。这乐趣包括如何和他人交谈、怎样与人相处、怎样守规矩以及怎样扩展自己的好奇心。有了这种学习乐趣，孩子就自然而然，用不着父母的督促也能很快地完成作业了。

事实上，父母的任务是帮助孩子认识到学习的乐趣，而不是监督孩子"埋头做作业"。如果父母们在这个问题上有良好的心态，能平静地坐下来让孩子在晚饭前完成家庭作业，或把家庭作业当做有趣的活动，那么，孩子必然会在不知不觉之中，对完成作业产生积极的回应。

值得注意的是父母对学校和老师的态度也可能影响孩子对完成作业的态度，倘使父母习惯性地责怪学校和瞧不起老师，孩子也可能表现出对完成作业的抵触。孩子的心理素质毕竟是脆弱的，经不起父母的"熏陶"。在此，父母应该支持老师，按老师的规定和要求，对孩子的作业进行抽查。当孩子埋头于自己作业之中时，父母不要对孩子做作业中出现的一些问题，跟孩子争论不休。如果孩子需要，父母可以坐在孩子的身边陪同他完成作业，让孩子感觉到和父母在一起做家庭作业是一种愉快的活动。

当然，如果孩子遇到了真正的困难，父母加强辅导，帮助孩子去完成作业也是非常必要的。这样做，一则可以教孩子一些学习方法；二则也是一个很好的督促手段。

如何利用作业提高孩子的创造性

根据日本文部省的调查，56%的企业最需要具有创造性的人才；美国一项调查也显示，具有创造力是美国600家最成功企业的共同特质。上述调查提示我们，创造力在现代人追求成功的天平上，具有相当重要的地位；如何培养孩子的创造力，也因而成为教育专家、父母一再致力的课题。

不要片面强调做"乖孩子"、"听话的孩子"，这样无形中束缚了孩子的创意。做父母的，应尽量挑起孩子的动机、意愿，并利用各种相关信息和方法，将创造力的培养落实到日常生活中。

（1）培养孩子独立钻研、务求甚解的习惯

独立钻研、事事求甚解可以使人不断解开疑团，激发灵感，从而有所发现，有所发明，有所创造。科学家爱因斯坦在整个科学生涯中始终信奉"怀疑一切"这句格言。正是凭这种"怀疑一切"的精神，爱因斯坦提出了划时代的"光量子"概念，创立了相对论。明代医药学家李时珍读书善于思考，在研究古书时，发现诸家说法不一、相互矛盾之处甚多，他决定"采其精华，正其谬谈"，使之"是非有归"。经过深入实际的考证研究，他为1000多种药物重新作出了科学结论。他在《本草纲目》中还增辑了新药300多种，新方8000多条。

为培养孩子的钻研精神，父母可以采用下列方法：

①鼓励孩子刨根问底的积极性。在日常生活中，孩子对许多事总爱刨根问底，这是好奇、求知的表现，说明孩子爱动脑子。父母切切不可说孩子"嘴贫"，不可冷漠对待。最好跟孩子一块儿刨根问底，能解决的自己解决，不能解决的请教他人或者查阅资料。

②指导孩子在学习的过程中，多问自己几个"为什么"。由于学习任务多，孩子往往满足于知道是什么就过去了，很少多问几个"为什么"。每天学习之后，父母不妨让孩子给自己提一两个"为什么"，动脑筋思考，想出合理的答案。

③孩子考父母，父母考孩子。安排一个时间，全家人坐下来，就某一方面的问题孩子和父母互相考一考。内容应事先定好，大家有所准备，谁提出问题，自己必须有准确答案。

④鼓励孩子一题多解。老师留的作业，常常不止一种答案，一种解法。孩子在完成作业时，只写一种。父母可以引导孩子想一想，还有没有别的答案、别的方法。时间允许的话，可以写在另外的纸上或本上。

（2）和孩子一起动手动脑

要想孩子成为一个创造能力强的人，父母首先要成为创造型的父母。

父母可以与孩子一起编故事、做小制作、做智力题、下棋、绘画、做趣味游戏……这时的父母变成了孩子的朋友，孩子能在无拘无束的环境下，发挥出自己的创造力。父母在与孩子动手动脑的过程中，也应注意培养孩子良好的学习习惯、思维方法，以促进其创造能力的提高。

（3）在日常生活中启发孩子的创造能力

事实上，孩子的创造力在日常生活中更能显现出来。父母在和面做馒头时，让孩子随其一起动手，启发他们把馒头变个样子，孩子一定会做出各式各样的馒头，哪怕是父母看不出的形状，也要加以表扬，以培养孩子的创造能力。在节假日，父母可将孩子带到郊外放风筝，让孩子观察为什么不同形状的风筝都能飞上天空，它们有什么共同特点，能飞上天空的原理是什么，最后让孩子根据原理自己制作一个风筝，这样可以增强孩子的动手动脑能力，发展孩子的创造力。像这样的例子在日常生活中还有许多，虽然都是些小事，却无时无刻不在激发着孩子们的创造力。

正是这些小事，拓展了孩子们的创造性思维，为创造能力的培养奠定了基础。

（4）民主型的教育方式

有关研究表明，家庭教育方式主要有三种：压制型、溺爱型和民主型。压制型和溺爱型不能调动孩子的积极性，使孩子养成依赖、服从的习惯，创造力水平低。只有民主型的家庭教育才有可能激发孩子的创造动机。因此，在家庭中创造一种和善、温馨、民主的氛围是十分重要的。在这种氛围下，孩子和父母之间存在着积极的交流关系，很小的孩子就会尝试着想出新颖的主意，使自己的行为方式更加独特。这在好问的态度上表现得尤其明显。儿童的好问，有时会打破砂锅问到底，其固执令人惊讶，有时父母也难以回答。父母如果将此看做是一种负担和麻烦而予以压制，就会使孩子的创造性受到打击，时间长了，儿童的思维就会日渐刻板、呆滞。在民主式的家庭教育中，父母会有意识地培养孩子的独立性，允许孩子有自己的想法，做自己的事情，只有这样，孩子的创造力才能得到发展。

孩子马虎怎么办

相传，古时有个画家，喜欢画虎。一次，他刚画成一个虎头，有位朋友请他画匹马，画家顺笔一挥，在虎头下面添上了马身。朋友问他："你画的是马还是虎？"画家答曰："管它是什么，马马虎虎！"朋友生气而去。

画家把这幅画挂在墙壁上。他的大孩子问道："爸爸，上面画的是什么呀？"画家漫不经心地答道："是马。"二孩子见了也问他，画家又随便答道："是虎。"两个孩子遂马虎不辨。一日，大孩子遇到老虎，以为是马，想骑它，结果被虎吃掉；老二碰上一匹马，却以为是虎，拉弓将马射死。于是，人们便送给画家一个外号"马虎先生"。这就是"马虎"一词的由来。

"马虎"一词在《现代汉语词典》中的解释是：草率；敷衍；疏忽大意；不细心。说起马虎，大家一定不会陌生，小的时候就听父母、老师经常提到它；在许多的报刊、书籍中也频繁地出现；在网上搜索"马虎"一词，就会有上万条有关"马虎"的信息。这说明了两点：首先，"马虎"二字是有历史的，它不仅是目前父母、孩子们所面临的问题，同时也是在我们的父辈、父辈们的父辈时代就已存在的问题；其次，"马虎"现象几乎遍布人们社会生活的方方面面。而学习马虎问题是儿童学习生活中比较常见和容易忽视的问题，它是许多父母、儿童亟须解决，但又不知如何解决的问题。

有的父母和孩子都认为马虎是小毛病，以后注意就可以轻松改正。那些做错的题目，孩子是会做的，而错的原因只不过是马虎而已，下次注意即可，所以出现学习马虎的孩子就没有改掉这种毛病的强烈动机。提到"马虎"对孩子的危害，在小学阶段，孩子学习马虎的问题首先影响的是孩子的学习成绩，接下来是作业不认真，大错不多、小错不断的现象时有发生。如果对此问题听之任之，就会给孩子的学习生活带来一种浮躁的情绪，进而影响孩子的学习态度、学习兴趣，它会像蚕吃桑叶一样，逐步吞噬掉孩子正在形成的认真负责的良好品质。长大以后参加国家的高考、人才选拔等活动，小小的马虎就有可能导致孩子名落孙山。近年来，父母和老师及有关教育工作者，已经开始重视此问题，社会上也开办了许多提高孩子学习能力的培训项目，教育界的专家们在深入研究儿童的学习困难问题中，从儿童的身心发展特点、社会生活环境的影响等多方面的因素，对孩子学习不认真等问题进行了分析与探讨，对父母解决孩子学习中的"马虎"问题、纠正孩子学习马虎的不良学习习惯有很大的帮助，使学习马虎的危害降到最低，让孩子真正成长为国家的栋梁，成为对社会有益的人才。

　　孩子学习马虎的问题可怕，但并非不能克服。马虎，我们人人都有过，从我们降生的那一天起，就在不断犯错、又在不断改正错误的过程中成长，这是不可避免的。然而不同的是：遇挫折是否不气馁，是否正确地对待马虎，是否坚强地承受着挫折，会使每个人的命运有所不同。通过父母的努力，孩子们对马虎的危害有了更加深刻的认识，并养成细心的好习惯，孩子们的粗心也变成了细心。马虎是我们深恶痛绝的"痼疾"，认识了马虎产生的心理因素，对症下药，就不难找出消除马虎现象的对策。孩子的马虎问题不是生来就有的，在孩子的早期教育中，父母应注意对孩子成长中各个方面的培养，目的在于避免孩子出现学习马虎的问题。从来不马虎的孩子，在现实生活中非常少，但是经过父母的努力，减少孩子马虎问题的出现还是可以做到的。

　　培养孩子做事认真负责的态度、严谨的学风和高度的责任感是非常重要的。比如，作业工工整整、有理有据、有因有果，不能敷衍了事等。持之以恒，就能在潜移默化中养成良好的学习品质，克服学习马虎的不良习惯。

孩子过于认真怎么办

在学习中,有的孩子对自己要求过于苛刻,从现象上看这类孩子学习很努力,对自己要求很高,很容易被人们赞誉。但是仔细分析会发现,他们过分认真,追求完美,并不是件好事。他们在做作业时,经常对自己刚刚写的字或题产生疑虑,反复地用橡皮涂改,仍然不能让自己满意,其结果是写作业磨磨蹭蹭。有人把这类孩子的行为叫"橡皮综合征",其实也就是心理学所说的"强迫症"。

在我们的训练班里就有这样一个男孩,他叫忱忱,今年7岁,上小学一年级,2003年寒假参加了中国儿童中心的"学习娱乐班"。在第一天同学彼此认识的活动中,忱忱向大家表达自己最喜欢做的事时说,他最喜欢学习。我们暗自为他高兴,一年级的孩子就喜欢学习,很难得。但在后来的学习活动中我们发现,除了我们组织的学习活动之外,他总是要求去写作业。尤其在做写字练习时,总是用橡皮在本上不断地涂掉刚刚写好的字,老师问他:"字写得不是很好吗?为什么还要涂掉呢?"他说:"不好,这个字有点儿出边了,写不好妈妈会说的。"在平时的活动中,忱忱不会和小朋友友好相处,不能遵守大家制订的游戏规则,因此小朋友们也不愿意和他玩。每当这时,忱忱就向同学大吼,抢过同学玩的东西就跑,谁说都不给,自己的情绪非常紧张,无法自控。

与忱忱的爸爸、妈妈交谈中我们了解到,他的父母平时对他要求很严厉,父亲对他的教育缺少耐心, 看见孩子犯错,经常用拳头说话。母亲虽然不打他,但经常因为不满意孩子的作业,罚孩子不许做他喜欢的事情。父母这种强迫孩子无条件地服从他们的思想意识的教育方式,和对孩子苛求完美的行为,使得孩子不能以自己满意的方式获取成功,在与他人交往时又表现出自卑和攻击性。

建议父母做到以下几点:

(1)尊重孩子,允许孩子按照自己的意图做事

尊重孩子的意愿,把孩子看成是具有独立人格的个体,鼓励孩子大胆表达自己的意愿。允许有分歧，父母不可独断专行，对孩子实施暴力更是只能起到相反的作用。

（2）教育孩子凡事只求尽力，不求完美

父母首先自己要做到：对孩子宽容，不苛求，不指责，在孩子面前敢于承认自己的失误；教育孩子做人不要过于苛求自己，要学会宽容自己，宽容他人，要知道做任何事情都不可能尽善尽美，只要付出了努力，尽自己的努力去做，就行了。

（3）培养孩子的独立人格

凡具有强迫症倾向的孩子，一般自我意识发展比较弱，有顺从、胆小、自信心不足等明显的性格特点。父母要肯定孩子的独立见解，让孩子懂得，父母的建议不一定要完全服从，要强调孩子的优势，让孩子看到自己的优势，产生自信。鼓励孩子经常与朋友们交往，交往的过程就是锻炼孩子独立思考、判断及处理人际关系的最好时机。

（4）与孩子沟通

对待孩子的过分认真，父母不要误认为是优点而盲目地加以表扬；对出现的问题，要及时找出原因，及时与孩子沟通，了解孩子的想法，发现孩子潜在的问题。父母在表达自己的想法时，要心平气和，尤其不要向孩子发无名火。您的心情不舒畅也许来自其他原因，回家看到孩子的一点问题就把火撒到孩子身上，这只能产生与孩子的矛盾，加重孩子的心理压力，解决不了实际问题。

对待孩子产生的问题，要心平气和，就事论事，指责和体罚会加重孩子的强迫症状，阻碍父母与孩子的正常沟通。

第六章　帮助孩子学好英语

初学外语的孩子，有的喜欢用汉字为外语单词注音帮助记忆，甚至附合一些意义，如将英语"Lesson"注为"雷声"，这种方法是很有害的，一方面是注音不可能准确，另一方面也容易引起混淆，即使记住了，在应用中也影响反应速度。外语词汇正确的记忆方法，应该是机械记忆与理解记忆相结合，充分利用视觉器官、听觉器官、及语言运动器官的协同作用，边看、边读、边听、边写可提高记忆效率。

如何让孩子喜欢英语

由于我国已加入世贸组织，加上大家都已有了"地球村"的概念，现在即使一些自己没有学过英语的家长也非常焦急地提出这个问题。

孩子为什么不愿意学习英语？这里有两个最根本的原因：一是孩子小，不知道为什么一个天天讲中国话的人非要学英语；二是"学"英语对孩子太枯燥了。

针对这两个原因我们向家长提出以下建议，供大家参考。

（1）告诉孩子英语是全世界的"普通话"

现在的孩子成熟早，都有理想，都懂得长大后要走出国门，这时我们要不失时机地告诉孩子：英语是世界上使用最广泛的语言，世界上每7个人就有一个会说英语；世界上50%的书籍和75%的国际邮件是用英语写的，世界上90%以上的科研论文都是用英语发表的。要去"地球村"旅游、学习、工作、生活，就要学会讲"地球村"的"普通话"——英语。

(2) 从动力定型入手提高孩子的英语听力水平

我们知道，大脑皮层对人的连续活动都会形成完整、自动化的反应系统，即形成动力定型。人的熟练动作、技巧、技能和知识经验，如骑自行车、开汽车、运用乘法口诀表等，都是动力定型的表现。当动力定型得以维持的时候，孩子会有容易、轻松、喜悦等良好情感；当动力定型遭到破坏的时候，孩子会感到困难、疲劳、烦恼。孩子不喜欢学习英语，一个很重要的因素就是语言习惯和环境发生了变化，孩子感到不适应，而新的语言动力定型又还未建立而造成的。学习英语，听、说领先，因此，要使孩子对英语学习感兴趣，我们不妨从动力定型入手。如每天早上起床，第一件事就是让孩子自己打开收录机，收听英语（与此同时，孩子该干什么仍干什么），久而久之，形成动力定型。这样，既能帮助孩子养成良好的学习习惯，又能在不花费专门时间的情况下，自然而然地提高英语听力水平。

(3) 帮助孩子变"学"英语为"用"英语

这不仅是一个观念的转变，也是学习方法的改变。我们试想，在没有任何运用英语的环境下，要一个孩子像鹦鹉学舌般地学习英语，那是多么枯燥、多么厌烦的一件事情。因此，我们要让孩子变"学"英语为"用"英语，要让孩子看英语儿童动画片，要让孩子学唱英语歌曲，要让孩子做英语游戏，总之，让孩子在使用中认识英语，让孩子在"用"英语上找到快乐！

(4) 培养孩子良好的英语学习习惯

这可从以下做起：鼓励孩子坚持收听、收看英语教学节目和专题录像、录音；利用一切可以利用的场合，鼓励孩子用英语说话，包括自言自语；指导孩子坚持阅读适合自己水平的课外英语读物，千万不要阅读超越自己水平的读物；要求孩子用英语做各学科的课内外笔记。

据《山西晚报》报道，山西太原年仅10岁的孙天昌以64.5分的成绩顺利地通过了2004年的大学英语四级考试，成为山西省拥有大学英语四级证书的最年轻者。孙天昌能够达到这样的英语程度，其中一个非常成功的经验就是他已养成了符合自己特点的良好英语学习习惯。

如果孩子真能从学习 ABC 开始，抓住以上四个环节培养自己学习英语的好习惯，不出三年，他的英语水平一定不同寻常，乃至受益终生。学习外语，是每一个孩子都有的天赋。孩子喜欢学习英语，是从英语中得到快乐。只要我们能正确地引导孩子，剩下的，就放心地交给孩子吧。

帮孩子记英语单词

掌握词汇是英语学习的主要内容之一。该如何记忆英语单词？千万不能光凭死记硬背，应采用巧记，这样才能收到事半功倍的效果。以下几种方法可供家长指导孩子时参考。

(1) 语音记忆

语音记忆就是根据单词的发音规律来记忆单词，具体可分为以下几种：

①外来语。中文中有许多词本身来自英语，因此这类词的发音近似英语，我们只要依据发音便可记忆。如：sofa（沙发），pudding（布丁），coffee（咖啡），curry（咖喱）等。

②字母组合。英语中一定的字母组合形成一定的发音，如：sh 发 /ʃ/；tion 发 /ʃ/ 等等，我们只要掌握了它们之间联系的规律，正确发音，记忆单词就方便多了。

③同音异义。英语中有些单词发音相同，但词形和意思不同，平时稍加留意，有助于记忆单词。如：/rait/— write（写），right（对）等。

④同形异音。有的单词形同音不同或重音不同，意思也不同，便于联想记忆。如：live —/liv/（生存），/laiv/（活的，实况转播的）等。

(2) 词形记忆

词形记忆就是根据单词的词形变化规律来记忆单词。主要有以下几种：

①词缀。在我们称为词根的单词前面或后面加上前缀或后缀。通常前缀转变单词的词义，而后缀转变单词的词性和词义。如：

tell（讲）—retell（再讲）；known（知晓）—unknown（未知的）

②合成。英语中有不少单词可以合并而成为另一个单词，合成又可分为完全合成和部分合成。如：matchgirl（卖火柴的女孩），sleep—walk（梦游），face—to—face（面对面），commander—inchief（总司令）；motor + hotel = motel（汽车旅馆）等。

③增减字母。即在一个单词的前后增加或减少某个字母。如：long（长的）—along（沿着）；ward（病房）—award（授予）；war（战争）—warm（温暖的）；pit（坑、穴）—pity（怜悯）。

④替换字母。即将一个单词中的某个字母替换成另一个字母。如：rice（米、饭）—rise（升起）；work（工作）—word（单词）；dip（蘸）—kip（千磅）—lip（嘴唇）—tip（尖）—zip（拉上/开……的拉链）。

⑤形象化。即把一个单词结构视为一个物体来记忆。如把单词 eye 看做是一双眼睛中间加上一只鼻子，这样就不易遗忘。

(3) 词义记忆

词义记忆就是按照单词相同或不同的含义进行记忆，具体可分为以下几种：

①同、近义词。即按照同义词和近义词的分类来记忆单词，如：美丽，漂亮 beautiful—pretty—fair—handsome。

不过在记忆这些单词时，有必要了解使用上的区别，以免日后使用不当。

②反义词。即把一个词与其反义词结合起来记忆。如：strong（强壮的）—weak（虚弱的）。

③同类词。即把词义含有相同性质的事物或动作的单词编在一起记忆。如：衣物 clothes，coat，dress，shirt，skirt，sweater，jacket，trousers 等。

每人记忆单词的方法有所不同，只要适合自己就是好方法。但一般说来，记忆英语单词同时应该注意以下几点：

①切忌贪多、求快。饭要一口一口地吃，词要一个一个地记，要学会以旧带新、循序渐进、巩固旧单词、扩大新词汇。

②词句结合，语境结合。离开了语句和情境，词就没有生命，因此为记单词而记单词的方法是不可取的。最好的方法是将单词与日常生活语境结合起来，在使用中记忆，这样的单词记忆才具有活力。

③运用科学方法，增强记忆。根据遗忘先快后慢的规律，要想增强单词的记忆，就得积极应用、大胆实践，不断提高单词的复现率。现代社会给我们提供了良好的使用英语的环境，我们应该充分利用一切机会多听、多说、多看英语，使单词经常出现在我们的脑海里，这样自然就不易被遗忘。

帮孩子巧学英语语法

有人将英语基本功三要素中的语音比作造房子的外壳、墙面，词汇是砖瓦木料，而语法则是钢筋骨架。从这一比喻我们可以看出英语语法学习的重要性。对我们缺少英语环境的孩子们来说，学一点语法更可以适当弥补英语环境的不足，帮助孩子把这一纷繁的语言现象系统地分类归纳，使孩子少走弯路，较快较好地掌握英语知识。

（1）不要死抠语法

学习语法，不是以研究语法科学为目的，而是通过语法学习去掌握英语语言规律，更好地进行听、说、读、写等语言实践，通过实践促进对语法规则的掌握，提高对语言的分析理解能力和运用水平。学习中过分强调语法分析、细抠语法名词术语是无益的。例如：

I am sure (that) he can do it.

I am sorry that your brother is ill.

I am glad that you are able to come.

对这样的句子，尽管不难理解，学用这种结构也不困难，但有些同学却非要划分出 that 引导的从句在句中担当什么成分，而从不同的角度来分析这种结构又会得出不同的结论，花费很多时间，结果得到一个模棱两可的答案。有时碰到这类问题，由于知识及能力上的不足，不但问题弄不明白，还会感到困惑。因此，在语法规则上花的时间太多，实际操练及运用的机会就会减少。这样，学到最后剩下的就只有干巴巴的语法条条，语言能力的培养、知能转化及相互促进都无从谈起。

钻"牛角尖"在语法学习中更是无益的。例如：There is a book on the

desk。主语是 a book，状语是 on the desk，谓语如果是 is，那么 there 又是什么成分呢？诸如此类问题，其实就无须深究了。在学习中只要记住"There + be + 主语 + 状语"这一句型表示某时、某地有某物、某人，并且会用就够了。至于过细的研究则是语法研究者的事。如果学习中死抠语法、钻"牛角尖"，有许多问题非但弄不明白，反而会影响对英语的学习。相反，通过大量的语言实践后，以前弄不明白的问题，回过头一看则显得明白易懂了。

（2）进行英汉语法对比

英、汉语法有许多异同点，同中有异，异中有同。为了排除汉语（母语）语法对英语学习的干扰，采用英、汉语法对比，从中发现一些规律性的东西，有助于准确无误地掌握好英语语法知识。现简举几例：

①英语有词形变化，汉语没有。英语中名词有单复数变化，动词有原形、一般现在时单数第三人称、过去式、过去分词、现在分词等五式变化，代词有格的变化等等。请对比下列两组英汉句子：

A. We study English. 我们学习英语。

B. He studies English. 他学习英语。

C. I have a good friend. 我有一个好朋友。

D. My sister had many friends. 我姐姐曾有许多朋友。

在 A、B 句中谓语动词"学习"英语有 study（原形）和 studies（第三人称单数形式）两种形式；C、D 句中名词"朋友"英语分别用了 friend（单数）和 friends（复数），代词"我"又分别用了 I（主格）和 My（所有格）。由此可见，初学英语时，就要树立起"英语有词形变化"这一概念，否则必将错误不断。

②英语有时态变化，汉语没有。英语中谓语动词有四种"时"（现在时、过去时、将来时、过去将来时）和四个式（一般式、进行式、完成式、完成进行式），可组成 16 种时态，而汉语却没有"时"、"式"的变化，因此我们脑子里必须牢牢树立起"时态"概念，用谓语动词时时刻都要考虑时态。比如：

"Oh, where is my pen? I left it on the desk just now. Who has taken it away?"这短短的三句话就分别用了一般现在时、一般过去时和现在完成时三

种不同的时态。可见，英语谓语动词时间性很强，又千变万化，这一点与汉语是完全不同的。

③英汉中及物和不及物动词不尽相同。英语和汉语中都有及物动词和不及物动词，但有时在汉语里是及物动词，在英语里却是不及物的。如"听报告"、"等我爸爸"、"住房子"、"看这幅画"、"发生了变化"，这些词组中的动词在汉语中都是及物的。但在英语里却都用作不及物动词，应分别说成："listen to report"、"wait for my father"、"live in a room"、"look at the picture"、"changes have taken place"。这样的例子是屡见不鲜的。

④英汉语序有同有异。英汉句子成分的位置基本上都是主、谓、宾排列，定语在被它修饰的词之前，这是相同之处，但英语疑问句大多要用助动词，要部分倒置，甚至完全倒置。当短语、从句定语时就要放在被修饰的词之后，而状语的位置比较活跃，这一点与汉语差异很大。汉语的状语一般在谓语动词前，是主—状—谓—宾，而英语多数是主—谓—宾—状。请对比："I like the film very much."（我非常喜欢这部电影。）由此可见，要切忌套用汉语语序。

⑤在汉语中作谓语的词在英语里不见得行。如"我忙于工作。""她很年轻。""我们在2班。"以上句中加点的词（有形容词、介词、数词）都是作谓语的，而在英语里这些词都不能直接作谓语，以上句子必须译成"I am busy working.""She is young.""We are in Class2."

英、汉在语法上的异同点远不止这些，但限于篇幅，不能一一列举。要让孩子在学习过程中通过大量的语言实践，不断地发现规律，才能掌握好英语语法。

如何提高孩子的口语水平

学习英语并不只是记住多少单词，能做一些英语题，关键是要提高孩子的英语口语能力。要想迅速地提高口语能力，最快捷的办法就是直接与英语国家的人对话，然而，绝大多数中国孩子是缺乏这样的机会的。因而目前在英语学习和应用中，一大难题就是缺乏相应的语言环境，学了没处说，当初新鲜感激发起来的兴趣逐渐消失，学习的效果大大削弱。

那么，年轻的父母怎样改变这一状况，使孩子学以致用，并在应用中提高用外语交际的能力呢？美国外语教学专家哈伯德提出非英语国家的学生应以"伙伴谈话法"为主要方式，注重语言的创造，努力形成英语交际的"小气候"，值得我们借鉴。这位专家提出"伙伴谈话法"，就是学习英语的孩子每 3~4 人分成一个小组，结为交谈的伙伴，用所学的英语进行交流和讨论。通过伙伴间的谈话学会应用英语的单词、句式，练习句子的组合方式，达到能应用所学的英语进行简单交际的目的。交谈的内容、形式不限，可以由教师创设提供，也可以自编。实践中发现，自编谈话内容、自创交际环境效果更好。交谈内容一般都是情境性的，具有一定情节。这样，与以往学习口语那种鹦鹉学舌的方法不同，而是在正音和教给一般用法后，通过伙伴的反复交谈来领会和掌握其用法，在语言交际的实践中理解掌握单词和句式。这种方法简单、易行、有效。

使用这一方法，要注意以下几点：

其一，选择好伙伴。一个小组中，口语水平相差太远，是交流不好的；相差太小，也效果不好。最好是一两个水平稍高再加上一两个水平稍差的。如此大家都会有长进。

其二，设计好话题，提示交际情境，使孩子有话可说，乐于去谈。如上公园、去旅游、上门作客等，就都是很好的话题。谈话的内容既要有知识应用的要求，又要使孩子感兴趣。话题尽量不重复，要接近孩子的实际，如买东西就可以让孩子连说带演，准备好实物。小组中，一人当售货员，其他人当顾客。见面时使用招呼语：Good morning. Good afternoon. 买好东西后说声 Thank you.（Thanks）离开商店时，说声 Goodbye.（Bye—bye.）还有"顾客"买东西时故意挑剔，但"售货员"不厌其烦，热情接待顾客。这些情景对话有情节、又实用，孩子们喜欢听、喜欢看、更喜欢说。

其三，适时点评，组织交流。由于孩子初学外语，在实际运用中会出现种种错误，碰到一些困难，教师或家长在巡查中必须加以及时的指点。孩子能自行解决这些问题和困难，则可充分发挥伙伴作用，鼓励小组成员之间互相帮助解决。当各小组"伙伴谈话"结束后，要注意适当点评，并挑选交谈得好的小组在全班同学面前"表演"，这样可以使孩子们相互启发、相互促进，也可以提高"伙伴谈话"的质量。

据某重点学校英语教师冯宝英介绍，采取这一方法学习，有以下效果：

其一，以往孩子学英语的兴趣主要在开始阶段，而采用了"伙伴谈话法"后，孩子始终保持浓厚的兴趣。不少孩子常常三五成群地在课余时间用英语交谈，编英语小品；有的孩子还把过去学的和校外学的英语运用到谈话中，大大丰富了谈话的内容。

其二，孩子的英语口头与书面表达能力较以前有了很大的提高。通过伙伴谈话方法的实施，学生得到了经常的训练，不少孩子可以不间断地说10分钟以上。且口头表达后，可以写出成段的小对话。口头上的说又促进了书面表达。

其三，实施谈话法后，极大地提高了知识的应用率，并增强了巩固效果。以前，孩子主要通过反复的抄、读来死记硬背所学的内容，考试时还需要大量多次的复习才能应付。现在，由于常在谈话中运用单词、句子、句式，所以不要花多少时间抄读，就能牢牢地记住。

总之，"伙伴谈话法"功效十分明显，其实这并不难理解。

（1）伙伴谈话时水平相近，交谈环境宽松，无心理压力，因而乐于说。即使上台表演，由于是团体表演，所以大多敢说、爱说，且越来越会说了。

（2）增加了说的机会，养成了说的习惯。以前英语课上虽然也说，但受时间限制，只能是个别说，说很短的时间，缺乏用英语会话的机会。现在每个孩子都有机会参与交谈，练习得多了，也就会说了，再加上说的内容不是局限于一篇课文中的几个句子。而是十分丰富，就有话可说了。

（3）"伙伴谈话法"可以满足孩子自我实现、企求成功的心理需求，激发了进一步学习的欲望。应该指出，即使是年龄很小的孩子也有自我实现的需要和成就感，只是我们以前没有给他们提供表现的机会、最终压抑了他们的这一欲望罢了。而"伙伴谈话法"可以形成一种"兴趣—成功—新的追求—新的成功"的良性循环。因为"伙伴谈话法"以小组形式开展谈话活动，可以自由组合，内容除了由教师设计和提供外，还可自选自编，有情节性，孩子十分喜欢。因此，谈话时他们能够全身心投入。

孩子学好英语的七个捷径

（1）坚持听说先入为主

在学习英语的开始阶段就要加大听说训练的比重。除了仔细听懂老师的发音或者课本磁带录音并认真模仿外，还要努力模仿课本中所学的语言材料的内容，并且多收听有关的英语广播或者影视作品，努力为孩子创造一个英语的环境。这样做，可以有效地提高孩子在实际中使用英语的能力。

（2）坚持开口说话

在英语学习中切忌只用眼与手的"哑语"学习方法。不乐于开口，不勇于开口是学不好英语的。从学习第一个字母起，就要乐于开口。要养成良好的朗读习惯，大声朗读单词、朗读句子、朗读课文。学习课文时，尤其要把好开口关。每天早晨或晚饭后要让孩子坚持课文的朗读训练。较短课文可以在朗读的基础上进行背诵。较长的课文要坚持学会改写成短文，并在写好短文的基础上能够口头转述这类课文。要养成在课堂上用英语回答老师提出的各种问题的良好习惯，还要养成在课外说英语的好习惯。坚持每天早上用20分钟到半小时说英语。语言学家指出，为了有效地学习外语，每周朗读课文、记句子、单词、词组的平均时数不得少于10~12小时。

（3）积极参加课堂活动

在课堂上争取机会回答问题，如朗读背诵课文或在黑板上做练习，当别的同学回答问题或翻译句子时，孩子应当在心中默答、验证一下他的句子是否正确。不要等老师叫到他时，才参与课堂活动。积极参加课堂活动，有利于脑、眼、口的高度协调，对提高学习效果，增强学习兴趣都有极大的作用。

（4）做好课堂笔记

老师讲课时，要尽可能记下老师说的内容，使孩子的思路始终跟着老师转。上课时老师讲的都是语言规则、重点和难点。这样一方面紧跟老师，不致走神，另一方面又练习了写的能力。

(5) 定时复习

每天课后要复习当天的内容，过一个阶段，还要进行阶段复习，使学得的知识在脑子里留下深深的痕迹。

(6) 认真书写，认真完成书面作业

从字母书写开始，就要按要求进行书写。要养成良好的书写习惯，写好每一个字母、单词和句子，这对今后整个英语学习都有重要的意义。单词潦草或不规范的抄写，对学习单词的读音有很坏的影响。句子马虎地书写，对建立句子概念，认识别的句型也是不利的。良好的书写习惯对培养坚强的学习意志与刻苦的学习精神都有极大的作用。

(7) 利用一切机会进行听说练习

现在社会进步了，有着非常好的英语环境，复读机的普及，英语广播和电视台播放的英语节目，这都给孩子提供了极为方便的学习听说的机会，利用复读机，课外孩子可以反复听课文录音，学习正确的语音语调。也可以把自己的朗读录下来，和标准录音对比一下，找出自己的缺点加以改正。在遇到外国人时，不妨大胆地和他们谈上几句，检验一下自己英语口语学得如何。要多看英语影视节目，收听英语广播。当然孩子不可能懂得这些节目的全部内容，只能听懂个别的词和句子，但如果孩子坚持下去，孩子会感受到正确的语调，讲话的速度，逐渐培养语感。

第七章　帮助孩子学好数学

有些孩子数学一时学不好，就感到遭受的打击特别大。因为，数学看起来是一门与孩子智力高低关系十分密切的课程。所以，有人认为，数学不好似乎就智力不高，那就没办法解决了。实际上，这种说法是错误的。很多孩子的数学学不好并非智商有问题，而是没有专心，也没有真正进入学习状态。如果能够真正掌握数学学习方法，上述问题就能迎刃而解。

孩子学数学感到困难怎么办

孩子产生数学学习困难的原因很复杂。当孩子产生数学学习困难后，我们首先要同孩子一道（有条件最好能邀请孩子的任教老师也参加）分析他们产生数学学习困难的原因。因为只有找到了"病因"，才能制订切实可行的矫治方案。

一般地说，产生数学学习困难的原因主要有：因病休、失学、转学等失去学习机会造成的数学学习基础较差；不是因为数学学习能力低下而造成的失去数学学习兴趣，如因为不喜欢任课老师而放弃数学学习，最终造成数学学习困难；由于智力和学习能力倾向特点带来的数学学习困难，如具有文学思维倾向特点的学生往往数学能力会有所欠缺，这一特点最容易给他们的数学学习带来困难。

对第一种数学学习困难现象，我们不必有任何担心。遇上这种情况，只要给予孩子一定的时间，他们一定能迎头赶上。至于时间的长短，主要取决于耽误课程内容的多少和给予孩子课外辅导的质量。耽误课程的内容越多，所需要的时间也就越多，反之，所需的时间就越少；另外，课外辅导的质量越好，所需辅导的时间就越少，课外辅导的质量越差，所需补课的时间也就越多。

对第二种学习困难，我们也不必过于担忧。因为这些孩子并不缺少学习能力，缺少的只是学习兴趣，只要能够改变孩子的学习态度，提高他们对数学学习的认识，一般来说，都会重新建立对数学学习的兴趣。一旦改变了自己的学习态度，提高了对数学的学习兴趣，他们很快就会克服已有的学习困难，提高学习成绩。

对第三种情况，处理起来会比前面两种情形困难些。这里，根据我们和他人的经验，提供一些做法供大家参考。

(1) 要尽早让孩子懂得数学的意义

对于有文学思维倾向的孩子，最关键的问题是要让他们尽早懂得数学的意义。特别是要让他们尽早明白，学习数学无非就是学习用数学语言表达事物与事物的关系；学习数学语言，如同学习外语一样。数学里的符号、公式、方程式、图形、图表都是数学语言，需要我们去阅读、去理解、去掌握。这里除了要用一般的语文阅读能力来理解外，还需要用数学阅读能力来理解数学中的"数与符号"。我们的研究发现，语文学习成绩好的孩子，即具有文学思维倾向特征的孩子常常不能很好理解数学公式，其原因就在于他们不知道为什么要学数学，或者学了它有什么用处，进而造成数学学习困难的。一旦他们懂得了数学意义，他们完全可以像掌握文字语言一样，掌握好数学语言。

(2) 要让孩子在解决实际问题中学习数学

根据当代教育心理学理论，属数学思维的儿童，他们的思维具有独立性的特点，他们天生习惯将事物分割开来理解，这种思维方式非常有利于掌握数学知识。而属文学思维倾向的儿童，他们的思维具有依赖性的特点，总是喜欢把事物看作是一个相互关联的整体，而数学的运算符号和方式在他们看来，不属于他们已有的认识整体。特别是在学习代数的时候，他们根本不理解人为什么要学习代数，因为他们喜欢的是"看得见、摸得着"的学习。因此，要解决具有文学思维倾向特点的学生学习数学的困难，就要让他们在解决实际问题中学习数学。美国著名数学教师贾米·埃斯卡兰特在给洛杉矶一所中学的学生讲授正数与负数概念时是这样解释的：当你挖个洞时，你可以把挖出来的土堆称为＋1，洞称为－1。当你把土放回到洞中时会得到什么数？零。教学中，将正数与负数这样抽象的数学概念与儿童的实际经验联系起来，孩子自然非常容易理解和接受。埃斯卡兰特的这种数学教学思想与教学技能无疑给文学思维倾向儿童学习数学带来了福音，值得我们借鉴。

许多具有文学思维倾向的人成年后都有这样的体会，造成数学学习困难的原因是当年学习的数学知识离实际生活太远了。所幸的是，我们国家正在施行的数学新课程改革，就是要让学生感受到数学是源于生活且无处不在的，是为了更好地解决生活中存在的问题，更好地体验生活。

（3）利用实物帮助孩子建立对数学的认识

利用实物不仅是帮助孩子建立对数学认识的最好途径，也是以后孩子在数学学习过程中理解数学概念的重要方法。在孩子学习的初始阶段，一定要用实物让孩子体验长短、轻重、点、线、面、方向、角度等，使他们从中领悟"数与形"的概念，并学会用数学符号来表示它们。比如孩子在小学一年级学习统计知识的时候，由于统计知识对于一年级小学生来讲是很抽象的，但我们可从小学生生活经验入手，让孩子统计各种熟悉的几何图形的个数，具体做法上可以是家长拿图片，孩子做记录；也可以让孩子统计自己收集的一个月的天气情况等。让孩子参加实际活动，不仅使孩子的动手能力得到了培养，而且潜移默化地受到了统计思想的熏陶。

（4）不断增强孩子的运算能力

运算能力是数学学习必须具备的一项重要技能。孩子能熟练地进行加减乘除，对建立学好数学知识的信心有着非常重要的意义。这里要提醒家长注意的是，有的孩子乘除做得很好，但在运用加减法的时候却常常出错。这是因为乘除法主要依靠记忆功能，会背乘法口诀表就能做好它，而加减运算没有乘除那么固定，故孩子容易出错。这也给我们一个启示，从小让孩子熟练记忆数的匹配，特别是10（如1和9、2和8、3和7……）和100（如11和

89、12和88、13和87）以内数的匹配，对孩子熟练加减，是十分有帮助的。我们去农贸市场买菜，总是惊叹称鱼卖肉的小商贩能脱口而出几斤几两鱼肉的价钱，就是他们已熟练记忆了数的匹配的结果。

（5）不断提高孩子对数学材料的概括能力

对数学材料的抽象概括能力是数学学习能力的灵魂。因为数学的精髓就在于它能舍弃具体的内容，而仅仅抽出"数与形"，并对这些"数与形"进行操作。如家长发现孩子存在这方面的困难，可以试着从以下一些方面入手给予帮助：一是培养孩子对语言文字材料的概括能力。生活中力求孩子用最少的文字表达最准确、最广泛的内容。二是培养孩子的推理能力。例如，我们可以给孩子这样一列数字：1、3、5、7，先让孩子概括出这列数字的规律，再让孩子根据这列数字的规律，随后写出符合这一规律的9、11、13等数字。

当然，帮助孩子克服数学学习困难，提高数学学习能力的方法还有很多，我们家长在教育实践中还可以创造出更多更新的办法。有一条是我们必须牢记的，那就是只有让孩子感受到数学的意义，孩子才能学好数学。

孩子能成为数学家吗

数学是人类研究的最古老的学科之一。数学是研究事物的空间形式和数量关系的科学，是在整个自然科学中最成熟的学科。它之所以成熟，完全依赖于历史上无数天才数学家的创造性劳动。看一个人有没有数学才能，当然要看他有没有数学方面的创造性。除去通过智力测验来寻找数学天才外，还可以通过下列表现发现有数学才能的人。

（1）年龄很小时就表现出对有关数学内容的兴趣

从小就对数学有着浓厚的兴趣，是数学才能的最早表现之一。历史上许多著名数学家均有这样的特点。

例如，欧拉是世界历史上最伟大的天才数学家之一，在现代数学的每一个领域都会看到以他的名字命名的定理、定律、发现，在建筑学、流体力学等学科也是这样。这个天才的数学家在很小的时候就常常被奇怪的数学问题吸引。例如，他常常问自己和他人，天上的星星有多少颗？我知道一个数6，它可以分解成1、2、3、6几个数，把1、2、3加起来等于6；还有一个数28，可以分解成1、2、4、7、14、28，把1、2、4、7、14加起来等于28。还有这样性质的数吗？小小的欧拉实际上提出了具有千古之谜之称的"完全数"的问题。

如果某一个孩子不断地向家长、老师提出有关数的问题，可以肯定地说，他对数学有着独特的兴趣，适当的引导、培养或许就会产生一个数学天才。

（2）年龄很小就表现出有与众不同的数学方法

欧拉在很小的时候就天才地解决了一些生活中的极值问题。他的爸爸想扩大自己家的羊圈，可是围篱笆的材料不足，他爸爸愁眉苦脸。

"羊圈长40尺，宽15尺，用110尺篱笆就能围成600平方尺的羊圈。"小欧拉说。"要是有110尺篱笆材料就好了。可是现在只有100尺，按长40尺、宽10尺，只能围成400平方尺的羊圈。"老欧拉仍然很忧愁。可是天才的小欧拉居然用一个巧妙的极大值问题，用100尺篱笆材料为他爸爸围出了比110尺篱笆还大的面积。"只需把羊圈的长和宽定为25尺，用100尺篱笆材料就能围成625平方尺的面积了。"

用110尺的材料只能围成600平方尺，相反，用100尺的材料却能围成625平方尺，这就是欧拉的算法。

我国一个著名的具有数学才能的儿童也是表现出了与众不同的算法。如口算 120 − 76 + 85 − 21 + 8 = ？的混合运算时，他不按常规的从左到右的算法，而是采用了 (120 + 85 + 8) − (76 + 21) = 116 的方法，比其他同学的速度要快得多。再如，计算 16 × 25 = ？102 × 25 = ？他也不按一般同学列竖式计算的方法，而采用把16分成4×4，102分成 (100 + 2) 的方法，16 × 25 = 4 × (4 × 25)，102 × 25 = (100 + 2) × 25，这就提高了运算的速度和准确度。

（3）在年龄还小时就发现一些数学的秘密并做出成绩

许多具有数学才能的人在年轻时就有重大的发现。例如，高斯12岁时就发现了二项式定理，15岁就掌握了牛顿的微积分理论，17岁发明了用圆规和直尺作正十七边形的方法，解决了两千年悬而未决的几何难题。

再如法国著名的数学家伽罗华，虽然只活了21岁，但却奠定了现代代数学和几何学的基础。他在上中学时就表现出了惊人的数学才能，在17岁时就解决了高次方程的代数解法的问题。可惜的是，他死后14年人们才从其发表的著作中认识到他研究的重要性。

德国著名的数学家莱布尼兹，也是在20岁时就发表了著名的数学论文《结合术》，它是近代数学的分支——数理逻辑的先声。他不到30岁就造出了能进行加减乘除运算的计算机。

我国著名的数学家华罗庚，也是在年轻时就有了很大的数学成就。

当然，数学在今天已经成为一门相对成熟的学科，悬而未决的问题已越来越少了。但是，如果您的孩子对数学有兴趣，哪怕是重复发现前人发现的东西，也说明他具有数学的才能，进一步培养就可能会成为有所作为的数学家。

（4）和老师交谈

孩子上学后，数学是最主要的学科之一，老师对学生数学才能的了解可能比较具体详细，因此和老师交谈也是了解孩子数学才能的较好途径之一。

（5）通过家庭作业和有关活动发现孩子的数学才能

有数学才能的孩子不仅仅对数学活动感兴趣，而且往往在有关活动中表现出我们上边介绍的数学才能，如计算方法简便、巧妙，常有"古怪"的数学问题等等。孩子做家庭作业和从事其他活动时，也是观察孩子是否有数学才能的良好途径。

（6）进行专门的数学能力测验

这要请专业人员进行。

（7）智力测验

智力测验有时也能发现孩子的数学才能，尤其是严格的标准化的智力测验。当然，也有专门测数学能力的测验，但它们都需要专业人员来操作才行。

（8）可以通过下列表现判断孩子是否具有数学才能

①对数学活动有强烈的兴趣和爱好，如好问数学问题、对解决数学问题有强烈的兴趣等。

②从事数学活动时注意力高度集中。

③解答数学问题时往往有自己的见解。

④对有关的数学材料能迅速地感知。
⑤能有效地记住有关数学的知识、原则、方法、图形和解决方法等。
⑥能迅速有效地解决数学问题。

如何培养孩子对数学的兴趣

在辅导孩子学习数学中，激发孩子学习兴趣是重要的一环。从心理学角度上讲，如果抓住了孩子的心理特征，对辅导过程将有一个巨大的推动作用。兴趣的培养就是一个重要的方面。兴趣能激发大脑组织加工，有利于发现事物的新线索，并进行探索创造。兴趣是学习的最佳营养剂和催化剂，孩子对学习有兴趣，对学习材料的反应也就最清晰，思维活动也就最积极最有效，学习就能取得事半功倍的效果。

培养孩子学习数学兴趣的途径是多种多样的，除了和谐、融洽的父子和母子关系外，更重要的是选择适当的辅导方法。作为父母或辅导老师应努力使孩子热爱数学，才能对学习有兴趣，只要有兴趣，才能学好数学。因为兴趣是学习成功的秘诀，是获取知识的开端，是求知欲望的基础。父母可通过以下方法来激发孩子的学习兴趣。

（1）观察能力的培养，产生学习兴趣

观察能力是认识事物、增长知识的重要能力，是构成智力的重要因素。在小学数学的学习中，父母必须引导孩子掌握基本的观察方法，学会在观察时透过事物的表象，抓住本质，发现规律，达到不断获取新知、培养能力和发展智力的目的。

在辅导中要尽量举一些孩子熟悉的实例，运用幻灯、模型、实物等教具，形象而又直观地引导孩子去观察、分析、综合。从而激发孩子学习知识的兴趣，使孩子在轻松愉快的环境中能够化繁为简、化难为易地掌握所学的知识，而不至于在深奥的数学迷宫中迷失方向。

例如，要学生计算加料斗面积时，应考虑孩子对加料斗没有接触过这一事实，引导孩子通过以下四个层次进行观察分析：①这个加料斗的四个侧面是什么形状;②让孩子观察这个加料斗上下两个面是空的,从而使孩子初步感知,计算加料斗的四个侧面的面积;③让孩子进一步观察侧面的四个梯形是否是大小形状完全相同;④将这个加料斗沿一梯形的一条腰拆开,让孩子观察并分析将抽象化为具体化,使难题迎刃而解。同时经过这道题的解答给孩子留下了较深刻的关于"空间"这一概念的初步印象,对今后学习体积做了铺垫。

其实,人们对知识的认识和积累,都是通过观察实践而得到的,没有观察也就没有丰富的想象,也不可能有正确的推理、概括和创造性,所以有意识地安排孩子去观察、去思考,逐步培养孩子的观察能力,发展孩子的想象力,既增加了数学的趣味性,又创造了良好的家教气氛。

(2) 加强直观辅导,培养学习兴趣

在辅导孩子学习数学中,家长或辅导老师单从提高语言表达能力和语言直观上下工夫还是远远不够的,要解决数学的抽象性与形象性的矛盾,还应充分利用直观辅导的各种手段。"直观"具有看得见、摸得着的优点,"直观"有时能直接说明问题,有时能帮助理解,会给孩子留下深刻的印象,使孩子从学习中得到无穷的乐趣。

孩子是学习的主人,在父母的辅导中,要诱导孩子利用旧概念去认识新概念,应用已学习过的公式、法则、去解决新的问题等辅导方法,来激发孩子的兴趣。如在辅导长方体的认识这节内容时,让孩子把长方体火柴盒的六个面糊上纸,每两个相对的面糊同样颜色的纸,先让孩子观察长方体的面,然后问孩子:长方体有几个面,都什么形状;面与面之间有什么关系。因为孩子亲自动手糊过火柴盒又在父母的指导下进行了观察,都能有条有理地把观察的结果叙述出来。紧接着引导孩子观察其他部分,然后又由孩子将长方体各部分的特征完整做个叙述,在此基础上父母运用准确、简明的数学用语做出总结,使孩子从感性认识上升到理性认识,这不仅使孩子的学习积极性得到了充分的发挥,而且使孩子得到的知识进一步深化。

例如,有这样一道题:一农户养了7只黑兔,12只白兔,白兔比黑兔多几只?父母首先要指导孩子读题:①请孩子说出题目的条件和问题,孩子边说,父母边出示12只白兔和7只黑兔图;②提问:白兔比黑兔多几只是什么意思？（白兔和黑兔同样多的数目以外还有几只）；③父母要把白兔和黑兔一只一只地对着，中间用虚线连起来（引导孩子观察，白兔和黑兔对着有 7 只，是同样多的部分，还有 5 只没有对着，这 5 只是白兔比黑兔多的只数。）④看图说一说：求白兔比黑兔多几只，应该怎么办？（从白兔里去掉黑兔同样多的数目，剩下的就是白兔比黑兔多的只数）；⑤怎样求白兔比黑兔多几只？用什么样的方法计算，列式 12 – 7 = 5（只），答白兔比黑兔多 5 只。⑥小节提问（a）从白兔里面去掉与黑兔同样多的数后剩下是什么？（b）求白兔比黑兔多几只就是求什么？（求一个数比另一个数多几只）（c）想一下，求一个数比另一个数多多少用什么方法计算。

　　这样孩子由直观感知上升到抽象的理解，有了这个基础进行求一个数比另一个数多（少）多少的辅导过程就顺利了。这样做体现了直观辅导的优越性。

　　(3) 重视操作，即时鼓励，发展学习兴趣

　　在辅导过程中，父母既要重视直观教具的使用，还要尽可能地让孩子参加实践活动。仅父母和指导老师的演示，没有孩子的亲自操作，孩子获得的知识还是比较肤浅的，只有让孩子参加实践操作，运用多种感官参加学习活动，才可能使孩子获得比较充分的感知，才便于储存和提取信息。例如，辅导孩子学习圆柱的侧面积时，让孩子拿不同大小的圆柱形罐头，将外面贴的商标纸剪开，展开后看是什么形状，孩子沿着直线剪开，展开后得到一个长方形，或按斜线剪开，展开后是平行四边形，或把高瘦的圆体罐头沿高剪开，展开后是正方形。孩子通过动手认识到：把圆柱体的侧面展开，可以是一个长方形也可以是平行四边形，它们的长（或底）与圆柱底面周长相等，宽（或高）与圆柱的高相等，当底面周长和高相等时，侧面展开是一个正方形，在此基础上，导出圆柱体的侧面积，等于底面的周长乘以高。这样孩子学得主动、活泼，不仅理解了圆柱体侧面积的概念，掌握了计算侧面积的公式，而且发展了孩子的空间观念。

　　"好表扬"是孩子的重要的心理特点。可点头表示肯定，说"好"或者"对"表示赞许；也可以说句鼓励的话："真好"，"真会动脑筋"；还可以奖给小红花等形式，对孩子学习上的进步表示祝贺，这样做可以给孩子极大鼓舞。要善于发现孩子的闪光点，加以肯定，最大限度地调动孩子的积极性，增加克服困难的勇气，增添对学习数学的兴趣。

数学辅导要在父母的指导下，让孩子自己主动积极地学习，才能有效地培养孩子独立获取知识、应用知识的能力。知识、智力、兴趣关系密切，小学生的行为在很大程度上是受他们的情感支配的，父母应根据这一心理特点，有意识地创造良好的辅导气氛，让孩子热爱学习，并对所学的学科产生兴趣。因此，父母要教给孩子学习方法，使孩子运用正确的学习方法，持之以恒地结合知识进行学习方法的训练，使孩子掌握求知的钥匙，可以增添学习兴趣。

怎样提高孩子计算能力

计算往往被人们所忽视，原因是孩子认为计算好学，一听就会，只要细心点儿，一定能算对；而家长认为计算不需要辅导，只要细心点儿，就不会出错了。于是每次看到孩子计算有了错，就批评说：太粗心了，下次注意。可下一次怎么样呢？照错不误。

四则运算是小学阶段计算错误率最高的一部分内容。因为它是计算知识的综合运用，步骤多，计算繁，有时一步不慎，就会导致前功尽弃。而这部分知识又是计算数学的重点和难点。

（1）知识上查漏补缺，具体指导

提高四则混合运算的准确率，不应盲目地进行机械训练，搞题海战术，这样做的结果是题做得越多，学生越漫不经心，成效不大。

我们应该通过孩子的演算总结归纳出他们知识上的漏洞，尤其要对计算错误率高的孩子，更应进行耐心细致的辅导。

只要细心分析每一道题，都会发现错误的产生是因为某一法则概念掌握得不熟练、不正确。而个别计算常出错误的孩子，只要把他每次错误的原因记录下来，就会发现他不是因为粗心才出错，是因为某一部分知识有漏洞，这样家长就可以有针对性地帮他补上知识盲点，提高计算能力。

如：有的孩子小数加减法计算易出现 $9.6-6=9$，$4.8+2=5$ 这样的错误。有的孩子带分数与整数的加减法计算易出现 $5-2\frac{1}{3}=3\frac{1}{3}$ 这样的错误。

要让孩子养成及时改错、自觉查找错误原因的习惯，因为知道自己错在哪里，才有可能注意克服。

(2) 心理上分析原因，加强训练

分析孩子产生计算错误的心理原因，有针对性地引导与纠正，是提高孩子计算能力的有效方法之一。

在计算中产生错误的心理原因主要有以下几点：

①视觉迁移造成的感觉错误。

曾经有一个五年级的女学生——陈静，人很聪明，上课反应快，很难的应用题，一经启发很快就理解了，可是每次作业和考试中，不太难的题，她却常出错，这是为什么？她是不是不认真，太粗心了呢？后来她的妈妈经过观察和分析，找出了原因。是她的语文基础不好，阅读能力差，不长的一道题，她都读不顺，这样就妨碍了她对题意的理解。后来她妈妈就经常辅导她读书。随着阅读能力的提高，她的理解力渐渐加强了，应用题出错也渐渐少了。

孩子进行运算，首先是通过感觉器官感知数、符号或数和符号组成的算式，即看题、读题、审题。但是，有时由于急于求成，注意力不集中，观察不仔细，因而获得的表象就是错误的，这时感知的错误就会使信息失真。同时写完、读完题目，算完得数以后，要把题目、得数抄在作业本上或试卷上，这时由于视觉迁移，又会造成感知上的错误，如把 1.243 抄成 1.234，把 3546÷7 抄成 3456÷7。这就是说，孩子看数时，不去感知整个数值，而只是凭数目的模糊表象来写，这就是容易发生以上错误的原因。

其实这也是一个能力问题，是阅读能力、瞬时记忆或暂时记忆的能力问题。为什么有的人能一目十行，过目不忘，就是阅读能力强，记忆能力强；而有的孩子短短不到十个字的一句话，读起来要打三个磕，这样的孩子做题速度一定慢，而且易抄错符号、抄错题。

辅导孩子训练的方法就是多读题，要求读得准、快，还可以读一些报纸上的文章。只要能够持之以恒，定会大见成效。

②强信息产生的思维干扰。

强信息思维在大脑中容易留下深刻印象,有时不易消失,一遇时机,这种思维痕迹就会使孩子的思维受到干扰。

如:$800 \div 25 \times 4$ 由于 $25 \times 4 = 100$,这是一个强信息,所以在计算时,受这个强信息的干扰,就可能造成运算顺序错误,即

$$800 \div 25 \times 4$$
$$= 800 \div 100$$
$$= 8$$

再如下题中,受到凑整数一般都是整十整百的强信息干扰,出现 $6.3 + 2.7$ 等于 10 的错误。

$$6.3 \times 1.2 + 1.2 \times 2.7$$
$$= 1.2 \times (6.3 + 2.7)$$
$$= 1.2 \times 10$$
$$= 12$$

这时家长们更易责备孩子粗心,而实际上这类错误是心理因素造成的。家长可设计这样的练习来训练孩子对强信息的排除心理:

$$85 + 15 \times 2 - 100 \div 25 \times 4$$
$$99 + 1 \times (5 \times 4 \div 5 \times 4)$$
$$(75 + 25 \div 5) \times 100 - 100$$
$$25 + 75 \times [(75 + 25 - 75 + 25) \div 25]$$

以上这些题目,很易使学生受到强信息的干扰,引起学生思维的变化,这样既能强化运算顺序的训练,又能训练学生的思维能力。

③帮助孩子消除思维定式带来的消极作用。

思维定式,是指人们按照习惯和比较固定的思维方法去考虑问题,去寻求问题答案的一种思维惰性。思维定式有积极的一面,也有消极的一面,在不变的环境中,定势有助于孩子迅速地做出反应,但在变化了的情境中,定势常常阻碍他们积极地进行思维,从而产生错误。

如:$9.6 - 6 = 9$,$4.8 + 2 = 5$

就是受整数加减法末尾对齐的思维定式的消极影响。家长可通过设计

1.234＋2.345，12.34＋2.345，123.4＋23.45等题目进行强化训练，避免思维定式。

也可以做对比练习：

0.75＋0.25－0.75＋0.25

对于这类错误，要依据具体表现，采取不同的强化训练方法，帮助孩子加深对知识的理解。因为只有牢固地掌握基础知识，才能避免思维定式的消极作用。

如何帮助孩子巧解应用题

在辅导孩子学习数学中，特别是小学数学，需要孩子观察、分析问题中的已知条件和求知条件，导出已知条件和求知条件的数量关系，自己判断用什么方法来得到问题的答案。这就要求在辅导中遵循孩子的认识规律，把孩子的思维渗透到辅导孩子学习的每一个环节。因此，父母要与学校同步，结合孩子的数学课本内容教给孩子思维方法，发展孩子的创新思维能力，是极其重要的。下面结合小学数学课本的特点，帮助孩子在应用题中学会创新。

（1）创设情景，发展创新思维

心理学研究表明：教学中创设问题情景可以启发学生积极思维，培养学生兴趣，并能点燃学生思维的火花。而问题是思维的起点，它孕育着极大的智慧潜力和创造性萌芽。因此，在应用题教学中，应该创设问题情境，将孩子置于问题的中心，使孩子对所学问题进行观察、猜测、尝试、判断、验证和探究，从而促进孩子创新思维的发展。

①创设疑问，以兴趣激发思维

六年级教材中"本金、利息"的应用题，数量关系抽象，内容枯燥无味。对此，父母可以设计一些问题，唤起孩子的学习兴趣，以最佳的心态投入到研究新知识的活动中。a、父母提问一年（几年）后把钱取出，是否与原来一样多？这是怎么回事呢？银行是怎样计算的呢？（引出了几个重要的概念：本金、利率、期数和利息；b、父母列举一些生活中的实例，存入的钱取出的钱，引发孩子学习兴趣，你想不想掌握这个本领？经父母这么一问，孩子的大脑充满了积极思考、探索的气氛。在这种情境下，孩子的创新思维处于最佳状态，学习效果相当好。

②一题多问，一题多解，一题多变，激发思维

A、一题多问是在相同的条件下，运用不同的叙述方法提出同一问题或从不同的角度提出不同的问题。"六（2）班有男同学17人，女同学28人"，孩子一般都能提出问题"男同学是女同学的几分之几？""女同学是男同学的几分之几？"此时，父母可创设情境，启发提出下列问题：a、男同学比女同学还少几分之几？b、女同学比男同学还多几分之几？c、男同学是全班人数的几分之几？d、女同学是全班人数的几分之几？然后，请孩子分别解答。在这节内容中，父母的主导作用发挥得当，孩子学习气氛生动活泼，孩子思维积极，取得了一题多问的良好效果，这样的训练，不仅可以达到辅导要求，还可以激发孩子的思维，提高孩子的智力。

B、一题多解。设计好几个例题，训练孩子从不同的角度，用不同的方法解答。在进行五年级应用题复习时，设计一道题："某车间，3个工人4小时可生产3600个零件，照这样计算，6个工人8小时可以做零件多少个？"在辅导这类题目时，父母可根据小学生认识发展的特点，引导启发孩子全面完整地、多角度地、多方位地分析问题，这样既有利于巩固、加深所学的知识，还可以培养孩子的创新思维能力。

解法一：$3600 \div 3 \div 4 \times 6 \times 8$（归一）

解法二：$3600 \times (6 \div 3) \times (8 \div 4)$（倍数）

解法三：$3600 \div 4 \times (6 \div 3) \times 8$（归一、倍数）

解法四：$3600 \div 3 \times (8 \div 4) \times 6$

解法五：用方程解题

设6个工人8小时可做零件 X 个。

$3600 \div 4 \div 3 = X \div 8 \div 6$

在辅导中，鼓励孩子充分讨论，一题多解，能提高孩子综合知识的能力，发展孩子的思维，从而培养孩子的创新精神。

C、一题多变。孩子能在改变应用题条件或问题的情况下，根据条件、问

题与数量关系的分析,组成一道新题,从而提高思维的灵活性。在创设问题情景时有的放矢,循序渐进,不脱离孩子原有水平,又高于原有智力和知识水平。在应用题复习时,可以设计一道题:"甲乙两汽车从相距340千米的两地同时开出,相向而行。甲车每小时行45千米,乙车每小时行40千米。几小时后两车相遇?"这道题对多数孩子来讲并不难理解,但理解的深度如何,对孩子进一步学习和提高就很关键。在辅导中,父母可以根据列出的数量关系"甲车行的路程+乙车行的路程=全程",由浅入深地进行几次变化。

变化一:请孩子自己改变题意,求全程。

变化二:将求时间改为求乙车的速度。

变化三:求相遇时,两车各行了多少千米。

变化四:求几小时后两车还相距17千米。

变化五:甲每小时比乙每小时多行5千米,求两车的速度各是多少千米?

在辅导中,父母通过对应用题的挖掘深化,创设情景,使一道题目变成了一类题目,让孩子在"变"中思维,克服思维定式对思维的干扰,培养和发展孩子的创新思维能力。

实践表明,一题多问、一题多解、一题多变是发展孩子创新思维能力的好方法。因此,父母在辅导孩子时充分运用这些方法,可以调动孩子的学习积极性,并抓住时机,创设问题情境,激活孩子的思维,让孩子主动获取知识。

(2)动手操作,引导创新思维

心理学研究证明:儿童的思维是从动手开始的。瑞士心理学家皮亚杰说:"认识本身就是活动。"可见,动作和思维是不可分割的。

①让孩子动手操作,理解应用题的概念。

在应用题中,解决数学知识的抽象性和孩子思维的形象性,关键是动手操作,以直观的形式展现在求知者面前,从而亲自发现新知,积极理解应用题中的概念。"除法意义"是辅导重点,也是难点,父母可以采用分小五角星的方法:把12个小五角星分成4堆,每堆分得一样多,每堆放几个?让孩子自己动手解决疑难问题,尝试每堆放1个、2个……的结果,然后让孩子回答每堆放几个,最后得出平均数的概念。通过操作,让孩子对平均数有了初步的认识。除法的另一种意义："一个数里有几个另一个数"，也可以采用让孩子动手操作。不同的分法，使孩子对除法的两种意义有了深刻的理解。

②让孩子动手操作，分析应用题数量关系。

在应用题教学中，不能单看孩子列式答案正确与否，还要重视孩子的思维过程，培养孩子分析、判断、综合的能力。要让孩子亲自动手操作，让生动具体的感性材料作用于大脑，形成表象，然后引导孩子分析应用题的数量关系，确定解法，并且逐步由抽象到概括，形成良好的认识结构。

五年级教材有一道题："一个肥皂箱，从里面量得长30厘米，宽28厘米，高18厘米。已知每块肥皂长14厘米，宽6厘米，高3厘米，求这一个箱子最多能装肥皂多少块？"孩子很难理解该题数量关系并确定与什么知识有关。这时，父母应首先让孩子动手操作感知，模拟一个大的长方体（肥皂箱），一个小长方体（肥皂），然后孩子动手操作，把小长方体放入大长方体中，在操作过程中，使孩子直观体会到放的块数与它们所占空间的大小（体积）有关，从而获知箱与肥皂之间的关系。

这样以操作为手段，以表象为桥梁，很自然地使孩子由表象认识过渡到抽象认识。

(3) 运用比较，活跃创新思维

比较是一种用于确定客观事物的相似和差异的思维过程和逻辑方法。著名教育家乌申斯基认为："比较方法是各种认识和各种思维的基础。"这充分肯定了比较认识的作用。恰当运用各种思维方法来解决数学问题，能活跃孩子的创新思维。因此，对相关应用题的辅导一般可以采用比较方法，使孩子对应用题数量关系建立内在的联系。

①在辅导中父母应利用孩子已掌握的旧知识，逐步分析。让孩子用比较方法引出"旧知识"与"新知识"之间的联系。在这一过程中，孩子的知识在思维的参与下，得到了充分的整理。加深了对数量关系的理解。将要学的知识与孩子已掌握、熟悉的知识进行比较，然后得出结论，不仅可以帮助孩子突破学习上的难点，而且对于训练孩子的思维、促进智力的发展有很大的作用。

②对不同知识相似点进行比较。

如，教孩子六年级乘除法应用题时，父母可设计四道题：

A、学校有 20 个足球，篮球比足球多 $\frac{1}{4}$，篮球有多少个?

B、学校有 20 个足球，足球比篮球多 $\frac{1}{3}$，篮球有多少个?

C、学校有 20 个足球，篮球比足球少 $\frac{1}{4}$，篮球有多少个?

D、学校有 20 个足球，足球比篮球少 $\frac{1}{3}$，篮球有多少个?

首先，让孩子观察比较这四道题有什么异同点，接着引导回答：四道题的第一个条件和问题都相同（条件：学校有 20 个足球，问题：都是求篮球有多少个?）；不同处，第二个条件（篮球比足球多；足球比篮球多；篮球比足球少；足球比篮球少。）然后让学生抓住比较的关键句思考它们各自的含义，分析得出：第一题足球是标准量，是已知的；篮球是比较量，是未知的。求比较量，算式 $20 + 20 \times \frac{1}{4}$ 或 $20 \times (1 + \frac{1}{4})$。第二题足球是比较量，是已知的；篮球是标准量，是未知的。求标准量，算式：$20 \div (1 + \frac{1}{3})$。第三题 20 个足球是标准量，篮球是比较量，是未知的。求比较量算式：$20 - 20 \times \frac{1}{4}$ 或 $20 \times (1 - \frac{1}{4})$。第四题足球是比较量，篮球个数是标准量，求标准量，算式：$20 \div (1 - \frac{1}{3})$。进行比较各题的标准量不同，所表示的意义也不同，从而确定解题方法也就不同。通过异同点的比较，可以使孩子了解知识的联系与区别，加深对它们的认识，同时发展了学生的创新思维能力。

总之，父母要通过合理的辅导手段，把应用题教学与发展思维紧密联系起来，创设有利于发展孩子的创新思维能力的环境，使我们的孩子越来越聪明，越来越喜爱数学。

如何帮助孩子学好几何

学习几何虽然要掌握大量的定义、公理、定理和论证方法，但这些都寄于图形之中。图形是对客观事物的抽象表现，心理学家把它称为视觉的符号，它是一种抽象而又直观、严谨而又简单的语言。因此，要学好几何，必须在研究图形上下工夫。

(1) 画图

研究图形，首先须过好画图这一关。每接触到新图形，都要把它画准确，并在画图时进行几何术语的训练。学会看图说话、读句画图，进行文字、图形、符号的互相表达练习，直到准确熟练为止。

画平面几何图形时，应注意以下四点：①按已知条件画图，不能随意添减条件。②不用特殊图形代替一般图形。③线条粗细合理、整洁。图画得精确，会给证明带来启示；反之，有可能把思路引错。④画图时用直尺和圆规，这要形成习惯。在没有过硬基本功时，不要徒手画图。

画立体几何图形时，孩子的想象不能局限于平面。有的孩子总是停留在平面内考虑问题，建立不起空间观念，这种障碍应当排除。应突破平面，在空间联想。通常要求把握好以下三点：①观察模型，建立联想；②掌握定律，多思勤画；③画好基本图形，打好功底。常见的基本图形有：空间四边形、异面直线、直线与平面的位置关系、平面与平面的位置关系、多面体、旋转体等。

(2) 观察想象

学几何的真功夫就在观察与想象中。孩子们接触图形，要让他们善于观察、想象，有了这个能力，解题、论证能力也就水到渠成了。

①观察基本图形。复杂图形是由基本图形组合而成的，掌握了基本图形的特征和性质，无论它们在哪里出现，都能一看就认识，并知道它在题目中所起的作用。

②分解复杂图形。对基本图形观察得敏锐准确，就可以把复杂的图形分

解看待，视为简单独立存在的一个个图形，或进一步分解成点、线段、角等元素。这是揭示题目逻辑关系的好办法，为推理论证提供了线索。

③观察图形间的联系。图形间往往是有联系的，要善于观测由图形演变所带来的条件和结论的变化，从变中看到不变，从不变中看到变化，以训练自己的空间想象和逻辑思维能力。

（3）恰当地处理图形

对几何图形研究的能力，更表现为根据解题需要恰当地处理图形。中学阶段对图形的处理是指添加适当的辅助线。添一条或几条辅助线，可使图形中分散的元素联系起来，为论证提供必要的条件。

引辅助线都从哪些方面考虑呢？这是孩子们常感到困难的事情。

①引用常见的辅助线。教材中出现的辅助线，为解决同类问题提供了基本思考方法，它们具有普遍应用性和规律性。要使孩子具备独立引出辅助线的能力，首先要在教材中出现的辅助线上下工夫，弄清它们的处理方法，你就能获得解决类似问题的能力。

②抓住特征引辅助线。有的图形引用常见的辅助线解决不了问题的时候，就应通过观察抓住图形的特征引用辅助线。常遇到的特征关系及解决方法有如下几种。定中点法："给中点、证线段，常常要引平行线"，这是一条宝贵经验；对称法：图形的对称性在解题中作用很大，因此要找出图形的对称轴，发挥它的作用，画出辅助线。

③重视典型的辅助线。有的题目确实使孩子百思不解，教师帮助做出后，孩子感到简直是太精巧了，这样引出的辅助线对他们分析问题、解决问题的能力大有提高。有的孩子迷信于灵感，抱怨自己脑袋笨，须知灵感来自于勤奋，来自于对问题的深思熟虑。数学中引辅助线不仅仅是为了解几个题目，而是在从事"想象与再造"的高级心智活动。它对开发学生智力，培养同学们创造性思维的能力，有着不可估量的作用。

第八章　帮助孩子学好语文

> 语文知识的特点明显表现为零星、分散，呈各自独立的无序化状态。因此，掩盖了语文知识系统性、知识紧密联系的特点，造成孩子在学习中摸不清语文的系统性而盲目听课、被动做题的现象。

低年级孩子语文辅导方法

（1）拼音识字

让孩子学会汉语拼音的 23 个声母，24 个韵母和 16 个整体认读的音节，培养孩子拼读音节的能力。

在小学阶段要求孩子学会常用字 3000 个左右。小学低年级以识字为重点，要完成小学识字量的三分之一，可以采取多种形式的识字方法，如：拼音识字、归类识字、看图识字、看图学词学句、随课文识字等，以培养孩子的识字能力。

（2）词语

无论在教师讲课时，还是家长进行辅导时，都要注意识字和学词紧密结合起来，在孩子脑海中建立词的概念，在理解词义的基础上，慢慢地积累词语运用到口头表达和书面语言中去。

（3）句

低年级孩子一开始就要让他们知道，话是一句一句说出来的，通过看图学句，知道句子是表达完整意思的。

教材难点：认识汉字的字形。低年级孩子对同音字、形近字，尤其难以区分。

辅导孩子记同音字可以用熟字带生字的方法，既可以便于孩子掌握生字又可复习熟字，告诉孩子用字时要认真、仔细，对字义理解不清的要查字典弄清字义，认清字形，以免张冠李戴。

家长根据低年级教材的重点、难点，可以有侧重地进行辅导。据心理学测试，一个七八岁孩子认识一个生字须在反复练习八九遍的基础上，方能在大脑中产生印象，所以要让孩子多读、多练，如：说说这个字的偏旁部首是什么；让孩子用一个字组词，把部首和独体字放在一起，让他组字；抄写句子，听写，练习朗读，背诵等。平时还可以训练孩子说完整的话，如问"你作业写完了吗？"孩子就要回答："我作业写完了。"而不能说："完了！"

这样使孩子能顺利地掌握句子，认识到句子要完整。家长在辅导时，应主要根据教材后面的习题，配合一些练习进行指导。

中年级孩子语文辅导方法

（1）给课文分段，归纳段落大意

给课文分段要在分清什么是小节的基础上进行。所谓小节就是介于句和篇之间的文章组织单位。在分段时，应首先在孩子心中建立段的概念。从中年级开始就应该让孩子逐步认识到两个自然段或两个以上自然段的意思相近，就可以归并一起，划分段落，在此基础上指导孩子初步掌握一些分段的方法，能给短小的文章分段。

在分段的基础上要概括段落大意。概括段落大意必须先了解每段的基本内容，再分清每段内容的主次，抓住与全文紧密联系的内容，最后再概括出每段的主要意思。另外，中年级孩子可采用把排列错乱的小标题或段意，根据文章内容有条理地排列出来的方法，进行练习。

在辅导孩子划分段落时可采用以下几种常见的方法：

①按时间发展的顺序分。

②按故事情节的发展顺序分。

③按空间位置分。

④按不同的内容分。

如果孩子掌握了分段的一些方法，就可以提高分段的准确性；同时也需要采取"对症下药"的方法，让孩子根据不同的课文，采用不同的分段方法。

(2) 写一段话，内容真实具体，条理清楚

这条也是难点。在写作上，低年级是以句的训练为主，到了中年级就要着重抓段的训练。因为在写作中，一篇文章是由几段联系起来的，一段文章写好了，那么写一篇文章就不会出现什么问题了，所以在文章中最主要的构成单位就是段。家长在辅导孩子写一段话时，可采用回答问题连成段的方法。比如要写的一段话的主题是"今天家里可热闹啦！"就可提出以下问题：

①家里为什么热闹，有哪些人？

②他们都各自在做什么？

③热闹的情况怎样？

把问题回答清楚了，这段话的主干也就形成了，再稍加整理，一段完整的话就写完了。这段话就要求层次要清楚，有具体内容，有重点，要言之有物，言之有序，在动笔之前要多观察，抓住事物的特点去写。

这样，家长把握住了中年级语文的重点、难点，就不会出现盲目辅导的现象。

高年级孩子语文辅导方法

小学高年级语文教材的重点：一是能概括段落大意，归纳全文的主要内容和总结中心思想；二是加强作文训练，按要求或自拟题目作文，能选择材料、编写作文提纲，写出有中心、有条理、有真情实感的记叙文。

小学语文教材难点是概括文章的主要内容，总结中心思想。这是小学语文中较重要的一环。家长在辅导前首先要明确主要内容是课文的基本情节或要点，中心思想则是作者的写作目的，二者不能混淆。

概括文章的主要内容通常有以下几种方法：

第一，在认真阅读文章的基础上给课文分段，概括出段落大意，再把多段段意连起来，归纳一下，就能得出主要内容了。所以，能较顺利地归纳出文章的主要内容，在一定程度上跟分段写段意的学习有着较密切的关系。

第二，运用分析课文中关键的词句或段落，以及思考课后的思考题等方法，归纳文章的重要内容。

第三，有一部分课文从文章标题就可以看出文章的主要内容。

这几种方法都要求孩子在认真审题、认真阅读后使用。让孩子归纳课文的主要内容，可以使孩子较准确地理解课文，也可提高他们分析、综合的能力。

在了解了文章的主要内容之后，进一步了解作者为什么要写这篇文章。文体不同，中心的表达也就不同，比如写事的文章就要抓住事情发展的过程来抓文章的中心思想，写人的文章就要通过一件事中人物的言行举止来反映人物的思想品质，写景的文章就要通过对景物的描写，抒发作者热爱大自然热爱祖国大好河山的思想感情。

归纳文章中心思想的方法主要有：

第一，在文章中找中心句。

第二，文章标题点明中心。

第三，看看课文是围绕一个什么意思写的，这个意思就是文章的中心思想。

所以在掌握中心思想时主要是让孩子深入理解文章内容，了解作者思路，分析写作目的。对写作目的来讲，每篇文章都是非常明确的，主要抓住文章是歌颂、赞美，还是揭露、批判，正确地掌握了写作目的，那么文章的中心思想就自然而然地展现在我们眼前了。

怎样帮助孩子消灭错别字

有些孩子经常写错别字,比如把"娱乐"的"娱",写成"误",把"派遣"的"遣"写成"遗"……这样,不但字音变了,字义也变了。如何帮助孩子消灭错别字呢?要消灭错别字,首先要培养孩子对学习认真和细心的态度。有些孩子因为贪玩,把做作业当成一项负担,他们往往急匆匆地把作业赶紧写完,就算完成了差事。这样不认真对待复习和作业,自然潦草并且错字很多。所以,家长的第一任务是帮助孩子端正学习态度,使他们认真、细心地做好每一次作业。

在端正了孩子学习态度的基础上,对那些容易写错和混淆的字,再教孩子一些具体的识别和记忆方法。下面几种对容易写错和混淆的字的记忆和识别方法,不妨让你的孩子试一试:

(1) 记字义

许多字是由象形字演变而来的,字的偏旁部首往往能表明这个字所指的意思。如"扌"旁往往与"手"有关,"氵"旁往往与"水"有关,"日"旁往往与"太阳"有关……像"清",右边是字声,左边是字义。"晴"、"请"、"情"这些字,四声虽然变了,但字义往往离不开偏旁所说的意思。

(2) 记字形

有些字看起来差不多,要注意区别它们不同的地方。如。"冠"与"寇"的区别;"冠"上面的"冖"代表帽子,"寸"是由"手"演变而来的,这个字表示手拿帽子放在头上。"寇"字上面的"宀"代表家,"攴"是由"戈"演变而来的,"戈"是指古代的一种兵器。这个字是表示一个人手拿武器进家中的意思。明白了这个字的原意,就不会写错了。

(3) 记字音

有的孩子时常把同音字和近音字用混了。因此,要注意辨记这些字的用法。像"部署"的"部",与"布置"的"布","部署"的"署"与"暑假"的"暑",这些字是音同而字形不同,要注意分清。也要辨清字形相近而字音不同的字，如"崇高"的"崇"念 chóng，"鬼鬼祟祟"的"祟"念 suì。

词义的识记与活用

在语言系统中，每个词都有固定明确的意义，词义是词的主要因素之一。会写、会读一个词，而不明白它的意思，这个词等于还是没有学会。词具有概括性，它概括出现实的某种物体及物体的特性、动作、关系等。概念就是这些客观事物在人脑中的反映。孩子只有在用恰当的词表示出明确理解的概念时，才算深入地掌握了词义。所以，掌握词义的过程，也是掌握概念的极其复杂的过程。下面介绍几种学习词汇的方法。

（1）比较记忆法

语文的词汇非常丰富，有时候，单个的词难以记住，就可以通过与其他词的比较来记忆。比较法，即通过与其他词的比较来掌握新词的意义。具体来说可以分为：

①同义词法。

同义词是指意义、用法完全相同的词。如演讲—讲演、代替—替代、缓和—和缓、离别—别离。由于同义词之间意义和用法完全相同，可以根据已知的词记住新词。

②近义词法。

近义词是指意义和用法相近的词。在汉语中有大量的近义词，如休克—虚脱、坚决—坚定、开朗—爽朗、取缔—取消、信任—信赖、请求—恳求等，由于近义词的意义和用法相近，可以通过跟近义词的比较掌握新词。近义词的比较学习法，既要比较它们的相同处，更要比较它们的不同之处。

近义词之间有的是语义的轻重不同，如"喜爱"与"溺爱"；有的是主观态度有别，如"请求"与"乞求"；有的是感情色彩会有差异，如"鼓舞"和"煽动"；此外还有词语搭配或语体风格的不同等。只有掌握了近义词在意义、用法和风格上的细微差别，才能真正提高语文素养和水平。

(2) 词义活用法

同样的一个词，在不同的语境下可能会有不同的意思，有时差别非常悬殊，这就要求孩子在学习词汇的时候要活学活用。有时为了巧妙地阐明某些事理或生动地表达某种情境，词语的感情色彩临时发生改变，如以下几种情况：

①反语。

反语是让字面上的意思与所要表达的意思相反，而产生一种特殊的感情色彩的方法。反语往往把贬义词褒用或褒义词贬用，如邓小平在《目前的形势和任务》中写道："我们全党全民要把这个雄心壮志牢固地树立起来，抱着不放，'顽固'一点，毫不动摇。""顽固"本是贬义词，这里采用加引号的方法，化贬为褒，不仅阐明了全党全民要有建设社会主义强国的信念，而且具有幽默风趣的表达效果。

②别解。

别解是先在字面上与对方的观点保持一致，接着便对词语作出另外的解释，从而表达出特殊的感情。如鲁迅在《忆刘半农君》中写道：

那些人们批评他的为人，是：浅。不错，半农确是浅，却如一条清溪，澄澈见底，纵有多少沉渣和腐草，也不掩其大体的清。

在这里作者先是似乎同意认为刘半农"浅薄"的观点，但随即又对这个词语作了另外的解释，即"淳朴"、"率直"、"真诚"。这就使"浅"这个原为贬义的词语具有了褒义，同时也表达了作者对刘半农人品的欣赏。

③望文生义。

望文生义是指故意使用词语字面上的意思，改变原来的意思和感情色彩，为新的表达内容服务。如郭沫若在《科学的春天》中写道："既异想天开，又实事求是，这是科学工作者特有的风格。""异想天开"本来的意思是贬义，指想法离奇，不切实际，在这里却化贬为褒，指"敢想敢干"。

归纳段落大意的两种方法

归纳一段文章的段意其基本要求是能全面准确地概括它的主要意思。第一是要不偏，第二是尽量不遗漏主要内容。

在具体写出一段文章的段意时，有繁、简两条路，下面就讲些具体的方法。

(1) 选取中心句

一段说明文或议论文往往有中心句，其他句子都围绕中心句组织，因此只要有中心句，稍作调整就可以成为这段文字的段意。有的记叙文也可能有中心句，也可采取此法。例如：

设计者和匠师们因地制宜，自出心裁，修建成功的园林当然各个不同。可是苏州园林在不同之中有个共同点，似乎设计者和匠师们一致追求的是：务必使游览者无论站在哪个点上，眼前总是一幅完美的图画。为了达到这个目的，他们讲究亭台轩榭的布局；讲究假山池沼的配合，讲究花草树木的映衬；讲究近景远景的层次。总之，一切都要为构成完美的图画而存在，决不容许有欠美伤美的败笔。他们唯愿游览者得到"如在图画中"的实感，而他们的成绩实现了他们的愿望，游览者来到园里，没有一个不心里想着口头说着"如在图画中"的。

这段话很明显是围绕第二句写的。首句写不同，用"可是"转到重点，写"同"，三句从实际写，四句总结三句，五句从愿望与实绩证明第二句。所以写此段段意只需在第二句基础上略加改动即可。当然还可再简略些，只写"概括苏州园林总体特点"也可以。

说明文的中心句多为对所说明事物特征的说明。议论文的中心句是这段文字的论点。

(2) 筛选字句概括法

有些记叙性文字，不好找到中心句或没有中心句，就可以采用筛选字句概括段意的方法。从一段话的各个层次中，找出最能概括一层意思的字句组合成一段的段意。例如：

　　大豆原产于我国，在古代称为"菽"，已有五千年栽培历史。20世纪初，大豆还只有我国和我国近邻的一些国家种植，近十几年，世界上到处引种，成了栽培面积扩大得最多的作物之一。目前，我国大豆播种面积有一亿多亩，产量居世界第三位。大豆品种众多，我国现有的品种不下五千种，无霜期在一百天以上的地区，就可以种植大豆，我国北起黑龙江的最北部，南至两广，大豆分布极广，东北地区、黄河淮河流域和长江流域，是三大集中产区。大豆色泽有黄、青、褐、黑和双色五种，籽粒大小差别很大：小粒品种百粒重只有四五克，大粒品种百粒重可达五十克，小粒的重量约是大粒的十分之一。大豆的花多在上午8~9点钟开放，开放时间只有一个多小时。全株的花开完大约需要半个月。

　　全段大致讲了以下几方面内容：第一，大豆原产我国，现在栽培面积扩大得很大，我国即有一亿多亩。第二，大豆品种众多，在我国分布极广，东北、黄淮及长江流域是三大产区。第三，大豆的色泽、籽粒差别及开花情况。从这些内容中进一步筛选，即可发现"原产"、"栽培面积"、"品种"、"开花"是概括力最强的词。再进一步调整语言即可形成本段段意：本段介绍了大豆的原产地、目前的栽培状况、品种及开花情况。

　　一个自然段可以如此概括段意，几个自然段合起来构成的结构段，也可以仿照这样的办法来概括段落大意。例如下面的段落：

　　一事不做，凭空设想，那是"空想"。不动脑筋，埋头苦干，那是"死做"。无论什么事情，工作也好，学习也好，"空想"和"死做"都不会得到进步。想和做是分不开的，一定要联结起来。

　　想和做怎样才能够联结起来呢？我们常常听说"从实际出发"这句话，这就是想和做联结起来的一条路。想的时候要从实际出发，就不能空想，必须去接近实际。怎样才能够接近实际？当然要观察。光靠观察还不够，还得有行动。举个例子来说，人怎样学会游泳的呢？光靠观察各种物体在水中浮沉的现象，光靠观察鱼类和水禽类的动作，那是不够的；一定要自己跳下水去试验，一次、两次、十次、几十次地试验，才学会了游泳。如果只站在水边，光是一阵子呆看，再发一阵子空想，即使能够想出一大堆"道理"来，自己还是不会游泳，对于别的游泳的人也没有好处。这样空想出来的"道理"其实并不算什么道理。真正的道理是在行动中取得经验，再根据经验想出来的。而且想出来的道理到底对不对，还得拿行动来证明：行得通的就是对的，行不通的就是错的。

一面做，一面想。做，要靠想来指导；想，要靠做来证明。想和做是紧密地联结在一起的。

三个自然段的关系正好是"总、分、总"的关系。首段提出观点，"想和做是分不开的，一定要联结起来"；第二段论述想和做怎样联结起来；最后一段是结论，想和做是紧密地联结在一起的。可以根据这个分析概括一下它的段落大意。

怎样让孩子写好考场作文

考场作文也就是考试时当场必须完成的作文。它与孩子平时练习的作文是有很大不同的，它主要有以下特点：

第一，有严格的时间限制。一般地讲，语文考试的内容包括基础知识、阅读和作文三个部分。完成考场作文的时间要占整个考试时间的一半以上。如果在前两部分花费时间过多，就有可能写不完作文，或者仓促结尾，字数达不到要求。平时的作文，在时间要求上相对来说是比较宽松的。

第二，环境气氛不相同。"考场如战场"，同学们精神都高度紧张，有一定的心理压力。并且，考场作文也不同于平时有老师的启发诱导，也不存在翻阅资料，而是各自依靠自己单独完成的。

第三，要求比平时作文严格一些。它的试题不能随意变动，让写议论文就必须写议论文，否则就是跑题。另外，试题的要求也比较具体一些。

以上这些都是考场作文区别于平时作文的地方，是孩子们写考场作文应当注意的。

作文在语文考题中所占分数较大，作文成绩的好坏对语文成绩的高低起着举足轻重的作用，所以写好考试作文是一件十分重要的事。那么，怎样才能写好考场作文呢？

第一，平时多下苦功夫。功夫不负有心人，要让孩子多读书报杂志，尤其是多读一些文学名著和当代优秀文学作品。同时，也要多动笔，坚持写日记，写作文。只要平时认真训练，注意积累材料，考场上是能够应付自如的。

第二，审好考试题目。这对写好考场作文来说，是关键的一步。要审清题目的时间范围，取材范围，抓住中心词，找到"题眼"。对题目的"要求"与提示一定要反复读。写作文时必须严格遵守，不能遗漏一条要求，否则就可能离题了。

第三，快速编写提纲或打腹稿。由于受时间的限制，考场作文一般不能打草稿，但必须要编写好提纲，打好腹稿。这样，心中有谱，知道写什么，怎样写，哪些该详，哪些该略，想得周全了，再动笔。如果在前边花时间太多，写作文的时间太紧，也可以不列提纲，但至少要打腹稿，在脑子中想清楚，再动手写，不要一拿住考题，看两眼，就急急忙忙下笔，这样容易写着写着写不下去了，或者写了上句忘了下句。为了防止类似现象的发生，一般还是应先列好提纲，并且尽可能写得详细些，以免时间仓促，遗漏重要内容。

怎样提高孩子的语文成绩

语文是学好各学科的基础。孩子语文学不好，会影响其他学科成绩提高。如果语文学得好，阅读、分析能力强，那么其他学科一定会学得轻松，学习成绩就不会落后了。怎样让孩子学好语文呢？

（1）做好课前的自学预习

每一节新课在老师讲之前，都要先自学一遍。自学的过程是先把课文读熟，然后分析思考这篇文章都写了些什么事？先写的是什么？后写的是什么？这篇文章是什么体裁，是散文、小说、诗歌呢，还是说明文、议论文？再从写作方法上，看它有什么新的特点。在预习中，如果遇到古代文言文的话，要尽量用通俗语言把它翻译过来，阅读分析之后再结合书后的练习题试做一下。对自学预习中碰到的一些难点、疑问，恰恰就是在学习过程中的难点或重点，如果能自觉地带着这些难点和疑问去听课，学习效果就会明显提高。这样，孩子的学习也会由原来的消极被动变成了积极主动。

通过课前预习提高阅读和分析能力。当把原文读得很熟之后，再像解剖麻雀一样，层层、段段地去分析、思考，最后再综合起来看它的中心内容是什么。分析概念的形成是思维在阅读基础上的升华与集中。升华与集中的准确程度体现了对文章阅读的熟练程度。俗话说"熟能生巧"，只有熟才能生巧。

（2）提高写作能力

唐代大诗人杜甫的诗句中写到"读书破万卷，下笔如有神"。要写好文章也是要从"读"上下工夫。首先是阅读语文课本上的文章，这些文章都是选编的精品，要熟读，好的文章、段落要背下来。其次是阅读与课本相关的辅助文章，如一些短文、小故事、诗歌等。第三是阅读一些关于指导学习的报刊、杂志及科普文章等。不宜读那些长篇巨著，更不要去看那些侠义武打、谈情说爱之类的小说，它们只能耗费孩子的精力和时间，对学习没有一点益处。在广泛的阅读中要注意积累，好的文章、段落不仅熟读、背诵，而且还要学会摘抄。例如，一些好的短文、诗句、警句、名言、典故等，都抄写在小本子上。读得多了，积累的资料丰富了，写文章的水平也就提高了。

（3）把握写作注意事项

①先列出提纲。根据文章题目要求，在动手写之前要先列出写作提纲，即先写什么，后写什么，围绕中心应该重点写什么。写作提纲越详细，文章写起来越感到省力。这样，一方面可以做到详略得当，另一方面还可以避免文章跑题。

②有真情实感。写文章选择材料时，要选用那些自己最熟悉、最了解的事例来写。能用第一人称的就不用第二人称，最好以自己为模特，写出来的文章才能给人以真实的感觉。可是，在实际作文过程中有很多人都打不开"我"的界限，总觉得以"我"为中心，把"我"的思想、错误想法说出来不让人家笑话吗？这种不敢解剖自己、不敢暴露自己的心态，也恰恰就是使你的作文写得空洞无物，没有感染力和真情实感的主要原因。如果你能放开手脚冲破自己的局限性，根据文章中心思想的需要，大胆地以"我"为模特，

为靶子，深刻揭示和剖析心灵深处的内涵，那么，你写出的文章才能吐露出真情实感，才能感人肺腑。

③写文章要注意有理有据。不要空喊口号，要让事实说话，要以理服人。

④注意点缀文章。尽量能引用一些成语、典故或名言，这样会使文章更有吸引力和说服力。

⑤其他。注意语言的通顺、精练，能用一句话说明的，不用两句，要结构清晰，格式规范，标点符号正确。最后，还要注意文章的首尾呼应，中心突出。

(4) 提高表达能力

在语文的学习过程中，光能写不会说也不行，那不成了"茶壶煮饺子，有嘴倒不出"了吗？所以，学好语文还要注意加强语言表达能力的锻炼。在课堂上，要积极大胆地回答老师提出的问题，不要害怕答错。在班会、团会、各种讲演会上，要积极争取发言，增加锻炼的机会。平时在学习、生活中要主动与同学交谈，三五个同学一块儿天南地北侃大山，指手画脚闲聊，都能练习表达能力，锻炼说话技巧。

总之，要学好语文，必须做到多读，多写，善于思考，勤于积累，这样成绩才会逐渐提高。

第九章 常见问题解决方案

孩子的成长是一个漫长而复杂的过程，家庭、学校和社会是影响孩子成长的三大环境因素。多年的研究告诉我们：孩子的问题病根植于家庭，病象显现于学校，病毒危害于社会。可见，家长的教育如同根的教育。正如教育家巴哈特所说："一个父母胜过一百个校长。"

为何我的孩子成绩不好

为什么我的孩子没别人的孩子成绩好？这个萦绕无数父母心头的困惑，是一个相当普遍的现象。我们这里所说的"成绩好"，并不只是指孩子在全年级或全班学生中总是排名在一二名。毕竟学习成绩能排在前几名的孩子是少数，多数时候，我们对孩子"成绩好"的要求应当是跟得上班里的其他同学，或者孩子在学习上自己感觉不是很困难，既有学习信心，也有学习兴趣。

东东和其他的孩子完全一样，上课专心听讲，回家认真完成作业，智力上也不比其他的孩子低……但为什么他就是不能获得好成绩呢？

如果您的家里正有一个像东东这样的孩子，我们建议您这样来找一找那个"为什么"。

首先，要了解您的孩子

谁不清楚自己的孩子呢？其实不然，这里指的了解，不是了解孩子的表面情况，而是孩子的气质特征、人格发展特点、心理状态等。如，孩子是好动的还是喜静的；孩子做事持久还是有头无尾；考虑问题全面还是丢三落四；孩子注意力、记忆力、意志品质、用脑习惯、智力水平及理想志向是什么；父母目前的教育方法是否正确，孩子是否能接受等等。这是改变孩子学习困难现状的第一步。

如果孩子学习上的困难，有生理、心理上的原因，而父母在短时间内可能难以弄清楚，那就有必要带孩子去做一些正规的咨询、测查，并接受指导和治疗。

第二，客观评价自己孩子的学习能力

对孩子的学习成绩进行分析，弄清哪门功课、哪些内容有困难？如果问题比较严重，当父母的自己没有能力解决，那就最好有针对性地去正规地方（机构）进行学习能力、智力水平、注意力、社会适应能力和行为问题的测查，以便给孩子的学习能力做出一个客观评价。

第三，发现问题就要解决问题，要有针对性地对孩子开展特殊教育

如发现孩子智力或学习能力方面有问题，应采取特殊教育。比如孩子真是有精神发育迟缓、弱智的问题存在，那就应当采取相应的科学的措施。

事实上，大多数学习困难的孩子最主要的根源是学习动机不明确！前面例子中的东东很可能就是这样的情况。转变这样的孩子，当父母的要使他明确学习的动机和学习的目的才是至关重要的。父母只有善于调动孩子的主观能动性，才可能让孩子把成绩搞上去，从而达到和其他孩子一样的水平。

在孩子的学习上，父母最容易犯的错误就是只重视对接受具体知识的培养，而忽视了对孩子学习能力的培养。这样的现象比比皆是。来自国内一些知名教育研究所的研究表明：从小能死记硬背唐诗并认字很多的儿童到了上学年龄并不比其他儿童的学习好，反而由于养成了死记硬背的习惯，使得他们接受新事物慢，学习不灵活；开始时由于自己积累了一些知识，认为学习并不难，对学习缺乏心理准备，一旦学习内容变得复杂了，自己不会时就易急躁而产生厌学。因此，父母要注意培养孩子的学习能力，而不是单纯地死记硬背。此外，还应注意培养孩子的注意力，使他能专心致志地学习，发展孩子的创造性思维、广泛的兴趣和好奇心。

再一个要涉及的问题是我们一些父母，当孩子考试成绩不好时，总会给孩子一些不利于孩子身心发展的打击和压制，比如打骂孩子。这些不当的行为，不仅达不到促进孩子学习的目的，还会增加孩子的思想负担，使孩子产生逆反心理。父母更不能去嘲弄或取笑孩子，比如，"你真没出息，怎么这么笨？"或"好！没关系，不就是少几分吗？没什么了不起！"父母这样的言行对孩子是极其有害的！

对于父母来说，应当尽可能消除孩子心理上的压力。比如，对孩子说："我理解你，考试并不容易。"这些温柔的话语，不但可以取得孩子的信任，而且多数情况下能够取得意想不到的结果。再就是父母应当与孩子的老师加强联系。这样做一是了解孩子的学习情况；二是请老师帮忙做工作，让孩子的同学理解孩子目前所处的困境；三是让老师给你一份关于孩子家庭作业内容及应完成的时间表，以便你督促孩子按时保质保量完成家庭作业。

当然，当孩子有了进步，父母采取适当的方式对他鼓励也是十分重要的。孩子毕竟是孩子，他们都希望自己的父母对他重视！

孩子的一切都十分正常，就是成绩平平。这一问题的更深层原因，不少专家认为是人们只重视对孩子智力因素的开发，而忽视了孩子心理因素在学习中的作用。2003年国内一家著名的儿童心理研究所，通过分析1235例孩子发生学习困难的原因时发现：由心理因素引起学习困难的孩子占87.4%，而因智力及特殊性发育障碍造成学习困难者仅占9.6%，其他原因占3%。由此可见，孩子产生学习困难的原因是复杂的，当父母的千万不能一概而论。分析发现，孩子因为心理因素而产生的学习困难，主要集中表现在以下几个方面：

学习环境。指学校的教学水平、师资力量、学习风气、社会和家庭对学习的重视程度等。

智力因素。指智力发展水平低于正常同龄儿童的平均水平。在智商数低于2个标准差以下，即智商在70分以下时，孩子易发生学习困难。智力因素受遗传、早期教育训练的影响。

非智力因素。指智力因素以外的一切对学习活动发生影响的因素，包括动机、兴趣、情绪、意志行为活动和个性特征等。它涉及心理卫生和健全人格的培养问题。

教师、父母和学生间的相互作用。这里指的相互作用是指教师、父母不仅要创造良好的学习环境，还要注意对孩子非智力因素的影响，创造民主和谐的师生和亲子关系。如果教师和父母给孩子施加刻板的、抽象的教育太多或寄予的期望值过高，久而久之，孩子会感到学习太苦、没意思，甚至出现厌学。还有的孩子因某些原因或学习方法等问题，不能达到教师及父母的满意程度，常受到讽刺、挖苦或与邻居孩子及其他学生攀比。长此以往，不但不能激发孩子的上进心，甚至孩子连自尊心也丧失了。这些因素应当引起父母们的高度重视！

孩子学习偏科怎么办

如果孩子把时间和精力都投入到一两门自己感兴趣的功课上，而将其他学科抛在一边，就会妨碍他建立合理的知识结构，更不利于学习的进步。因此，孩子学习"偏科"不利于发展。那么，家长应该怎样帮助孩子纠正学习"偏科"呢？

高二学生文新的英语学习成绩一直处于班里的中下游，这次期中考试英语成绩有了明显进步。但当妈妈去开家长会的时候，他仍然感到紧张，他总感觉老师又会把一些意想不到的事情告诉妈妈，使妈妈不高兴，回来后又免不了骂他一顿。家长会后的结果与文新想象的一样，妈妈对他的进步只表扬了两句，而后又开始数落他英语学习不用功和英语课上经常走神的毛病，而且态度极为严厉。文新无奈地说："我已经努力了，但没有让我得到应有的表扬，而是更多的批评，使我对这一科的学习失去了信心，以至于想放弃。"

家长们应该知道保护好孩子的信心是最重要的。如果家长处理不当，就有可能导致孩子偏科、厌学。家长要有耐心,纠正学习"偏科"不能一蹴而就。家长要热情地辅导孩子的"非优势学科",善于发现孩子的点滴进步,及时予以肯定和鼓励,激发孩子对该学科的兴趣,增强信心。长期坚持下去,学习"偏科"的问题就会逐渐得到解决。再如:

一位家长说:"我的孩子学习上偏好一门数学,有师生戏言他一天八节'数学课'(因为他把其他所有课的时间都用来解数学题)。为了调动他学习其他功课的积极性,我经常夸奖他是'数学天才'、'未来的华罗庚',并说只要像学数学那样用功,其他科的成绩是可以提高的。本意是想发掘他的'闪光点',带动他对其他学科的学习兴趣。几周后,事情朝着我越来越无法掌控的方向发展,其间我也作过不少努力,但一切都无济于事——他开始放弃其他学科,最后索性什么都不学了。"

为什么这个孩子如此偏爱数学?是因为他对数学有兴趣,只有数学才能找回做学生的尊严。因此把自己的全部精力放在了这门课上,却忽视了其他功课的学习。

为此,家长应当首先多对孩子进行练好基本功的教育。父母应当告诫他们,如果不学好语文、英语等其他基础课,在数学课上的优势就会逐步受到限制,没有扎实的、全面的基础知识,将来就没有能力研究更高深的数学问题,也没有能力在数学研究领域作出成绩。

其次,家长应**告诫孩子要重视知识的全面性,各学科之间是相辅相成、相互渗透、相互影响的**。例如,英语、数学学不好,电脑学习就很困难。要让孩子明白各年级开设的各门学科都是为了孩子的全面发展、经过科学论证和实践检验而设立的,偏废任何一门课程,犹如修建高楼大厦时地基缺了几样关键的部件,其后果是很严重的。从未来的工作需要看,日后每个人的工作都将是综合性的,且工作变动性很大、很快。一项工作的完成、一个问题的解决,往往要用到许多领域的知识——培养复合型人才已成为国内外教育界一个公认的目标。

由于中小学生"偏科"现象的存在,导致了眼下许多大学生"会说

ABC"（英语）、"会解 XYZ"（理科），但却写不出一篇像样的文章来，甚至给导师写假条都有错别字，用错标点符号，不懂格式——这些人不得不回头再补学中学的语文知识。事实证明，许多优秀的科学家，除了具有广博的专业知识以外，还有相当高的文学修养、艺术修养。

再次，在学习方法上，最好向孩子提倡交叉法，即交叉学习不同的课程。让孩子学一小时数学后，读半小时英语，再做一会儿物理题，这样不仅有助于提高学习效率，减少学习中的疲劳感，而且能促使孩子对各门功课都加以适当的温习。

最后，家长应当告诫孩子学知识不能仅从兴趣、情绪出发，甚至持"挑肥拣瘦"的态度。科学知识并不因为你不感兴趣而失去效用，"书到用时方恨少"应对我们有启发。

克服孩子学习上的偏科倾向，千万不能矫枉过正。在抓孩子其他基础课的学习时，不仅不应限制他对所擅长科目的学习，还应帮助他充分发挥自己的优势。俗话说，"不怕千门会，就怕一门灵"。孩子学有所长，比学而不专会更有出息。

孩子的学习效率不高怎么办

"头悬梁，锥刺股"、"凿壁借光"之类的故事，想必做家长的给孩子没少讲。固然，学习时要用功，要有吃苦的精神，但这只是提高成绩的一个方面，我们对孩子在学习上的教育往往忽视了对提高效率的培养，所以造成不少中学生"死读书，读死书"，累得疲惫不堪，成绩却不理想。

我们所有人都经历过学生时代，有的人驾轻就熟，有的人则事倍功半。其实，学习是否成功很大程度上取决于学习是否有效率，要提高学习效率有两点至关重要，一是专注程度，一是学习方法。下面就分别谈一下。

研究证明，专心可以集中精力，调动整个大脑神经系统来解决问题，高效率地完成任务。分心就会降低学习效率，甚至使人对本来可以弄懂的问题感到迷茫。

青少年好奇心强，可能对许多事物都有兴趣，但往往很难专注于某事，浅尝辄止，结果一事无成。有的父母也存在浮躁心理，喜欢攀比，见别人的孩子学啥，也要让自己的孩子学，恨不得天下所有的知识都要孩子知晓，所有的技能、特长都要孩子掌握。这只会造成孩子看起来什么都会，却无一技之长。培养孩子的专注力十分重要，父母在孩子小的时候就应该把孩子的专注力激发出来，当孩子做某事时，应要求他在规定的时间内完成并帮助他排除外界的干扰。其实，专注是所有人的共同特征。每个孩子的头脑里都有着专注的成分，只不过由于引导上的差异才导致了后天在这方面的差距。

至于学习方法则更是一个大问题。应该指出的一点是，每个成绩好的孩子都有自己的独特方法，要因人而异，逐步摸索出适合自己的学习方法，不可盲目照搬别人的。

父母为了帮助孩子提高学习效率，下列几条可供参考：

（1）培养孩子注意力集中的习惯

孩子学习的最大"敌人"就是注意力涣散。有的孩子在学习时，脑海里想的是电视机里正在播放的节目或是出去玩儿。有的则是看着语文想数学，看着数学想英语，拖拖拉拉。所以，父母要纠正孩子的这种不良学习习惯，使之养成专注于一件事的习惯。善于集中注意力的孩子学习起来比较省劲，效果比较好，也因此有更多的时间来休息和从事娱乐活动。

（2）要高度重视课堂教学

教师每次讲课都经过精心的备课，其课堂教学内容源于课本又高于课本，所以课堂的时间是非常宝贵和重要的。悉心听老师讲解，关注老师所提的重点，深刻理解老师分析的难点，对更好地理解课本，牢固地掌握知识会有很大帮助。课堂听课的效率将直接影响到课后的复习。只要高度重视课堂教学，那么在课后的复习巩固中就会真正体会到事半功倍的喜悦。

（3）给孩子营造一个安静整洁的学习环境

孩子的书桌上除了文具和书籍外，不应摆放其他物品，以免分散他的注意力，抽屉、柜子最好上锁，免得他随时都可能打开，在没完成作业的情况下去清理抽屉。书桌前方除了张贴与学习有关的如地图、公式、表格外，不应张贴其他吸引孩子注意力的东西。女孩的书桌上也不应置镜子，这会使她有时顾影"自美"或"自怜"。更不能允许孩子一边看电视，一边做作业。

(4) 要孩子在规定的时间内完成合适的学习内容

如果要学的内容很多，可以分段完成。有的父母因为孩子的注意力不够集中而在旁边"站岗"，这不是长久而行之有效的办法，因为长期这样，会使孩子产生依赖心理。研究表明能否集中注意力也与孩子的年龄有关，12~17岁的孩子注意力稳定的时间为45分钟左右。因此，如果想让十几岁的孩子连续几个钟头坐在那里学习，效果之差，可想而知。

(5) 合理安排学习内容的顺序

研究表明，开始学习的头几分钟，一般效率较低，随后上升，15分钟后达到顶点。根据这一规律，可建议孩子先做一些较为容易的作业，在孩子注意力集中的时间再做较复杂的作业。另外，还可使口头作业与书写作业相互交替进行。

(6) 注意劳逸结合

有道是："一张一弛，文武之道也。"告诉孩子在因脑力消耗而感到疲劳时应注意休息，放松一下肌肉和消除紧张状态，如吃点东西，到户外活动一下，看一会儿杂志，做视力保健操或做深呼吸等。

如何与孩子的老师沟通

相信没有几个当父母的人，不明白这样的道理——孩子由小到大的成长过程中，作为孩子的父母，不可能不与学校、老师打交道。

既然孩子在他人生的三分之一时间里，都是在父母、老师最直接的教育下成长的，那么，父母、老师之间的沟通和配合，对于孩子的成长来说，毫无疑问将是一件极其重要的事情！

现实生活中，由于父母与老师所处的教育角度不同，往往对同一个问题有不同的看法，发生矛盾并不稀奇，但关键在于我们要善于理解，积极沟通。

看看下面的例子：

文心是个十分活泼好动的孩子，在父母眼中他调皮可爱，在课堂上，却往往成为老师眼中的违纪分子。双方接触时，父母一方不以为然，老师一方却反应强烈，以至于父母在和老师第一次接触时，双方就不欢而散。

佩佩是一个学习成绩很好的女孩，但为人自私，厌恶劳动。遇到班里值日、扫除、公益劳动等，佩佩总是想方设法逃避。为此，全班同学对佩佩的意见都很大！当老师向佩佩的父母反映情况时，佩佩的妈妈认为孩子没错："我们是送孩子来学习的，不是来当勤杂工的，在家里我们都不让她干什么活儿，凭什么在学校让我的孩子劳动？"老师是一个刚参加工作的年轻人，听到佩佩的妈妈说这样的话，气得七窍生烟，情急之下，当众就与佩佩的妈妈争执起来。

不可否认，作为教师，在教育学生、对待学生家长时，也存在着这样或者那样的问题，比如处理问题简单粗暴、训斥学生家长等等。同时，也充分说明作为孩子的父母，如果能够主动、积极地与老师多沟通，那么很多关于孩子的问题都会迎刃而解。

为了让孩子受到更完美的教育，父母必须善于与孩子的老师沟通。比如，听到关于孩子的事情时，不要偏听偏信，应再听听其他同学的说法；或者说，直接与老师联系，弄清事情原委真相，与老师配合，进行有针对性的教育。

尽量与孩子的老师进行沟通，有时还涉及一些双方在沟通之前的情感交流问题。父母与孩子的老师，情感上的沟通越深入就越利于拉近双方的心灵距离。比如，当孩子父母是一个单位的领导，你到学校去和孩子的老师沟通、交流时，首先应把自己置身于一个普通父母的位置，与老师平等地交换意见，这样才会赢得老师更多的理解与尊重。

冬冬是一个身患心脏病的女孩子，受到同学与老师的多方呵护，但因她自幼丧父，加上对病魔的恐惧，常常对同学、老师发脾气。她的妈妈每次到学校来，都诚心诚意向每位老师致以谢意，并积极配合老师对女儿进行教育。直到病魔夺去了冬冬年轻的生命，许多老师才发现，那位悲痛欲绝的母亲，竟然是市政府分管教育的一位领导。

这样的父母在和老师的接触之中，不但能够就孩子的问题和老师进行有效的沟通，而且还会在与老师、学校的沟通、交流之中，赢得大家的尊敬！

在教育孩子的问题上，每位父母不妨做一下换位思考。当您一味心疼孩子的时候，先冷静冷静，试想如果自己是老师，可能会怎样想、怎样做，这样更有利于与老师配合，从而获得更好的教育效果。

有些父母忙于工作，忙于挣钱，往往认为孩子多数时间在学校，就该归老师管。这是一种对孩子极不负责任的表现。每位父母不论工作多忙，都不应推卸责任。要积极、主动地与校方联系，及时解决出现的问题。即使孩子在校表现很好，也应多与教师沟通，融洽彼此的关系。

在与教师的交往中，应注重思想上的交流，心灵上的沟通。一定要避免当着孩子的面，对老师请客、送礼。这种行为会污染孩子纯洁的心灵，使之不能正确看待老师的教育。

父母与教师虽然角度不同，思想观念也存在着种种差异，但目标是一致的，就是把孩子教育成人，教育成有用的人。在这个共同的大前提下，只要双方善于沟通理解，就会取得令人满意的教育效果。

孩子对学习成绩不在乎怎么办

据一项调查，低分数的学生中，对成绩满不在乎的人数占三分之一。这是很值得家长重视的问题。这部分学生是介于优生与差生之间的学生，他们经过刻苦努力可赶上优生，若长期被忽视，则很可能成为差生。对低分学生是拉一拉还是推一推，是反映家长和教师的教育艺术水平的分水岭。特别是对待分数低而又满不在乎的孩子，要让他们能正确地对待分数，从分数低迷困境里走出来，转化为学习成绩优秀者，是家长义不容辞的责任。下面的案例就说明了这一点。

冯洪医生的女儿学习成绩差，作为父亲他很着急。可是女儿对此却满不在乎，她认为学习成绩高与低没什么大不了，考不上大学就和几个女伴一起去珠海打工。冯洪明白，要让女儿走出低谷，靠她自身的力量肯定是不够的。冯洪决定用自己的智慧来帮助她。

一天，冯洪在女儿书包里发现一张只有25分的数学成绩单，他只当不知道。又过了些日子，女儿拿回了一张58分的数学成绩单，让他签字。他提笔在试卷上写道："她上次考了25分，这次考了58分，有很大的进步，请老师给予鼓励和表扬。"数学老师当着全班同学的面念了出来，并说："冯冬青同学有了进步，让我们鼓掌，为她加把劲！"女儿很感动，一股从未有过的自信油然而生。5个月后，冬青的学习成绩在班里达到了中等水平。

造成孩子对自己的考试分数低又满不在乎的原因是多方面的。从调查中得知，造成这种现象的主要原因是孩子对考试分数缺乏正确的认识。有的学生因自己总是得低分数，对提高学习成绩失去信心；有的是对某些学科失去了学习兴趣，有的是考试时"马虎"，总得不到高分，有的学生对某位老师有看法，说："如果这位老师教，我就得不了高分"，等等。您的孩子对低分数满不在乎的原因是什么？是主观原因，还是客观原因？仔细分析后才能对症下药，有针对性地解决您的孩子对分数低而满不在乎的问题。

总结优秀家长在解决孩子对分数低满不在乎，对考试分数没有正确认识的问题方面的经验，对广大家长一定很有帮助。

（1）教育孩子正确对待考试分数。考试是一把双刃剑。当前，我国中小学一般还是沿用考试分数作为评定学生成绩的尺度。对待这把尺子一般有三种态度：有视"分"如命的；有满不在乎的；有正确对待的。对那些对考试分数满不在乎的孩子，家长要重视。家长首先要正确地对待考试分数，然后对孩子进行教育。应对孩子指出，考试分数是评估学生成绩的一种方法，它具有相对的合理性，表明了孩子在一个方面的能力和水平。所以，应教育孩子重视考试分数。对每次考试的分数要进行分析、总结，找出考试成绩不好的原因，鼓励孩子对争取好成绩充满信心，乐观进取。

(2) **帮助孩子找到自己的优势，所擅长的学科**。家长可以把自己孩子所学的八个学科：语文、数学、英语、物理、政治、生物、历史、地理的学习成绩做认真分析。经过分析找到优势所在，帮他充分发挥优势，带动较弱学科的学习，从而使学习成绩得到提升。

(3) **帮助孩子找出丢分的原因**。有专家分析，孩子在考试卷面上丢分主要有三方面的原因：①马虎；②没记住；③没理解。家长可对孩子的每次考试试卷成绩进行分析，看看是属于哪一种情况，然后有针对性地指导，避免下次再出现类似的毛病。

(4) **帮助孩子制订提高分数的具体方案**。应结合学科特点，一学科一学科地采取措施具体落实。从所学知识应具备的能力、学习态度和应达到的目标等方面进行具体指导，孩子的学习成绩就有望得到提高。

(5) **帮助孩子树立信心**。当您的孩子对成绩满不在乎时，家长不要一味训斥，更不要对孩子丧失信心，而应想方设法帮助孩子树立自信心，设法让孩子看到自己的进步，利用大的求知环境来激励孩子立志发奋。在这里，"有志者事竟成"具有双层含义：家长有志，挖掘孩子的潜力；孩子立志，最终获得学业上的成功。

如果孩子能正确地对待考试分数，就能从不良情绪中解脱出来；如果用科学的方法指导孩子科学用脑，孩子就会产生学习的兴趣，学习成绩也一定会提高。

如何指导孩子上网学习

今天，电脑走进千家万户，成为孩子们的伙伴。与孩子们积极上网的行为相对应的，是很多家长走进了反对孩子上网的行列。经常能在媒体上见到关于孩子上网的负面新闻，使很多家长对孩子上网持观望或者反对的态度。但是，电脑和网络的发展是一种必然趋势，家长一味地阻挡并不能解决问题，与其"堵"不如"疏"。

聪聪的爸爸是一位电脑软件设计工程师。受爸爸的影响，聪聪对电脑充满了兴趣。每天放学回家做完作业后，聪聪就会在网上漫游，或者查找他学习中需要的资料，或者下载他喜欢的动画图片，偶尔也打打网络游戏。爸爸很尊重聪聪的爱好，经常给聪聪一些指导，告诉他怎么预防"黑客"，怎么清除网上垃圾，还向聪聪提供一些网址，满足他查资料、下载图片的需要。为了聪聪的健康成长着想，爸爸和聪聪达成了一项协定，规定聪聪每天上网的时间不得超过一小时，如果坚持做到了，作为奖励，周末可上网两小时。上网时，要遵守网络安全，如果发现有违法网站或网页，向爸爸提出或向相关网站举报，可获得物质嘉奖。聪聪上网时不关上书房的门，爸爸和妈妈也不能随意走进聪聪的书房，得敲门经过聪聪的同意后才能进入。聪聪很乐意地接受了协定，并严格地遵守。爸爸妈妈高兴地看到，聪聪并没有因上网而影响学习，反而对学习更有兴趣了。聪聪常常告诉爸爸妈妈，因为他上网查到了丰富的资料，在课堂上能讲出很多同学们都不知道的知识，老师夸奖他是个善于学习的孩子。他还把美丽的图片和同学们一起分享，很多同学都喜欢和他玩。

您是否认为这是一个成功指导孩子上网的家教案例呢？我们来共同回顾一下整个事情的要点：①聪聪很喜欢上网。②爸爸对聪聪上网表示理解。③爸爸对聪聪上网给予支持和建议。④爸爸和聪聪之间制订了协定。⑤聪聪严格执行了协定，并取得了收获。从聪聪的爸爸指导孩子上网的事情中，我们可以总结出一些指导孩子上网的方法。

第一，尊重孩子的兴趣、爱好和选择

心理学研究表明，呵护孩子的兴趣，把他的兴趣引向深入，使其向好的方向发展，能帮助孩子更快进步。聪聪的爸爸显然是一位明智的家长，当他了解到聪聪对上网感兴趣时，便顺应孩子的兴趣，告诉他一些上网的小绝招，这使得聪聪在心理上拉近了与爸爸的距离。这种心理上的认同，让孩子感到父母通情达理，能尊重自己的选择，就会愿意和父母分享自己的喜好，做事不躲躲藏藏，而是坦坦荡荡。有的家长喜欢把自己的想法和喜好强加在孩子的身上。要么自己不喜欢电脑，不喜欢上网，就认为上网不是一件好事情，要么一味强调网上有不健康的内容，就不许孩子上网。家长这种不尊重孩子的态度，首先就把孩子推到很远的位置，又如何谈得上对孩子上网的指导呢？

第二，给予孩子建议和指导

也有一些家长把尊重与干预截然分开，认为尊重孩子就是要相信孩子，不必管得太多。这种想法是错误的。原因很简单，孩子还小，在很多方面尚不具备辨别能力，他们需要家长的指导和帮助。怎样帮助才能使孩子最容易接受？聪聪的爸爸为我们做了很好的示范。孩子要查资料，喜欢下载图片，爸爸就为他提供一些网址。在聪聪看来，爸爸多好啊，不仅支持他上网，还告诉他喜欢的内容可以在哪些地方找到。爸爸不仅赢得了儿子的信任，实际上心中也对聪聪上网安全有了数。聪聪爸爸做得好的方面还在于，他不仅告诉孩子哪些网址好，还做到了"防患于未然"，告诉孩子怎样防"黑客"，怎样清除网上垃圾，这对于抵制那些不良信息对孩子的干扰是很有用的。

第三，制订家庭公约，约束孩子的上网行为

如果说尊重孩子的兴趣选择是一种"放"，那么制订协定约束孩子的上网行为就是一种理性的"收"。我们看到，聪聪的爸爸对孩子的上网不是没有约束的，在协定里明确规定了每天的最长上网时间、上网环境和行为。每天上网一小时的规定，是基于对聪聪视力的保护，而"每天上网不超过一小时，如果坚持做到了，作为奖励，周末可上网两小时"则是引导聪聪在上网的过程中做到自律。聪聪爸爸的良苦用心还表现在要求聪聪上网时打开房门，家长也不能因此随便闯入，必须敲门后才能进入。有的家长担心孩子上网后会看到色情内容和图片，就不许孩子上网。同样，聪聪的爸爸也有这样的担心，但是他的做法好得多。让聪聪打开房门是对聪聪行为的约束，他会意识到不能去看不该看的网页，敲门后才能进入孩子的房间，又是对孩子的尊重，不因为打开门孩子的自由空间就被剥夺。聪聪爸爸的又一独到之处还在于，爸爸指导聪聪发现违法网站进行举报，这一方面强化了孩子分辨是非的意识，另一方面也让孩子在上网过程中有了法律观念。

"放"与"收"之间,体现了家长在教育孩子时的智慧。

孩子注意力不集中怎么办

有些孩子很聪明,可由于上课不注意听讲,在家里写作业时注意力又不集中,影响了学习成绩。

其实,孩子的注意力是可以在培养中形成的。如,孩子坐下来刚学习时,父母可以先让他们学习最感兴趣或较容易的东西,待精神集中后,再学习其他东西,这样效果会好些。

美国有个教育研究所,曾把一些学习好的孩子与学习差的孩子混编在一起,然后对他们进行了一系列的测验。结果发现学习好坏的一个关键因素是注意力能否集中,即学习好的孩子能够长时间地精神集中在学习任务上,而学习差的孩子在学习时总是心猿意马,不能专注。

要培养和锻炼孩子的注意力,父母须注重以下几个方面:

(1) 让孩子养成专注的学习习惯

不少父母对孩子的知识学习十分重视,但对培养孩子良好的学习习惯却认识不深。实际上在入学前,家长不要只着力于抓孩子的识字、写字、背诗、数数等,更要帮他们养成仔细、耐心、专注的学习习惯,教育他们在做一件事实,不管这件事是有趣还是无趣,是易做还是难做,都必须善始善终,专心致志,而不能分心旁顾。

(2) 帮助孩子安排好学习、休息、活动的时间

家长给孩子安排学习任务,时间一般不宜太长。根据心理学的研究表明,5~7岁孩子能够集中注意力的时间平均为15分钟,7~10岁的孩子为20分钟,10~12岁的为25分钟左右。

所以,学习一段时间后,应该让孩子放松活动或休息一下。孩子疲劳了就让他们动一动,喝点水,吃点东西,切忌一天到晚都强迫孩子坐着一动不动,越是这样,孩子就越不能专心。

(3) 保持孩子学习环境的清静

在日常生活中,家长应避免在孩子学习的地方忙这忙那,或出出进进,更不要从事一些对孩子特别有吸引力的活动,如看电视、聊天、打扑克等。否则长此以往,孩子势必养成东张西望,心神不定的不良习惯。所以在孩子学习时,家长最好也能坐下看点书读点报,或做一些不惹孩子注意的事情。

(4) 游戏是培养孩子注意力的好方式

在家庭活动中,家长要有意识地让孩子做些集中注意力的游戏,比如玩拼图、搭积木等,使孩子在浓厚的兴趣中,养成专注的习惯。此外,孩子在玩游戏时常是全身心地投入,在其聚精会神的时候,家长切不可随意打扰、干涉,因为此时不断地干扰孩子,会弄得他们一阵急、一阵恼,不利于他养成做事专心致志的习惯。

该不该为孩子请家庭教师

期末考试后,王明、赵飞和李芳的家长同时发现了一个问题:他们的孩子其他科成绩都很好,就是数学成绩欠佳。该怎么办呢?

镜头一:王明的爸爸和妈妈回家一商量,在假期为孩子报了几个课外数学辅导班。王明好不容易放了假,却还要学最头疼的数学,死活不愿意,最后在家长的坚持下,辅导班还是不得不上。

镜头二:李芳的妈妈没有着急为孩子报辅导班或请家教。她先到学校和数学老师沟通了一下,老师说,李芳在课堂上理解得很快,但是只听老师讲,不愿意记公式,也不愿动笔做,这样考试的时候记不住公式,做题的步骤又不全,所以成绩总是不好。了解了原因之后,为了让李芳克服这个毛病,妈妈回家让她做一道自己最爱吃的番茄鸡蛋菜。李芳高兴地答应了,可一拿起锅,她发了愁:油、盐应放多少呢?鸡蛋和番茄还有葱,什么该先下锅?平时看别人做挺简单,自己做怎么就无从下手了呢?这时,李芳的妈妈适时地说："看花容易绣花难，做饭如此，学习也一样，只有经常多实践练习，才能取得好效果。懒惰是学习的大敌啊！"妈妈的话让李芳思考了很久。

镜头三：赵飞的妈妈也对孩子数学差的问题与老师和孩子进行了交流，孩子说，自己的理解能力较班级其他同学相比有些慢，老师讲的问题她总是跟不上。征得了赵飞的同意后，妈妈为赵飞请来了家庭辅导老师，针对她的情况及时给予帮助，把所缺失的知识补上来。

很快，假期过去了。开学之后的第一次考试，李芳和赵飞的妈妈惊喜地发现，孩子的成绩提高了，孩子的自信心也重新恢复了。可是，王明的数学成绩还是没有提高，甚至比以前下降了。这是为什么呢……

家长为自己的孩子请家教，总是因为孩子在学习上出现了一些偏差。比如，孩子某一门功课成绩较差，或是孩子的应考能力较弱等。家长希望能够通过家教，把自己孩子所差的功课及时补上来。但是，每个学生自身的情况是不同的，因此家长在请家教前应明确以下两点：其一，并不是所有的孩子都需要请家教，大多数孩子是不需要请专门的家教的；其二，即使确实需要请，家教也仅是学校学习的辅助手段，孩子学习主要还是在学校，不能本末倒置，重家教而轻学校教学。

接下来要考虑的是，自己的孩子究竟有没有必要请家教？通常情况下如果孩子有以下几种情形家长可以请家教：

①某门学科基础太差，不及时补课会无法听懂教师讲课；

②孩子因生病等原因缺课，不补上所缺内容会影响新内容的学习；

③学习思路不清晰，学习方法不对头，虽十分努力但学习成绩仍在班内靠后；

④转学后对新的学习环境不适应；

⑤性格内向、学习遇到困难也不愿请教老师和同学，疑难问题越积越多。就像镜头三，赵飞的妈妈为她请来了家教，效果就很好。

有些孩子出现偏科，不是以上原因造成的，而是自身学习态度不端正，学习兴趣低落，缺乏刻苦钻研精神等原因造成的。对这种情况，家长应与学校老师配合，解决孩子的心理障碍，帮助孩子克服自身的缺点，不要盲目请家教。镜头二中李芳出现偏科的原因是：学习上懒惰，缺乏认真钻研的精神。家长帮助孩子克服了这个毛病后，学习成绩很快就得到了提高。

另外，家长对孩子的学习状况进行全面分析后，如果有必要为孩子请家教的，也应注意如下几点：

（1）无论属于哪种情形，请家教只能是暂时性的，时间长短视孩子自身情况而定，无论如何不能与孩子的学习生活"形影不离"，一旦基本问题解决了，应立即停止；

（2）要为孩子挑选合适的（不一定是名气很大的）、有丰富教学经验的家庭教师；

（3）家长不能把孩子交给家庭教师就不管了，而应掌握孩子的学习和心理状况，及时与孩子、学校教师和家庭教师沟通，把孩子的学习习惯、学习特点和学习现状介绍给学校教师和家庭教师，以便"对症下药"，从而达到理想的教育效果。

第三篇

如何让孩子更聪明

第一章　发现和培养孩子的特长

第二章　让孩子科学使用大脑

第三章　如何增强孩子的体质

第四章　孩子健脑益智食谱

第一章　发现和培养孩子的特长

奥地利著名画家珂珂希卡说："所有人生来就是天才，所有孩子都是富有灵感的艺术家。"我们先假设这种观点是正确，但是为什么绝大部分的人都没有成为艺术家呢？至少有一点是可以肯定的，那就是缺少训练。孩子即使有美术天赋，不训练也难以成才。珍惜孩子的艺术创造力，训练孩子的艺术思维，这不仅是培养艺术人才的最佳办法，对孩子全面发展也十分有益。

如何发现孩子的特长

所谓特长，就是某方面的特殊能力。孩子的特长就是孩子在学生时期（包括幼儿期）表现出来的一种特殊能力，这种能力很可能表现为一棵萌芽，它是才华的起点，但还不等于才华。

特长和才华之间的界限并非一道鸿沟，当孩子有某种特长的时候加以培养，发展起来就是才华。目前在我们周围的教育中，有什么培训班、兴趣班等，这种培训班或兴趣班的目的就是从特长角度出发，使孩子的某方面能力发展为显著的才能，使孩子终身受益。

孩子具有某方面的特长，无疑会给孩子的前途带来好处。许多学校在录取新生时都注意孩子的某些方面的特殊才能，如有的在奥林匹克竞赛上夺得名次的，在录取时适当地优先考虑。有的学校甚至于非常看重考生的某一方面特殊才能，而其他的功课反而变成了参考指标。当然，我们并不是提倡孩子只要有一门功课学得特别好就不用管其他方面的功课了，而只是说特殊才能有助于凸显孩子，当孩子在许多方面同其他人差不多而多了一项优势时，无疑就为孩子在升学之时增加了一定的筹码。

怎样去发现孩子有哪方面的特长呢？

请家长们认真地从下列几个方面来观察并判断，你的孩子是否有某种特殊的才能？以便利于您及早、及时地对他进行早期的自然教育。

（1）善于记忆背诵诗句和文章。

（2）随时注意他人的情绪变化，并能感受到他人什么时候伤心或高兴。

（3）常常能够提出像"什么时间开始的"这一类问题。

（4）很少因空虚而不知所措。

（5）动作协调优美。

（6）可随着音乐跳舞或唱歌。

（7）常常问："闪电是怎么回事？""云又是怎么形成的？"这类问题。

（8）假如在他非常熟悉的故事中更换了一个词，他会马上改正过来。

（9）能够十分容易地学会骑自行车、溜冰等。

（10）非常愿意扮演各种角色，并喜欢编故事。

（11）走在大街小巷中，他能指出这里或那里他曾来过。

（12）喜欢听各种乐器演奏，根据乐声能够判断出是哪种乐器。

（13）善于绘制地图、描绘物体。

（14）善于模仿别人的各种动作和表情。

（15）善于按照大小和颜色对玩具进行分类。

（16）会把自己的行动和感情联系在一起。

（17）喜欢讲故事，并且讲得绘声绘色。

（18）可以对不同的声响进行评论。

（19）第一次见到某人，他就会说："他使我想起了某某。"

（20）能够准确地判断自己"能做什么"或"不能做什么"。

在以上20个方面中：

第1、8、17属于语言能力。

第2、19 属于对他人的认识能力。

第3、7、15 属于数学逻辑能力。

第4、11、13 属于空间知觉能力。

第5、9、14 属于运动知觉能力。

第6、12、18 属于音乐能力。

第10、16、20 属于自我认识能力。

父母可由此判断自己的孩子具有哪个方面的特长，并根据孩子的特长加以培养，使其在将来具有某一方面的才华。

在这里，我们仍然要提醒父母注意的是，所谓特长，并不是我们后面所说的才华，特长只是以兴趣为前提，然后在某个方面培养成孩子的特殊专长。也就是说，特长仍然是一种可能性，即才华发展的可能性。

这种可能性是每一个孩子都具有的。只要父母学会激励、欣赏、发现、训练、培养，每一个孩子都可以有自己的特长所在。而才华和天才则通常是无法培养的，但不能否定的是，许多的孩子才华就是在特长培养的基础上发现和发挥的。也就是说，特长可能是才华的起点，但我们一下子不可能立即发现孩子的天赋和才华，所以我们提出了"最佳特长设想"的概念和方法，这是一种比较实际的做法。

不少父母对自己孩子的前途忧心忡忡，因为他们看不出孩子的兴趣和特长所在。他们愁眉苦脸地说，该做的似乎都做了，又买琴又买画笔什么的，但这孩子，偏偏啥也不上心！这种现象是十分正常的，父母大可不必忧虑。天才毕竟只是少数，父母都有希望孩子成为天才的愿望，但也要有孩子不是天才的心理准备。只要孩子能够成才就行，不一定非要成为天才。

如果孩子没有特殊的兴趣，也难以发现孩子的最佳特长时，该怎么办呢？**每一个孩子都存在着各种兴趣和特长的幼芽，兴趣是可以培养的，父母的任务不仅仅是去尊重已存在的兴趣，更重要的是培养孩子的其他兴趣。**如果父母能够让孩子体验成功，让孩子感受赏识，让孩子发现乐趣，那么孩子的兴趣肯定就能培养起来。

当孩子显示出早慧的火花，父母没必要大喜过望，以至于揠苗助长，要考虑的是如何使火花明亮而炽烈燃烧；孩子表现平平，父母也不必垂头丧气，孩子的各种基本能力的发展具有极大的潜力，无论是运动、言语，还是其他任何特长，孩子的长处和短处往往是环境与教育的结果。

开展才艺活动对孩子有哪些影响

（1）知觉能力的培养

知觉是指视觉、听觉、触觉三种感官能力。一切由外界环境事物引起的刺激，经由感官进入孩子内心形成的个人对事物的了解便是知觉。学习才艺，无疑增加了孩子和外界事物的接触，例如绘画中的颜色、光暗、线条，物体的大小、方向位置，一一刺激着孩子的视觉，在孩子内心形成强烈的感受。

而声音，通过优美的旋律和节奏，更容易进入孩子的内心。有教育学家提倡，当孩子画画时，播放一些轻松的音乐，有助孩子表达内心世界，这时也是训练视觉和听觉最好的时机。

至于触觉，在日常生活中，孩子不断以手、脚、身体去感受环境：皮球是圆而光滑的，榴莲的皮是硬而带刺的，小猫咪的毛柔软而丰富。通过进一步的触觉训练，孩子从触觉带来的快感，可渐渐发展成运动触觉，令身体反应更加灵敏。

才艺活动可及早开发孩子的知觉能力，视觉、听觉、触觉三种感官能力配合，还能丰富创作作品，可谓相得益彰。

（2）想象力和创作力的培养

一般人可能以为想象力就是天马行空、毫无根据的思想行为，其实想象力是指根据已往经验，在旧有的认识中发现新元素，并把这种新旧的关系表现出来。例如面前平凡无奇的一个空置汽水罐，想象力丰富的人，可以用它来种花、养鱼、制作乐器、装饰品、玩具车，甚至以它为题写一篇文章……至于创意，则是指能超越平常的法则，推陈出新，体验到别人无法体验的东西，那是一种"异于一般人智力的一种独立心智活动"。

既然想象力和创意都是以日常事物为基础，那么两者就都可以通过后天训练而改进。方法很简单，诀窍就是：多看、多听、多摸索、多想。如果父母能让孩子在才艺活动中自由发挥，采取不干涉的政策，让孩子多摸索和接触，扮演着刺激思考、鼓励尝试的角色，相信孩子自能在健康环境中成长，成为热情、具有想象力和创意的人，这正是如今不断变化的社会最需要的人才。

(3) 良好心理素质的培养

孩子在成长过程中，由于个人的天赋和能力不同，加上生活环境的差异会有不同的自信心的表现。有些孩子学习能力较强、吸收新事物的速度较快，处处得到老师和长辈的赞赏，结果是过分自负，样样事情都争着做，极力表现自己。这一类孩子习惯在你未把话说完前，就已经开始行动。

不过让家长头痛的是，当自负的孩子遇上挫折，往往难以承受，比自卑的孩子更难接受失败。通过学习才艺，可以令孩子的自信心得到适度的调整。在参加艺术活动的过程中，孩子渐渐掌握个人才华、能力，明白自己的强项和弱项所在，从而使自信心更切合实际。

(4) 帮助孩子认识自己

对于自卑的孩子，参与艺术活动对他们的帮助更大。一般来说，孩子自卑心理的形成，往往是因为学习成绩欠佳，或于一般纯粹的智商衡量能力的活动中表现不理想所致。但不少例子表明，这些孩子的右脑能力却极强，富创意和感性，对美感或空间触觉敏锐，他们就像一块好玉静待琢磨。

如果孩子未能在一般学科成绩上有良好表现，也不要太勉强，孩子的才华或许不在那里。不妨让他接触艺术活动，当他发觉自己才艺的天分能得到别人的赞赏和认同时，自信心便自然建立起来，对做别的事情也有帮助。当他们能够坦然地面对自己的长处和短处，知道自己的才华所在，对自己的能力不再抱怀疑态度，便能恰如其分地表现出自信。

艺术着重表现个人风格，好的作品往往充满个人色彩、展现个人独特的好恶心理。所以通过才艺活动，孩子能够逐渐建立鲜明的个性，培养自我观念意识。在表现自我的过程中，也能让孩子确实领略个人独特之处，增强自我、肯定自身价值。

(5) 才艺活动可以充实丰盛孩子的人生

才艺活动不单拓宽了孩子的视野，更重要的是它能使孩子培养出主动积极、懂得如何发掘生活趣味的能力。

现代社会物质生活大大改善了，可是精神生活却变得十分贫乏。即使是几岁大的孩子也会埋怨生活无聊、无所事事。结果终日沉迷在电子游戏中，对身边事物毫无触觉；面对抑郁时，又没有可以宣泄的途径，精神生活愈发贫乏。久而久之，怎么不变成散漫、怠惰、欠缺积极主动性呢？

相反，孩子若能掌握一两项艺术技能，投入其中，必能享受到极高的精神满足感，这种体验对他一生受用。很多投入社会工作的人，在繁忙劳碌的生活中，兴趣成了他们消除疲劳、再次振作的动力。所以学习才艺，尽管不一定要视它为终身兴趣，它还是可以成为我们终身的精神伴侣，让我们体验充实丰盛的人生。

怎样培养孩子的艺术素养

对孩子进行艺术的美学教育，让孩子接受艺术美的熏陶，培养孩子高雅的审美情趣，丰富孩子的情感世界，将有益于激发他们的审美想象力和创造力。这对培养孩子的综合素质，提高孩子的生活品位是大有益处的。古今中外很多伟人在艺术修养方面都有很深的造诣。鲁迅先生除了大力倡导美术活动外，自己也非常喜欢艺术欣赏。恩格斯不仅会画画，而且非常喜欢音乐。

或许有的家长会说，我们没有艺术细胞，也不懂得艺术，我的孩子将来也不可能成为音乐家、画家培养他的艺术欣赏力，既浪费精力又浪费时间，何苦呢？还有的家长认为，给孩子报个艺术培训班，学学琴、练练字，或在家里摆架钢琴，贴几张好看的风景画就行了。这些认识和做法都是不正确的。让孩子欣赏艺术美，是培养孩子审美能力的重要手段之一。在一个人的成长过程中，绝不能离开审美素质的培养。如果一个人没有追求美的欲望，不会感受美、欣赏美和评价美，他就失去了最简单的快乐。

曾经有这样一位母亲，家里条件不是很好，但是哪里有音乐会或者书画展，她都会带着自己的儿子去。如今，她的儿子已经成为一名科学家，但仍然坚持着母亲多年来留给他的习惯，无论多忙，只要有艺术活动，他都争取参加。他说,欣赏艺术,让我领略到了太多的美,真实地感受到艺术无处不在,美无处不在,使我更加热爱生活。感谢我的母亲,是她给予了我感受美的眼睛和耳朵,是她用自己充满美的心灵给了我这一切。

对孩子而言,有这样的母亲是幸运的,尽管自己的艺术鉴赏力不够或者很差,但是她却用心去培养孩子。她的成功之处在于,长期坚持不懈,而不是赶时髦、求虚荣,通过一次次的引导,一次次的启发,让孩子从中体验艺术美,以致孩子成为科学家以后,仍然带着艺术美去感受生活和工作的乐趣。培养孩子的审美能力,不能操之过急,想靠一两次活动就立竿见影是不大可能的,需要一个长期熏陶的过程。可以想见,如果让孩子今天练钢琴,明天练舞蹈,后天练绘画,孩子根本就进入不了审美状态,形成不了兴趣热点,他怎么可能有美的感受呢?

培养孩子的艺术审美力和欣赏力,家长的指导和点拨是非常必要的。根据不同的家庭条件,家长可以尝试从以下几个方面培养孩子的艺术素养。

(1)鼓励孩子广闻博采,扩大知识面。孩子在青少年时期,一般很少有更多深刻的生活感受,鼓励孩子多读有益的课外书(不仅是文学艺术方面的),让孩子从书中了解人类社会生活的更多方面,开阔眼界,使孩子加深对生活的认识,同时也提高孩子的艺术鉴赏力。

(2)让孩子接受艺术教育。根据居住地的文化条件,家长可经常带孩子去看展览会、听音乐会,使孩子有机会直观感受艺术美。还可以让孩子参与艺术活动。学校里的合唱团、小乐队、话剧队、朗诵组、绘画组、工艺制作小组等等,都是为培养孩子艺术素养而设立的。而社会上的业余艺术学校、少年宫、博物馆、群众艺术馆等场所,同样为开阔孩子的艺术视野并提高其艺术实践能力创造了一定的条件。

(3)家庭艺术熏陶。有艺术专长的家长,要发挥自身优势,使孩子"近水楼台先得月",引导孩子进入艺术殿堂。无艺术专长的家长,应善于利用身边的艺术媒体,和孩子一起体味艺术的魅力。以动画片为例,一部好动画片就是一部好的艺术作品,爱看动画片是孩子的天性,家长不应剥夺孩子这种爱好,而应创造条件让孩子看。看完后,可以问孩子:"故事主要讲了些什么?你最喜欢谁?为什么?你受到了什么启发?"这样,孩子在欣赏优美的画面和动人的故事时，不仅能产生艺术的想象，受到艺术美的熏陶，还能学会思考美和丑，学会做人。

（4）引导孩子在玩中感受艺术美。 比如不少孩子都喜欢玩，只要家长引导得好，非但不会影响学习，反而会产生"正迁移"作用，使孩子的欣赏力、想象力和创造力等能力不断提高，在扩展知识、提高能力的同时，受到艺术的熏陶。

（5）引导孩子在大自然中感受艺术的力量。 家长可以引导孩子去注意周围的事物，接触花草树木，接触泥土，接触河流，接触动物，让孩子把一年四季自然界中生命的动态、形象、色彩和美好事物，用作文、唱歌、跳舞、画画等形式表现出来。让艺术和谐地融入孩子的学习中、游戏中、生活中。这样，不仅培养了孩子爱自然、爱家乡、爱祖国的情感，也使孩子感受到了艺术的力量。

如何开发孩子的美术潜能

奥地利著名画家珂珂希卡说："所有人生来就是天才，所有孩子都是富有灵感的艺术家。"我们先假设这种观点是正确的，但是为什么绝大部分的人都没有成为艺术家呢？至少有一点是可以肯定的，那就是缺少训练。孩子即使有美术天赋，不训练也难以成才。珍惜孩子的艺术创造力，训练孩子的艺术思维，这不仅是培养艺术人才的最佳办法，对孩子全面发展也十分有益。

下面介绍几种培养孩子创造性创作的训练方法：

（1）**随意作画** 让孩子在纸上随意画一些线条或色块，然后根据这些随意画出的线条或色块作多方面、多角度（如人、动物、植物、物品等）的形象随想并把它表现出来。这样有利于联想的练习，对于培养孩子独创性的灵活思维习惯很有帮助。

（2）**多角度观察事物** 让孩子画同一个物体的各个不同的角度，习惯多角度地去观察物体。比如孩子画动物，一般的观察和绘画都是以侧面为主。作为父母，应引导孩子从各个方位去观察，比如：正面、俯视、后面等，通过学习不同方位去观察事物。

（3）"错"画改为好画　在绘画中孩子常为"画错"而苦恼，并影响其情绪。这时，只要父母在原画上稍加引导，使孩子灵机一动，思维随着画面的改变而变更，画面更富于创造性，思维更加灵活。

（4）通过实物进行联想　一件简单的实物或现象，可引发人们的多种联想。可在学画中培养孩子丰富的联想，在孩子联想课中，可通过引导孩子对云的联想，对自然物体的联想（比如一朵花的联想），创造出一幅与实物不同意境的画。从某种意义上说，创造是从联想开始的。

（5）名画临摹　虽然名画是大师们的艺术结晶，但是不要太把它们看得高深莫测，父母可以让孩子在赞叹大师们的作品之余，也作为创造性临摹练习。例如：让他们展开想象空间，既学习名画中的最优秀之处（色彩、构图、形态等），又可把人物背景或人物的动作加以联想改变，把一幅古典的画变成一幅现代的创作，把古人请到孩子设计的当代环境……随着年龄增长，孩子的想象力没有以前那么大胆，针对这种现象，在名画临摹时，父母可以选择超现实主义的画作让孩子欣赏，这样，孩子的思维一下子放开了。这可以促使孩子从欣赏中得到启发，把一些现实生活中不同类型的东西重新组合，创造出一些构思更新的超现实的想法。

怎样教孩子学弹钢琴

（1）依照乐谱练习

弹琴是眼看乐谱手指按键的活动，所以要把钢琴弹得好，必须练习看乐谱，以及勤修五指音阶练习。久而久之，只要瞥见音符在五线谱上的位置，便能迅速按键，成为自然反射动作，毫不费劲。

孩子初学钢琴时，可能不习惯看乐谱，倾向把简单的旋律记下，然后按自己的喜好，随意弹奏，手指位全然不合乎要求。如此慢慢养成坏习惯，最终会影响将来弹奏的表现。

在一首乐曲里，哪个音符用哪根手指弹是有规定的，初级的乐谱上都有标明，以阿拉伯数字1，2，3，4，5表示，1代表拇指，5是尾指，以此类推，左右手如是。要弹得快，没有多余的小动作，依指示的手指位弹奏很重要。当熟悉了，钢琴又弹至某个级别后，作为提示的手指位数字会渐渐减少，那时候学生也能根据过往练习，掌握手指活动的一般模式，自然地弹奏而不出错。

因此依照指示弹奏相当重要，并需按照老师的指导，切忌擅自更改手指位。父母陪同孩子练习时应加以督促。

（2）慢慢弹

练习时不可贪快，不要期望两三下把乐曲弹完，立即开新的一课。应顾及音色是否清晰饱满，整首乐曲是否流畅完整。教导孩子练习最好从慢拍开始，摸清楚每个音的位置后以最慢的节奏开始练习，等到拍子、音符都正确无误后才慢慢加快弹奏速度。

要有节奏，避免"容易的弹快一点，难的找半天"的情况，拍子机的辅助不可少。开始时，孩子可能不习惯听着拍子机练习，父母可以陪着孩子一起数拍子，慢慢才加入拍子机。

练习时运用拍子机十分重要，它帮助孩子建立稳固的节奏基础，一首乐曲听来不徐不疾、速度平稳，十分依赖拍子的准绳度。孩子能够在演出和考试时，不受外在、内在的因素影响，心中按拍而毫不偏差，那就是平日勤用拍子机练习的成果。

不少学习钢琴日子不浅的人，也会有种愈弹愈不是味儿的感觉。琴键是按对了，但弹出来就不是那一回事，听来只是一堆叮叮咚咚嘈杂的琴音，毫不吸引人，连弹琴的人自己也渐渐失去了兴致。可是一旦听听大师级的演奏，同一篇乐章，为什么别人却演绎得满有生趣、娓娓动听，音色圆润清澈，感染力强？这就是功力问题了。

（3）勤练基本功

要弹出如行云流水般的美妙乐音，不是选择本身曲调优美的乐章就能如愿以偿，相反，被视为简单枯燥的音阶练习，五指练习才是达到目标的窍门。要手指在键盘上矫捷活泼地跳动，需由一个一个音符慢慢练起。大部分学生都容易忽略这一点，以为懂得弹，没按错琴键便可以，其实音色是否清澈，能否感动人、感动自己才最重要。所以严谨认真的老师,都应该严厉地督促学生勤练手指和音阶,不要因为其枯燥乏味而轻视这基本功。不然的话,即使乐曲本身的旋律多么优美,若弹琴者造诣不够,也不能表现乐曲原来的精髓。

(4) 用心揣摩学习窍门

弹琴的动作虽是手指在键盘上游走,但并非手指用力按的功夫,如果单靠指力,拼死按键,弹出来的音色一定死板欠自然。其实力度应该来自双脚脚踏实地、身子坐直,从头顶开始放松,整个身体往上提,由身体带动双臂如雀鸟飞行一般,五指在键上游走,这样音色才会清澈。

孩子初开始练习时,以为大力按键便是弹琴,以至除按键的手指外,其余的手指往外翘起,筋骨突现,非常不雅观。父母在陪伴孩子练习时应提醒他们,不可大力按琴键,放松手指最要紧,即使声音小一点也没关系,因为练习多了,手势正确的话,力度自然会增加,那时候不论轻柔或强劲都可运用自如了。

(5) 定时练习

每天的练习时间最好固定。一开始时孩子未必懂得自律地练习,所以父母宜为孩子安排一个练琴的时间表,使孩子养成习惯,定时练习,便不会觉得辛苦,也可培养孩子的专注力。

至于时间的长短要视孩子所学的级别,如果是八级或以上,当然所花的时间必定较长,但以初学的小朋友来说,三十分钟已经足够。每天三十分钟持之以恒,慢慢便会看见进步了。

怎样培养创造型人才

一位哲人曾说:"人类本质中最殷切的要求是——渴望被肯定。"欣赏是一根魔法棒,能够让孩子绽放灵感和生命的火花!父母作为孩子的第一任老师,应该欣赏孩子什么呢?我们来看一份对全国18个省(自治区、直辖市)1904名父母的问卷调查,排在第一的是传统观念上的"好孩子"。欣赏自己的孩子"有创造力、想象力丰富"的家长只占2.68%，排在第18位；欣赏自己的孩子"有强烈的好奇心"的家长的比例仅有1.05%。

事实上，在知识信息化、经济全球化、科技高速发展的今天，我们更需要具有创新意识、创新思维、创新能力的人才。因此，今天的父母应从小欣赏孩子的创新意识，有意识地培养孩子的求异思维，鼓励孩子提出与众不同的意见。

孩子的创意主要有下面一些表现：
①喜欢对权威提出挑战。
②喜欢寻根问底。
③对事物有强烈的好奇心。
④喜欢用实验手段进行研究。
⑤喜欢探寻所有的可能性。
⑥喜欢自己决定学习和研究的问题。

根据孩子身心发展的规律，欣赏与鼓励更能增强孩子的自信心，受到欣赏与鼓励的孩子更能保持对事物旺盛的兴趣。更重要的是，它能充分调动孩子的潜能，激发孩子创造的欲望。心理学研究中有一个著名的皮格马利翁效应：一批专家到一所学校随意指认了几名学生，说他们将来会有成就，这几名很普通的学生几年后果然成长得非常出色，这个实验就说明了这个道理。

面对孩子的创意，家长应注意做到：

（1）对孩子创造活动中表现出来的主动探索精神应给予及时的肯定与鼓励。或许孩子在创造活动中会把事情做得很糟，甚至惹出了一些麻烦，但作为家长，必须对孩子创造活动中所表现出来的主动探索精神给予及时的肯定和鼓励。

（2）与孩子共同参加创造性的活动或研究，以平等的态度与孩子共同交流，用自己的行为表示对孩子创意的欣赏。就像爱迪生的母亲那样，用和孩子一起做实验来表达对孩子的赞赏，最终使他登上了科学的高峰。

（3）给孩子足够的时间进行创造性思维，不急于向其预示解决问题的方法。家长应该让孩子知道这个道理："自己烧的饭更香，自己摘的果更甜。"只有给孩子足够的时间进行思考与探索，才能更好地促进创造性思维的发展。

（4）鼓励孩子从不同的角度看待、分析和理解问题。在这样的过程中，孩子的观察能力、求异思维也会得到很好的锻炼。

（5）应尽可能看到孩子的创意中所存在的积极因素，对于问题和不足给予适当引导或延缓评价。对于孩子来说，多鼓励、少批评更符合他们的年龄特征。

当孩子满怀欢喜和期待把他的创意呈现在家长面前时，家长千万要注意防止以下几种不良的家教方式：

（1）给他打分定等。仅仅期待别人评估的这种心情，就足以扼杀孩子的创意。即使评估的结果是赞美也不行，因为这样一来，孩子会把注意力集中在"别人会怎样说"上，而不是"我该怎么做"。

（2）奖励成为目的。家长往往以为奖励某种行为可以得到增强的效果，其实有关创意的，需要思考的工作，奖励也可能会成为拦路石。不要让奖励成为一种目的，而要真正地让创意成为孩子的乐趣。

（3）竞争的压力。总是把自家的孩子和别人放在一起比较，创意的翅膀就被加上了沉重的包袱。

（4）不给孩子选择的机会。家长严格规定孩子应该学什么，怎么学，并让他们记住并通过考试。孩子的所有创意就被扼杀在摇篮中。

用心去了解自己的孩子，学会欣赏孩子的创意，给孩子一个自由广阔的空间。这样，您就会惊奇地发现，您身边的孩子就是一个小小的创造之星呢！

如何欣赏孩子的小制作成果

美国心理学家威谱·詹姆斯说："人性最深刻的原则就是希望别人对自己的赏识。"他还发现，一个没有受过激励的人仅能发挥其能力的20%～30%，而在他受过激励后，其能力是激励前的3～4倍。孩子最大的渴望就是得到赏识。欣赏孩子的劳动成果，能增强孩子的自信心和自尊心，使孩子获得成功感。那么，如何欣赏孩子的实践成果呢？

(1) 家长要拥有一颗平常心

家长最了解自己的孩子,要根据孩子的自身特点引导孩子。也许孩子在同龄的孩子中并不出众,孩子辛苦做成的小制作可能会很幼稚、很粗糙,有很多需要改进的地方,别的孩子可能做得更好。这时,父母不应责怪孩子。就像每个孩子外貌不同一样,每个孩子的发展也具有独特性。现实中有相当多的家长无视孩子发展的个别差异,习惯于在不同的孩子之间进行横向比较。比如,孩子的小制作在比赛中得了二等奖,可能有的家长就会说:"你怎么这么笨,你为什么没得一等奖啊?你看小刚就得了一等奖。"也许家长觉得自己在用激将法,但长此以往,只会抹杀了孩子的创造力,并可能会因不断的否定摧毁孩子的自信,让孩子觉得自己总是不如别人,进而影响孩子的上进心。

父母的责任是不断地帮助孩子发挥优势,弥补短缺。在做小制作的过程中,父母可能会发现孩子在思维方面有独到之处,或者在动手能力方面较强,或者确实表现平平,缺乏创造力,父母要以一颗平常心对待孩子。不一定孩子做了一件精美的科技制作以后就能成为发明家;也不一定孩子的作品缺乏独创性就断然下结论,认为孩子在这方面不会有什么发展。一个孩子通过自己的努力,使今天与昨天发生了变化,这就是成长。因此,父母应以宽容的态度,给孩子创造发展的空间。

(2) 用赏识的眼光看待孩子的小制作成果

学校要进行科技小制作比赛,孩子们放了学就忙活起来。小明用家里的药盒做成了一个机器人,妈妈下班回来了,他兴奋地把"作品"拿给妈妈看:"妈妈,这是我做的,我要用它参加学校的科技小制作比赛。"没等小明说完,妈妈就大声呵斥:"瞧瞧你做的什么呀!乱七八糟的,还耽误了那么多学习时间。"小明听了顿时低下了头,满脸不高兴。

而小红的情况就不一样了,同样简陋的作品,她眉飞色舞、滔滔不绝地向爸爸介绍,爸爸则津津有味地听着,时不时地点头微笑,同时加以肯定:"你真行!"小红从爸爸的表情和言语中找到了自信,同时也看到了自己的成功。

不同的教育方式,必然带来不同的教育效果。孩子的小制作不可能精致得巧夺天工,我们应该发现其内在的发光点,对成功之处,予以毫不吝啬的

赞赏。

对于制作不成功的作品，父母也应尽可能看到孩子的作品中积极的方面，对于孩子在创造中所表现出来的问题和不足，也要给予充分的引导，但必须对孩子创造活动中所表现出来的主动探索的精神给予充分的肯定和鼓励。可以告诉孩子："你这个作品很有创意，如果在选择材料方面再动动脑子就更好了。"或者说："你这个作品比上一个又有进步，如果再多下些工夫，可能会有更大的进步。"

第二章　让孩子科学使用大脑

孩子学习是一项复杂的脑力劳动，而大脑是承担这种特殊劳动的物质器官。因此，要保证大脑健康，并提高学习效率，就要学会科学用脑。值得注意的是，有一些孩子常常不吃早饭，便匆匆忙忙走进教室。这是一种很不好的习惯，长久下去会给学习和健康带来很大的影响。

孩子怎样学习才符合用脑规律

大家一定都有这样的体会，赛跑的时候，起跑时，我们总是跑得不怎么快，跑着跑着，就越跑越快了。后来，就有点儿累了，渐渐地慢下来。再后来，看着快跑到终点了，我们又会来劲，以最快的速度冲向终点。人脑的工作规律，有点儿像赛跑。开始的时候，需要一段时间启动。这个时候，大脑的工作能力比较低。然后随着适应各种情况，工作能力才会逐渐提高。即将来到的休息信号，会引起大脑的特殊兴奋，这种特殊兴奋，会使得大脑工作能力在疲劳之后又有所提高。生理学把前面的现象叫做"始动调节"，后面的现象叫做"终末激发"。

"始动调节"和"终末激发"的现象，在我们以前的学习过程中，每学期、每学周、每学日、每学时都会发生。不信，你可仔细回忆一下，是不是这样？

心理实验研究发现，一学期之内，脑工作能力最好时期是接近期中考试阶段，其次是期末考试复习阶段。开学初期，脑工作能力最低。一学周之内，脑工作能力最高水平是星期三，其次是星期二、星期五，因受"终末激发"的影响，脑工作能力会有所回升。最低的时间是星期四。一学日之内，上午9点至10点是脑工作能力的最佳时间。下午的脑工作能力，开始是下降趋势，到下午3点以后开始回升。一学时之内，脑工作能力有3次高峰。第一次高峰在10分钟至25分钟期间，第二次在25至40分钟期间，第三次在45至55分钟之间。

了解了人脑工作能力的规律后，我们在家里安排孩子学习的时候，就应好好地利用它们。一学期内，开学初期，应让孩子的学习节奏相对慢一些。期中考试前后，学习能力最强，应督促孩子尽量把功课抓紧、抓好。临近期末，受"终末激发"的影响，学习能力会有所提高，要提醒孩子可以通过总复习，把以前学得不扎实的功课巩固起来。一学周内，星期一的学习节奏不宜太快，星期四下午最好能鼓励孩子参加一点文体活动。

在一天的学习过程中，上午的学习能力最强，就该充分利用，告诉孩子特别要提高上午的课堂学习效率。到晚上，因为临近睡觉，会出现"终末激发"现象，学习能力会略有提高，这时，应恰到好处地利用这一时机，提示孩子抓紧对当天功课的复习和明天新课的预习。一学时内，开始的时候，可做一些适应性的学习活动。这时，有的孩子会出现磨磨蹭蹭的现象，我们应宽容，而不要骂孩子拖延时间。10分钟后，孩子自然会加大学习力度。另外，学习过程中要让孩子有张有弛，巧妙地利用一学时内脑工作能力的3次高峰，尽可能使他们学习的强度与一学时内的脑力工作节律相适应。

谁最善于利用脑工作能力变化规律，谁就一定能学得轻松自如。谁学得轻松自如，谁就容易获得好的学习效果。但愿我们的家长都能掌握好脑工作能力变化的规律，科学指导孩子读书学习。

指导孩子科学使用大脑

每个爱学习的孩子都希望在较短的时间内，以较高的学习效率而获得更多的文化知识。这就需要家长根据脑的活动特点，指导孩子科学用脑。

有的孩子学习一会儿，就感到头昏脑涨，便错误地以为用脑过度了，实际所调动的脑细胞还不足10%，头疼的原因是不会科学用脑。脑的分工是比较明确的。脑干主管心血管及呼吸功能活动，小脑负责维持身体平衡及运动协调，大脑是神经系统高级功能活动部位。大脑又可分为左右半球，各半球不同部位管理着不同的功能活动。在学习或工作时，大脑皮层上与其对应的部位处于工作状态，其他部位处于休息状态，形成了工作区与休息区镶嵌式功能活动的特点。学习时采用多种方式（如朗读、默读、记忆、书写、听讲等），学习内容不断更换，可使大脑皮层工作结合区与休息区互相轮换，保持较高的学习工作效率。

动静结合是延缓或消除脑力疲劳的最好方式。在脑力劳动时，由于多取坐的姿势，血液循环相对缓慢，但大脑消耗氧的能量很大，氧的供应往往跟不上需要，容易产生大脑疲劳。脑力工作持续一段时间后，适当的运动能使脑细胞活动状态有所转换，管理运动的脑细胞处在工作状态，使管理学习思考的细胞群得到休息；运动还能使大脑中供应能量的物质再合成过程中加强，并促进血液循环及呼吸功能，使脑细胞得到更多的氧气和营养物质供应，代谢加速，大脑工作能力提高。

学习过程中往往有这样的情况：有时半小时能做许多题目，效率极高；有时却不能集中精力，眼睛盯着题目半天了，也没有弄明白题的含义，连一道题也做不出来。这时脑袋好像有些发木，对问题百思不得其解。但如果暂时放下它们，等一会儿再回头来做，会发现思路大开，题目很容易就做出来了。这充分说明大脑的活动并非始终保持在很高的兴奋水平上，总是呈波浪形起伏变化的。

适当调换学习内容，可以有效地减弱大脑的疲劳程度。现代研究发现，人在思考问题的时候，大脑左右半球承担的任务是不同的，它们各有专长。当学习数、理、化时，使用的主要是左半球，因为大脑的左半球主要掌握逻辑的、分析的、抽象的思维；而学习语文、绘画、音乐时主要使用的是右半球，因为它主要掌握综合的、形象的、直觉的思维，而且即使同样使用右脑，学习各门功课对右脑各部位的"运用"情况也不一样。从这里可以看出，一个脑区的疲劳,并不意味着其他脑区也疲劳了。所以,可以通过变换不同学习内容的方法,使自己的头脑较长时间地保持一定的兴奋水平。

在学习期间,适当地留一定的体育锻炼时间。这也是非常重要的。要顺利完成学习任务,没有一个强健的体魄是不行的。在学习的间隙,跑跑步、打打球,使自己紧张抑制的神经得到放松,以便更有效地投入到后面的学习中去,是十分必要的。

不少学生担心学习量过大,会把自己的脑子累坏,于是,在学习中稍微遇点困难就主动放弃努力。其实,这并不利于大脑的健全发展。生物学上有一个生物进化的基本规律——"用进废退"规律。这一规律的要点是地球上一切生物,包括人体器官、组织、细胞等的功能,只有在不断使用中才能增长、进化和发展;反之,则萎缩、退化和停顿。大脑的功能同样遵循这一规律。谚语"刀不磨不快,脑不用不灵"的道理也就在这里。

开发大脑的有效方法很多,背诵课文,记忆单词,写作文,做习题,观察事物,做物理、化学、生物实验,多思考问题,敢于质疑、解疑等,都能有效地开发大脑的功能。在学习困难面前低头,遇到难题绕着走,美其名曰"保护大脑",只能使大脑过早老化、迟钝,就像一个怕累坏身体而不去锻炼的人,只会使自己的身体状况越来越糟。

阿拉伯谚语说,如果你过分珍惜你的翅膀,你就再也不能飞翔。毫无疑问,每个孩子都希望自己的大脑充满活力,那就不要再迟疑不要让它成为被宠坏的"婴孩"。为此,应告诉孩子,只有一种选择:在学习中不断地强化思考。

愉快的状态用脑效率高

先让我们来做一个脑模型:你先把自己的两只手握成空心拳头,指甲露在外面。然后,再把两只手的手臂、手腕、指甲合在一起。你瞧,这就成了一个活脱脱的脑模型了。

你的手臂—手腕部分是脑的最古老部分,叫做延髓。许多低级动物至今只有延髓，还没长出大脑。比如蛇呀、蚯蚓呀。因为延髓只有呼吸、血压、吞咽、温度等维持生命的功能，所以，蛇和蚯蚓只是随季节而活动。

你半松开拳头，能够看到拳头里面的那部分，叫边缘系统。它参与我们高兴、愤怒、悲哀等各种情绪活动。像猫呀、狗呀这些动物，这部分功能健全。所以，他们也能表达自己的一些情绪。

你拳头的外表，是大脑皮层。人脑的大脑皮层是脑的最新进化部分。人的语言、记忆、思维活动，主要是大脑皮层的功能。人脑的大脑皮层的出现，使我们最终脱离了动物界，成为地球上唯一的人类。

以前，人们只知道智力同我们的学习有关系，却不知道情绪"主管"着人的智力水平和学习能力的发挥。

脑科学研究证明：位于大脑皮层下面的边缘系统，就像是设在大脑皮层下面的一道闸门，每当我们产生焦虑、厌烦情绪时，它会自动"关闭"大脑皮层，使大脑皮层失去工作能力。当我们消除了不良情绪，它又"开放"大脑皮层。而当我们充满喜悦之情的时候，大脑皮层的工作能力特别强。对此，恐怕我们每个人都曾有过切身体会，当我们考试感到紧张的时候，哪怕是原来背得滚瓜烂熟的内容，也一个字都记不起来。而当情绪愉快的时候，我们不仅吃饭感到格外香，和家人讲的话也会多起来。

可见，无论是听讲、做作业，还是考试，保持轻松、愉快的情绪，对于孩子来说，是多么重要啊！

因此，在孩子学习时受候责骂孩子是不利的。因为孩子学习时遭到责骂，势必败坏他们的学习情绪，而不良情绪将导致大脑皮层降低工作能力。这会儿，再聪明的孩子也会变得迟钝起来。其结果，只能是事与愿违，适得其反。

由此及彼，我们希望家长应尽量给自己的孩子创设一个愉快的学习环境。如，指导孩子和爸爸、妈妈、老师、同学建立良好的人际关系；家庭生活中，和孩子一道听听音乐、唱唱歌，鼓励孩子多做一些他们自己感兴趣的事情；孩子上学，对他说一声：爸爸、妈妈等着你的好消息；孩子考试失败回家，告诉他：不要紧，失败是成功之母！

记住：只有愉快才能使得孩子的大脑聪明起来；只有愉快才能使得孩子热爱学习；只有愉快才能提高孩子的学习成绩！

怎样帮助孩子学会思考

许多父母"望子成龙",宁肯自己省吃俭用,也要给孩子"智力投资",他们却偏偏忽视了一个既省钱又很重要的方法:帮助孩子学会思考。

当孩子提问题的时候,帮助他学会自己思考,是最有益的。每一个"为什么"都是孩子对事物的缘由或目的的想象,每一个"怎么样"都是孩子对事物发展过程与机理的思考。

某中学有位学生觉得使用地球仪不如拿着地图方便,便向妈妈提出了这一问题。妈妈说:"虽然有些不方便,但是地球仪不是更直观、更好懂吗?"是的,"直观、好懂"是其优点,但毕竟"不方便"呀!能不能使其又"好懂"又"方便"呢?这位同学在爸爸妈妈的支持与帮助下,寻求多种途径,冥思苦想,终于在孩子充气塑料玩具那里找到了解决问题的方法,制成了充气地球仪。用时充气,不用时放气,携带极为方便,使用起来又直观。

事例中的孩子正是以一种积极的思考态度、多角度的思维方法才最终解决了一直困扰他的问题。

勤于动脑、敏于思考,善于发现问题、解决问题是所有杰出人物的良好习惯。一个不善于思考的人,做事情时常会遇到取舍不定的问题,这大多是他们在开始决定做某件事情时,就没有设定长远的计划和目标,也没有将事情的过程进行全面思考,导致中途遇到困难时便手忙脚乱,无以应对。勤于动脑你就会发现,学习上有许多事情完全可以综合起来去做,而且要比单一做一件事情更加轻松愉快。这一切源于积极、正确的思考。

教会孩子进行思考是件艰难的事情。原因在于今日父母异常热心地为孩子安排了每一件事情。电脑加剧了孩子的依赖性。所以,在家里创造出一种"思考氛围"是十分必要的。

(1) **应重新认识"聪明"和"思考"**。父母不要认为,孩子聪明一定善于思考,事实上,所谓聪明者并非擅长思考。他们不过具有快速回答问题的能力罢了。相反,表现迟缓的孩子,在沉默中做着"白日梦",他们时常会产生较为深刻的洞察力。

（2）**应让孩子有东西可想、可琢磨**。在家里，父母不但要创造条件，让孩子有东西可想，而且还不应只局限于课本内容及童话之类的幻想。据最新的研究表明，孩子可以也应该结合最新发现的科技成果，进行有意义有开拓性的想象，才能引导他们一步步进入一个世事繁杂的社会。

（3）**发现模式和线索**。新旧知识如何发生联系？旧答案如何运用于新问题？父母既要教育孩子辨明相同知识的模式，也要帮助他们避免一次又一次学习相同的经验教训。

（4）**提出非常规的问题**。作为学习上的不断挑战，你应该常向孩子提出一些非常规的问题。因为非常规问题较生动有趣，较通俗易懂，可举一反三。

（5）**提高孩子对事物的表述能力**。教会孩子用正确的词语表达自己内在的思想，简洁明了地阐明个人的观点，这样能帮助孩子划清事物的界限，在各种困惑中能作出自己的正确判断。

（6）**采纳各种意见和观点**。帮助孩子多参考其他人的观点，也可邀请他们的朋友参与商讨，及时纠正孩子的某些偏见，并提高他们的认识水平。

怎样帮助孩子提高记忆能力

在回答这个问题之前，我们先来了解一下孩子的记忆规律：

记得快、忘得也快

由于孩子的大脑神经系统容易兴奋，两三次的结合就能形成暂时联系，因此他们能很快地记住学习内容。比如教给孩子一首儿歌，他们一般当时就能把它背下来，但由于缺乏理解，他们也极易遗忘，甚至忘得一干二净。

以不随意的形象记忆为主

孩子社会意识水平还处于形成阶段，他们的记忆还很难服从某一有目的的活动，记忆效果极大程度上都取决于对记忆对象的兴趣和记忆内容的外表形式。因此，他们对那些能引起充分兴趣，以直观形象为主的东西容易记住，而以抽象思维为主的东西不容易记住。

容易记住形式，很难记住内容

由于孩子的经历不多，知识有限，他们较少利用事物内在关系进行记忆，而大都是靠形式、节奏、韵律等方式进行记忆。你要他讲故事，他们总是从头至尾，一字一句地将故事"背"出来，而不会用自己的语言将它回忆出来。

记忆不完整

由于孩子大脑皮层的分化过程还没有得到充分发展，许多情景分辨不清，加上经验少，容易把现实的东西与自己想象的东西混同起来。当实在记不起来的时候，他们常常用想象来补充，结果是张冠李戴。另外，孩子极易受大人的暗示，如果他在回忆过程中，你随便给他一个错误提示，他们很容易顺着错误的提示回忆下去。

针对以上特点，我们在改善和提高孩子记忆能力方面应注意以下几点：

（1）要始终保持孩子的兴趣

实践证明，要增强记忆能力，首要的一条就是要保持对所要记住东西的兴趣。当孩子对所要记忆的东西缺乏兴趣时，千万不要硬逼孩子去记忆，这样，非但不能促进孩子记忆，还会使得孩子对这一记忆的东西产生厌恶，最终放弃对它的记忆。

（2）将记忆内容形象化、节奏化、韵律化

针对孩子容易记住材料形式的特点，对要求理解、记忆的东西应尽可能通过形象、直观的方式。如我们在秋高气爽的日子里，带孩子去苏东坡笔下的石钟山，登高远望，只见浩浩荡荡的长江和一望无际的鄱阳湖在此交汇，两色分明，甚是好看。这时，我们告诉孩子，那淡黄色的是我们的母亲河——长江，那清蓝色的是中国最大的淡水湖——鄱阳湖。孩子一定会兴趣高涨，记忆深刻，乃至终生不忘。对所要记忆的文字材料，我们可尽量地形象化、节奏化、韵律化，使材料朗朗上口，这样，孩子一定即学即会，并记忆流畅。

（3）帮助孩子在理解的基础上进行记忆

孩子虽然知识有限，缺乏有意记忆，但这并不等于说，在儿童的记忆活动中，就不需要理解。现在国内外的研究材料都证明，不管哪个年龄段的儿童，理解记忆的效果都比机械记忆的效果好。这一特点在儿童期更为突出。我国心理学家吕静从小学入学考试中发现幼儿记忆一个16个意义单位的故事，其正确率为64%；而记忆无意义关联的3位数（3个单位）正确率仅有30%。所以，我们不要以为幼儿年龄小，机械识记效果就比意义识记效果好，就一定要孩子死记硬背他们不理解的东西。其实，最好的办法还是要让孩子在理解的基础上记忆、学习。而作为家长，关键是帮助孩子理解。

(4) 要善于发现和利用记忆的个人特点

以上我们已经了解了一些孩子记忆的规律，但那是就普遍性而言。就像其他事物一样，除了普遍规律外，我们每一个孩子还有着自己的记忆特点。如有的孩子擅长音乐记忆，有的孩子擅长数字记忆；有的孩子喜欢晚上记忆，有的孩子喜欢早上记忆；有的孩子喜欢一边听收音机一边记忆，有的孩子则喜欢在安静的环境中记忆。这就需要我们家长去发现孩子个人的记忆特点，并尊重孩子的特点。不要认为这一特点同孩子记忆规律相矛盾，就要求孩子这样记、那样忆，这样不利于发展和提高孩子的记忆能力。相反，我们倒要不断提示孩子，在记忆中运用自己的记忆特点、发展自己的记忆特点。这样，才能在实践中建立起符合孩子自己特点的记忆方式，而这一方式一定是孩子最好的记忆办法。只要我们能把握孩子的记忆规律，在实践中多多尊重孩子的记忆特点，就一定能改善孩子的记忆能力，并保持他们的学习兴趣。

怎样培养孩子的想象力和观察力

伟大的科学家爱因斯坦说："想象力比知识更重要。因为知识是有限的，而想象力概括着世界上的一切，推动着进步，并且是知识进化的源泉。"一个人在小时候想象力得不到发展，就不能成为诗人、小说家、科学家、数学家等等。对孩子来说，想象力比拥有百万家产还重要。

中国古代有一个人曾经背着纸做的翅膀，义无反顾地纵身跳下高高的山崖，希望像鸟儿一样可以在空中自由飞翔。他的这种做法当时很多人不理解。但随着时间的推移，创新从梦想中蜕变而出，飞机这一新生事物终于出现在了人们面前。

想象力是创造的翅膀,没有想象就没有创造。想象力对于孩子一生创造力的发展有着重要意义。因此,家长在培养和训练孩子的想象力时,可以这样做:

(1)应尽量发掘孩子进行活动的想象功能,促其想象。对于孩子富有想象力的图画、自创的歌曲、自编的故事等等,都应该给予肯定和赞赏。千万不要用成人的标准去要求和评价孩子的创作。

(2)多带孩子走进大自然。美丽的大自然给人类的生活增添了丰富的色彩,同时它也是诱发孩子智力开发的外部刺激。这种画境式的环境刺激对孩子的智力开发具有很强的推动作用,有助于培养孩子的观察力、想象力与探索兴趣。因此,家长应经常带孩子走进大自然,引导孩子观察人文景观,了解动、植物的生长与变化,欣赏大自然美景,探索大自然的奥秘。这些都是培养孩子创新意识的基础。

要注意的是,当孩子的想象力中出现奇异现象或失误时,家长要认真观察分析,找好切入点给予正确引导,切勿嘲笑、挖苦,更不能压抑孩子刚萌发的想象苗头。**要有计划带领孩子参观、旅行等,让孩子亲自观察社会生活和自然现象,培养孩子阅读的习惯,打开视野,丰富知识,为想象提供丰富的素材。**

心理学家认为:观察是有意识地感知,观察能力是人的智力结构中的"触角",人的智力发展,均从感知——观察开始。对于孩子来说,具备良好的观察力就能获得更多的知识和经验,同时对于智力开发也非常重要。父母怎样培养和训练孩子的观察力呢?我们的建议是:

(1)引导孩子做生活的有心人。家长要有意识地培养孩子对周围的事物细心地观察。有的家长在领孩子逛街时,会问孩子一些问题,例如:马路上的信号灯是红灯在上还是绿灯在上呢?街道两边有多了那些摆设?等等如此类的问题。这样时间长了,孩子就会养成细心观察的好习惯。

(2)多为孩子创造观察的条件。比如让孩子多接触生活,多接触大自然。可以让孩子观察家里来的客人,家里养的小狗、小猫等。在带领孩子进行观察中,同时把事物的相关知识讲给他听。比如晚上观察夜空,可以讲讲星系;

白天看云，可以讲讲怎样识别天气。这样做既能使孩子从中学到知识，体验观察的乐趣，又能促使孩子多思考，从而培养和发展孩子良好的观察力。

（3）抓住特点进行观察。巴甫洛夫说过，在你研究、实验、观察的时候，不要做一个事实的保管人。你应当力图深入事物根源的奥秘，应当百折不挠地探求支配事实的规律。这就是说，巴甫洛夫主张观察应达到能透过现象看本质、力图深入事物奥秘的程度。因此家长要多启发孩子问几个为什么，想一想这些现象说明了什么。比如有个孩子一次上课时见老师胃疼得厉害，便构思了一首诗送给老师：

汗珠/滑过苍白的脸颊/疼痛/压弯瘦弱的身躯/站起来时/汗珠却化作长虹/托起了明天的太阳/

这个孩子观察并抓住了老师辛辛苦苦教育他们的一个细节，从而揭示出老师的崇高品质，创作了一篇不错的诗。要抓住特点，家长还需引导孩子把观察对象进行比较。著名哲学家黑格尔认为，培养观察力的最好方法是教他们在万物中寻求事物的"异中之同，或同中之异"。

（4）按照一定的顺序观察。事物的发生一般都有一个先后顺序，如植物的生长。让孩子认识一个事物发展的全部过程，建立一个完整的概念，使孩子养成按顺序观察的好习惯。让孩子有顺序地观察，能使他们有条理地思考，达到思路清晰、言之有序，逻辑思维能力增强。一般来说，观察是由近及远或由远及近；从上而下或从下而上；从左到右或从右到左；先中间后四周或先四周后中间。由表及里或由里及表。

（5）隔时重复观察。这种方法能够让孩子捕捉到同一观察对象在不同时间、不同情况下的具体形象，形成孩子对事物的整体认识，并掌握复杂和难度大的各个环节。

总之，孩子的想象力和观察力是越练越强的，家长在生活中要多注意对孩子这方面的培养。

怎样帮助孩子克服学习疲劳

用手搬桌子，搬久了，手会发酸、发痛，感到疲劳。那么，大脑会不会疲劳呢？会的，一定会疲劳。

由于长时间持续进行学习，孩子在生理、心理方面会产生学习疲劳。这是因为人的学习活动会消耗大脑皮层的物质，一旦这种消耗超过大脑功能限度，大脑就产生了疲劳。打哈欠，就是大脑疲劳、需要休息的"信号弹"。

在学习过程中，产生学习疲劳的主要原因有：学习中过分紧张注意，持久地积极思维和记忆；缺乏学习兴趣或学习内容单调；在异常的气温、湿度、噪音和光线不足的条件下学习。学习疲劳会使学习效率明显下降，甚至产生头晕目眩等身体不适现象。凡是需要紧张注意、积极思维和注重记忆的学习活动，更容易引起孩子的大脑疲劳。

值得指出的是，单调、不感兴趣的学习引发的大脑疲劳，比由生理原因引发的疲劳要出现得早。有的孩子，学习起来就打哈欠，其原因就在于此。

大脑皮层疲劳过程可分为三个阶段：

疲劳最初阶段。儿童在这一阶段只能呆板地学习，并且不容易被他人察觉。这一阶段持续的时间，因人而异，有长有短。

疲劳出现阶段。即疲劳表面化阶段。

这一阶段中小学生会出现心神不宁、注意力涣散、不愿听讲、错误增多、记忆力下降等现象。

疲劳后期阶段。由于大脑皮层的保护性抑制加强和扩散，这一时期人的兴奋和抑制过程都减弱，容易进入打哈欠、打瞌睡状态。疲劳严重者，还会感到头晕、头痛。

怎样才能克服大脑疲劳，使孩子的大脑总是精神饱满地为学习服务呢？

（1）要有充足的睡眠时间

睡眠不足，人不仅提不起精神，思维和记忆也明显迟钝。一般认为，学龄前儿童，每天正常睡眠时间应该不少于 12 小时，12 岁以下儿童不少于 10

小时，13~15岁儿童需9小时正常睡眠时间，才能保证白天有充沛的精力进行学习。

(2) 自习时间应该有所限制

一般来说，小学四年级学生，连续自习2小时以后，约有55%的学生视力下降，54%的学生计算能力下降。因此，小学低年级学生连续自习的时间，最长不应超过1小时，小学高年级不应超过1.5小时，初中学生不应超过2~2.5小时，高中生最长不应超过3~3.5小时。

(3) 一次高度集中注意力的时间不要太长

通常，7~10岁儿童的这一平均时间是20分钟左右，10~12岁儿童是25分钟左右，13岁以上为半小时。超过这一限度，大脑细胞容易产生疲劳，注意力难以高度集中。

每天要坚持参加一定的室外活动或其他文体活动。许多学习成绩优秀的孩子都有这样的经验：(8-1)>8。即把一天8小时的学习时间减少1小时，去参加各项课外活动，这样的学习效果比单纯8小时学习更好。适当的文体活动不仅能促进身体的血液循环，同时也会增强大脑自身的灵敏性。在孩子遇上难题百思不解的时候，可提醒他们，停下来做做俯卧撑，玩一会儿哑铃，这样，一定会有茅塞顿开的感觉。

以上这些，你都能帮助孩子做到吗？

第三章　如何增强孩子的体质

孩子正处在生长发育的旺盛时期，参加体育锻炼可以增强体质，增进身体生长发育，而且能起到提高学习效率、降低发病率的作用。据专家调查发现，经常参加体育锻炼的孩子在身高、体重、胸围、肺活量和肌肉力量等方面，都比没有参加锻炼的同龄孩子有明显增长。但是，也不是说体育锻炼运动量越大越好，只有适量运动，科学地锻炼，才能增强体质。

了解孩子身体发育特点

健康是金，健康是人的生命基础，父母对孩子的身体健康和心理健康都要了解，只有正确了解，才能在此基础上对孩子进行教育。

孩子的美好童年在小学阶段度过，一般从 6~7 岁开始，到 11~12 岁结束。

童年是一个人成长的重要阶段，无论是身体上、心理上，还是智力上，都对一生起决定性的影响。孩子在这一阶段的体格发育进入了平衡发展的阶段，既不像婴儿期（从出生到 1 周岁）和青春期那样迅速发育，也不像成年期那样停滞下来。那么，怎样把握孩子的生长特点，对其进行合适的营养保健呢？作为父母，我们必须了解孩子的生长发育的阶段性和不平衡性。

我们简单地说一说孩子发育阶段的几种情况。

孩子的生长发育分为以下几个年龄阶段。

婴儿期：从出生到1周岁，出生时脑重为成人脑重的25%。

幼儿前期：1~3岁。

幼儿期：3~6岁，幼儿园年龄期。

童年期：6~7岁至11~12岁，小学年龄期。

青春期：一般为10~20岁，男孩比女孩晚2年，生长发育迅速。

青年期：18~25岁。

相邻的年龄阶段没有明显的界限，前一阶段是后一阶段的基础。身体生长发育的总顺序是：先有粗大动作，后有精细动作；近躯干端先发育，远端后发育。这一点，我们回忆一下孩子的成长就可以明白：婴儿是先会转动头部，接着颈部能抬起，然后会坐和爬，刚出生时小手抓不住东西，小胳膊胡乱挥舞，4~5个月才能用手一把抓地拿东西，到10个月左右才会用手指拿东西，1岁左右能用手指捏起细小的物体，所以一周岁的孩子可以"抓周"。青春期的身体发育顺序是：下肢先于上肢，四肢早于躯干，呈现自下而上、自肢体远端向中心躯干的规律性变化。

孩子生长发育的不平衡表现在身体各器官、各系统的发育不平衡上，大体划分为以下几种：

(1) 身体发育一般规律

包括全身的肌肉、骨骼、主要脏器和血量等，同身高、体重一样，出生后第一年增长最快，以后平稳增长，到青春期出现第二次迅速增长，然后增长减慢，直到成年。

(2) 神经系统发育

脑、脊髓、视觉器官以及反映脑大小的头围、头径等，只有一个增长迅速期。出生时婴儿的脑重已达成人脑重的25%，6周岁时，脑重约1.2千克，达到成人脑重的90%。

(3) 淋巴系统发育

胸腺、淋巴结、淋巴组织等在出生后10年内生长得非常迅速，12岁左右约为成年人的200%。10~20岁，随着其他系统的逐渐成熟和免疫系统的完善，淋巴系统逐渐萎缩。

（4）生殖系统发育

从出生到 10 岁以内，生殖系统几乎没有发育；青春期开始后迅速生长，并通过分泌性激素，促进身体全面发育和成熟。

（5）骨骼发育

小学阶段的孩子，颅骨完全骨化，长骨越长越粗壮，脊柱的三个生理弯曲（颈曲、胸曲、腰曲）已由韧带固定，在奔跑、跳跃时可以起到很好的减震作用。但是，脊椎骨之间充满软骨，易发生脊柱变形。所以，在此期间孩子要养成良好的坐、立、行姿势，防止出现驼背和脊柱侧弯。另外，骨骼中钙含量有机物较多，易出现骨骼变形，家长要多观察孩子的动作，发现孩子有经常托腮的不良习惯，一定要及时转移孩子的注意力，并告诉他容易引起骨骼变形等危害，及早纠正。

孩子时期骨盆开始融合，但尚不稳定，要避免发生骨盆移位。如孩子想从过高的地方跳下或穿过紧的裤子，都会影响骨盆的发育。女孩子尤其要注意保护骨盆。

（6）肌肉发育

孩子在小学阶段的活动量增大，全身肌肉都得到发育。由于指、腕处小肌肉群的发育和完善，孩子的写、画等精细动作进一步得到发展。与成年人相比，孩子肌肉弹性强，但力量差、易疲劳，同时由于腕骨到 12 岁以后才能发育完全，所以此阶段的孩子不适宜进行长时间的写字或掰腕子等游戏，避免骨骼变形和肌肉劳损。

家长了解了孩子的成长规律之后，就没有必要为孩子的发育现象忧心忡忡，有的孩子早长，有的孩子晚长，只要孩子健康，生理发育指标正常，小树自然会长大。

让孩子吃好早餐

一项调查发现，很多中小学生不吃早餐，每天吃早餐的人数只有 57%，早餐质量较差的人数却高达 77%。有的父母还认为自己从来都不吃早餐，身体不是挺好吗，其实，不吃早餐的危害极大，主要有三点：

（1）早饭与前一天晚上的吃饭时间相隔约有 10 个小时以上，如果不及时进早餐，大脑处于饥饿状态。以这样的状态去上课，会精神不振，学习能力下降。研究表明，不吃早饭的孩子上第二节课的时候就开始出现注意力不集中、有小动作等现象，他们往往脑功能降低，学习效率下降，被误认为是多动症。而且早饭没吃，中午就会大量进食，这样会使胃壁一下子处于紧张状态，时间久了易生胃病。

（2）长期不吃早餐易使人发胖。早饭与午饭相隔时间过长，大脑不断受到饥饿信号的刺激，使人产生空腹感。这样，中午吃进的食物特别容易被肠胃吸收，更容易形成皮下脂肪。而且，由于吃得过多，食物消化后多余的糖分大量进入血液，容易形成脂肪。

（3）空腹的时候，人体内胆囊中的胆固醇饱和度比较高，容易形成胆结石。长期下去，人体内的平衡系统遭到破坏，容易导致贫血和营养不良。因此，父母一定不要轻视早餐。早餐要定时定量，父母要给孩子规定起床时间，及时给孩子准备早餐，还要保证早餐质量。因为人在早晨刚起床的时候，往往食欲不佳，父母在准备早餐的时候不仅要注意食物结构，还要注意准备有营养、颜色、味道诱人的食物，在品种方面也要尽力做到丰富，不能只喝牛奶和豆浆，还要配上蔬菜、谷类和蛋类等食品。

怎样才是营养丰富、味道可口的早餐呢？好的早餐标准是：主食为主，副食次之，有干有稀。

（1）好的早餐一定要有一些谷类食物，如馒头、包子、烤饼、面包、蛋糕、面条、饼干、粥等，而且要各种谷类食物搭配，粗细搭配。谷类食物可分解成葡萄糖，它是脑组织中的主要供能物质。

（2）好的早餐要保证一定量的蛋白质供给，如蛋、奶、豆类食物都含有丰富的蛋白质。每次早餐都要让孩子保证食入 250 毫升牛奶或豆浆，一个鸡蛋或几片猪、牛、鸡肉，保证供给孩子生长发育所需的蛋白质。

（3）好的早餐要供给一定量的蔬菜，如凉拌莴笋、白菜、黄瓜、萝卜、西红柿等蔬菜，豆腐、豆干、豆皮等豆制品或凉拌海带等海产品，以提供其他营养素和矿物质及增加食欲，保证早餐食入量。

（4）好的早餐要有一定的植物油，别忘了在凉拌菜中放几滴植物油，植物油的脂肪含量高，可为孩子提供所需的热量，又能增加菜的色、香、味，促进食欲。

孩子早餐食谱举例

星期一：牛奶、馒头、豆乳、蒸鸡蛋、拌莴笋条

星期二：豆浆、烧饼、煮花生米、酱牛肉、米粥

星期三：牛奶、面包、炒豆腐丝、胡萝卜丝、煮鸡蛋

星期四：豆浆、花卷、拌海带白菜丝、咸鸭蛋、米粥

星期五：牛奶、小笼包、拌黄瓜、豆乳

星期六：豆浆、蛋糕、拌豆芽粉丝

星期日：牛奶、鸡蛋煎饼、凉拌海白菜、大米粥

怎样指导孩子锻炼身体

大量事实证明，经常参加有益、适量的运动，孩子可以奠定坚实的身体基础，获得乐观的心态，形成顽强的毅力和坚强的意志，给紧张的生活以必要的调节，而且还能获得亲近自然的机会和松弛大脑的愉悦。这样，孩子就能提高适应能力，全面顺利地成长和发展。所以，运动是增强孩子抗击人生的风雨、益智健体的良方。

和孩子一起锻炼更是一举多得：其一是快乐，和孩子一起锻炼是一天中最快乐的时光，是天伦之乐，其二是身教，与孩子一起锻炼，一起蹦跳玩耍，无须说教，也能激发孩子锻炼的兴趣，其三是健体。

怎样指导孩子锻炼身体？家长可以根据孩子的体质、性别、兴趣，与孩子共同选择合适的运动项目。指导孩子锻炼身体要遵循循序渐进的原则，要懂得体育卫生，要有保护孩子的意识。如：刚吃完饭或饥饿时不能锻炼；运动后满身大汗，不要站在风口处吹风；运动后不要急于洗澡和喝水；夏天防中暑，冬天防着凉；运动时岔了气要做深呼吸。要注意保护孩子的兴趣。孩子注意力不够集中，容易疲劳，锻炼时间、运动量要合理安排，避免引起孩

子厌烦情绪而影响锻炼兴趣和效果。每天可在早上或下午锻炼半小时左右，下午活动不能过于剧烈，以免过度疲劳。

指导孩子锻炼身体，家长还必须掌握正确的方法。

首先，锻炼要全面。孩子体育锻炼的基本目的在于全面发展身体各部位、各器官的机能，增强体质。为此，就要科学地安排各项活动，使身体得到全面系统的发展。每个运动项目对体质的影响都是不同的，如田径和体操练习，主要锻炼神经、肌肉；耐力练习，侧重心肺功能的加强。从孩子锻炼的基本目的出发，应让孩子进行全面的锻炼，以促使身体在力量、速度、灵敏、耐力、柔韧、弹性以及各器官、系统的功能上得到全面、均衡的发展。

其次，锻炼要循序渐进。比如跑步，要在速度、距离方面逐渐增加运动量，给孩子一个逐渐适应的过程。安排的体育锻炼项目也要由简到繁，不要使孩子产生畏难情绪。不要幻想一口吃成个胖子，要知道"欲速则不达"，拔苗助长只能产生副作用，造成过度疲劳和运动损伤。

再次，锻炼要经常进行。体育锻炼要持之以恒，坚持不懈，这样锻炼的效果才能显现出来。"三天打鱼两天晒网"、"一曝十寒"是达不到锻炼目的的。同时，家长和孩子还要把坚持体育锻炼的过程当做锻炼自己意志、毅力的过程。

最后，体育锻炼要有准备活动和整理活动。准备活动是使人体从相对安静状态逐渐过渡到运动状态，使植物神经系统和心、肺、肌肉、韧带等器官系统逐渐兴奋起来，以适应剧烈运动的需要，减少意外情况的发生。扩胸、慢跑、深呼吸等都是准备活动。同样道理，肌体从运动状态恢复到平静状态，也需要一个过程。整理活动，能使呼吸、血液循环、心跳恢复到平时的状态，放松紧张的肌肉和神经，避免突然停止活动而带来意外。整理活动可以安排体操、慢跑、行走等。

如何让孩子喜爱体育运动

日本著名的儿童保健与教育学家今村荣一博士指出，让儿童从小（幼儿期)参加球类运动有如下好处:第一,促进儿童神经系统和各种运动功能的协调发展。第二,促智。体育活动有助于智力发展。第三,满足儿童好动的愿望,使幼儿从小喜爱体育活动。第四,培养儿童吃苦耐劳、不怕困难的坚强意志。第五,在体育活动中和小朋友们增进友谊,培养幼儿的社会意识。第六,从小培养儿童自身健康和形成安全意识,学会保护自己的本领,养成良好的健身习惯。

球类运动是体育运动的一大项目,篮球、足球、排球、羽毛球、乒乓球、网球等,在我国有着广泛的群众基础,广大青少年儿童大多都有一至两项乃至多项自己喜欢的运动。但我们在调查中也发现了一些问题,主要表现如下方面:有些家长不鼓励甚至反对孩子进行球类运动,怕影响孩子学习,有些农村家长认为孩子踢足球、打篮球不好,"不雅观",太疯。有些青少年儿童热爱球类运动停留在"动眼、动口、不动手"的层面,喜欢看球类比赛不喜欢玩。许多青少年儿童在家里没有玩球的条件。

孩子热爱体育运动有助于孩子的健康成长,可促智、促德、促美,这一点已被教育家证实,要让孩子热爱球类运动,儿童在家庭、学校中能否愉快地投入体育活动,关键还要看家长对体育的看法和态度。许多体育明星的成长经历告诉我们,家庭环境特别是家长的表现起重要的作用,当子女的体育活动受到父母的肯定和支持时,他们的情绪高涨,热情更高,球技突飞猛进。

怎样让孩子爱好并投入球类运动呢?

首先,家长要为子女创设条件。这里的条件不外乎就是时间、球场(台)、球、球衣、运动鞋以及轻松愉快的气氛等。家长要舍得对孩子进行体育投资;每天保证孩子有玩的时间,节假日可适当延长;场地虽不可能很宽敞,但要安全、坚实、耐用,对年龄稍大的孩子,鼓励他们和同龄人一块去一些公共体育场所进行球类运动、比赛。

其次,在时间和条件允许下,家长也应尽可能地和孩子一块运动。这不仅有利于孩子素质的提高,更重要的是可促进家长与子女之间的关系,增进感情交流和家庭生活的乐趣、和谐、美满。在运动过程中,家长要注意保护孩子,做孩子的伙伴或"对手",家长在球类运动中表现出的良好的球艺、球德、球风,可为孩子树立良好的榜样,增进孩子对家长的了解。

现在，电视直播的各种球赛很多，家长可以和孩子一起欣赏、切磋。有条件的家长还可与孩子一块到比赛现场，感受大赛的气氛和明星的风采，当孩子在球类运动中表现出独特的"天赋"时，家长可请名家指点，系统地训练，还可带孩子到体育院校、体育科研机构做一些"鉴定"，请"伯乐"识马，如果孩子能成为新"迈克尔·乔丹"或新"郎平"、新"巴乔"、新"邓亚萍"，则家庭幸甚，孩子幸甚，中华民族幸甚。

另外游泳也是青少年儿童普遍喜欢的一种水上运动项目。现代体育科学研究表明，游泳可使中枢神经、血液循环、呼吸、消化和吸收系统功能得到很大的改善和提高；游泳可使儿童精力旺盛，心脏跳动有力；改善儿童呼吸功能，增强肌肉力量……游泳可使广大青少年身体柔韧性和灵敏性等身体素质普遍提高。最新研究还发现，游泳运动可减少儿童大脑左右半球的发育差异，这对青少年儿童神经系统的发育，以及智力思维的发展都有着重要的促进作用。另外，游泳运动可培养儿童坚持不懈的顽强精神和热爱生活、珍惜环境的良好品质。

家长指导孩子学习游泳时，首先面对的是对游泳场所的选择。在市内，家长可选择游泳池，市郊、乡村可选择天然的江河湖泊，但无论在什么地方游泳，一要注意安全，二要注意卫生。游泳池要有明显的深浅水域分隔标志，安全救护措施要俱全，水质一定达到卫生标准。当前我国水质污染严重，在江河湖泊游泳时，要选择水质清洁，距离下水道和工业废水流入的地点较远的河流的上游，最好选择已开辟的安全游泳区游泳。不能在河流和湖底情况不明的水域、水流湍急或交通频繁的地区游泳。家长带孩子学习游泳，初学时由于身体漂浮、呛水或者出现溺水的情况，孩子往往会出现紧张的心理。此时，家长可鼓励孩子，安排有效的训练方法，使孩子尽快熟悉水性，克服怕水心理；在技能训练方面，家长可循序渐进，教会孩子科学标准的游泳技术；训练其应变能力，在意外情况下能镇静地进行自我解脱和救护。

一般来说，孩子学习游泳，家长最担心的是孩子的安全问题。家长除了对游泳场的安全与否要准确鉴别外，还要教会孩子游泳时必要的注意事项。如为什么要做准备活动？在水中抽筋了怎么办？为什么饭后不能立即下水游泳等。要告诉孩子患有肺结核、肝炎、肾炎的病人和患传染性皮肤病的人不能游泳；游泳时间不能过长，1~2小时就应上岸休息；上岸休息时，应擦干皮肤，要当心太阳直射灼伤皮肤；女同学月经期不能游泳；耳聋的人、盲童在无大人陪伴的情况下最好不要游泳，以免发生危险；游泳后要清洗身体，要滴眼药水；剧烈运动和强劳动后，不能立即下水等。

补充孩子大脑亟须的营养物质

　　大脑的神经细胞在进行正常活动时，新陈代谢十分旺盛，要消耗大量的能量。大脑的重量只占体重的2%，而耗氧量却占了全身耗氧量的20%，当大脑积极活动时，耗氧量将达到全身耗氧量的33%。大脑神经细胞除了需要得到大量氧气外，还需要其他营养物质。

　　大脑主要由水（78%）、脂肪（10%）和蛋白质（8%）组成，成年人大脑消耗人体能量的20%，而0~10岁的孩子，脑消耗的能量竟占全身总能量的一半！因此，给孩子的大脑提供充足的能量支持是极其重要的。

　　葡萄糖是大脑活动最主要的能源，由淀粉、麦芽糖、蔗糖等经过人体消化吸收转化而成，但是，糖尤其是精制的糖，摄入过多会使大脑进入过度疲劳状态。所以不要认为大脑需要糖较多，就让孩子吃很多白糖、红糖、糖果或喝含糖多的饮料，这样做的结果有害无益。

　　对大脑来说，最好的糖是含碳水化合物高的谷类食物，这些食物在体内分解为葡萄糖，成为身体活动的能源，因为这些糖在消化过程中缓慢地释放出葡萄糖，所以可以源源不断地为大脑细胞提供能量。

　　其次，蛋白质是脑细胞的重要成分，是维持脑细胞的兴奋与抑制过程、形成神经联系的主要物质。在记忆、语言、思考、运动、神经指导等方面有重要作用。因此，为孩子提供含蛋白质丰富的食品，也可以促进大脑的发育。

　　最后，脂肪也是脑细胞的重要构成部分，神经细胞膜主要是由脂肪制造的。制造神经细胞膜所必需的两种物质——亚油酸及2-亚油酸，是人体不能自行合成的，必须从食物中获取。如果食物中缺乏这两种必需的脂肪酸，会引起大脑功能紊乱，智力明显减退。亚油酸存在于动物和植物油中，2-亚油酸只存在于豆油、菜子油、核桃油和麦芽油中，将动物油与植物油混合食用可补充两种亚油酸。

家长也可以经常给孩子吃一些健脑的食物。

含糖类丰富的最佳健脑食物：未经精加工的大米、小米、玉米、高粱米、小麦、荞麦、燕麦、大麦等。

含蛋白质丰富的健脑食物：肉类、鸡蛋、鸭蛋、花生、核桃、芝麻、蚕豆等。

含脂肪酸丰富的健脑食品：核桃仁、芝麻、金针菜、鱼类等。

值得注意的是，各种食物不宜进食过多，要根据孩子的活动量和生长速度来安排。谷类食物进食过多，易引起肥胖；蛋白质供给过多，容易增加肾脏的负担；脂肪食物食用过多，也容易导致消化不良或造成肥胖。

现在许多食品和饮料为了强化口感，添加了一些化学成分，对孩子的身体和智力造成很大影响。这必须引起家长的注意。

容易被父母忽视的几个问题

一般情况下，父母都能够比较好地注意到孩子的身体健康，我们这里只介绍一些容易被父母忽视的问题。

(1) **睡眠不足**。孩子睡眠时间应达到 10 小时，但据调查发现，半数以上孩子睡眠不足。而且，在学习的压力下，孩子的睡眠质量有所下降，有的晚上难以入睡，还有的夜间多梦。父母要帮助孩子合理安排作息时间，有规律地学习和生活，保证充足的睡眠，以保证其身体正常发育。

(2) **肥胖症**。当前，孩子肥胖问题日益突出，特别是城市孩子，肥胖症不仅使孩子体态臃肿，行动不便，影响学习和生活，还可能带来心理压力，导致抑郁和自卑。肥胖和遗传有关系，也与内分泌有关，但普遍的孩子肥胖是由于营养失调。肥胖孩子可能同时存在营养过剩和营养不良的问题。营养过剩导致的单纯性肥胖孩子，易患高血压、心脏病、智力和心理障碍；蛋白质摄入不足，易引起孩子智力障碍及身材矮小，还常常导致孩子营养不良并伴随缺乏铁、锌、碘、钙等微量元素，引起相应的缺乏症。

改善饮食习惯是减肥的一个重要手段，既要保证提供充足的热量、蛋白质、维生素和矿物质，以满足孩子生长发育和新陈代谢的需要，又要限制和减少高脂肪、高糖类和高热量食物的摄取。例如，减少进食量，以八成饱为佳，晚餐尽量少吃脂肪食品，减慢吃饭速度，进餐时间延长到20~30分钟。此外，还要少吃洋快餐。洋快餐品种非常简单，破坏了食物多样性的原则。有研究表明，快餐（汉堡包、炸薯条等）可引起体内激素变化，使食用者难以控制进食量。

为了在降低体内脂肪的同时，不引起肌肉萎缩，应将运动与降低体重相结合。如果是因为分泌失调而引起的肥胖，则要请医生治疗内分泌疾病。

（3）**颈椎病**。目前，孩子颈椎病没有受到足够的重视。有调查显示，青少年、孩子的颈椎病发病率越来越高，以5~17岁年龄段为主，一般多发于小学升初中和初中升高中的关键时期。国内的青少年脊柱侧弯症发病率为1%~1.7%，这么高的脊柱侧弯发病率正是导致颈椎病的主要原因。发病的原因主要是忽视了坐姿，采光不正确，喜欢躺着看书、看电视，或低头学习和用电脑时间过长，沉迷网吧。

以学习为主要任务的孩子，大部分时间是在桌椅之间度过的，坐姿正确与否，是关系到生长发育、学习效率的大问题。如果桌子与椅子的高度不合适，孩子总是保持过度低头的姿势，时间长了，很容易造成颈椎劳损。

因此，孩子要养成良好的坐姿，写字时头部不过分前倾，脊柱要正直，不歪头，两肩之间的连线与桌缘平行，前胸不受压迫，两足着地，保持平稳而又不易产生疲劳的体位。低头学习20分钟，需抬头仰视2~3分钟；低头学习30~40分钟，需要起来走一走，做些左顾右盼的动作，头部要适当前俯后仰，达到调整颈部肌肉与韧带舒缩功能，增加颈部肌肉弹力的目的。

（4）**意外伤害**。因意外伤害致残的孩子在我们身边并不少见，从楼梯上跳下摔致骨折，从双杠上跌下头面受伤，或在追逐嬉闹中撞到桌角而流血等等。我国0~14岁孩子死因专项调查的结果显示：意外伤害是孩子的第一死因、第一杀手。

意外伤害可分为交通事故、溺水、窒息、砸死、触电、其他意外伤害和自杀等14大类。其中，车祸居意外伤害死亡的首位，事故发生率上升极快。我国交通事故死亡人数已经连续十多年居世界第一，我国已成为世界上道路交通事故最为严重的国家，平均每天死亡近300人。不遵守交通规则是导致孩子和青少年发生交通事故的主要原因。

意外伤害虽然是一种突发事件，但通过采取适当的措施是能够有效预防和控制的。父母要有意识地培养孩子的自我保护能力，而不是限制其活动或事事包办代替。

第四章　孩子健脑益智食谱

孩子的学习过程，在获取知识的同时，大脑的思维、记忆、注意、想象等能力也是十分活跃的，所以智力也在不断地开发。在学生时期，由于大脑处于不断的调整完善阶段，而且青少年时期确实需要大量科学文化知识，脑的负荷是相当重的，故而必须保证供给大脑足够而多样的营养物质，以支持其较强的活动和大量的消耗。

芝麻核桃糊

【原料】黑芝麻120克，核桃仁100克，桑葚30克，蜂蜜适量。

【制作】先将黑芝麻用水淘洗干净、沥干，上锅用小火炒香，取出，与核桃仁、桑葚共研成末，备用。食用时研成碎末，放入碗中，加蜂蜜调匀，再加沸水冲泡成糊，即可食用。

【功能】养血补肝，益肾健脑。

【营养分析】芝麻、核桃仁，含卵磷脂、脑磷脂等不饱和脂肪酸，有滋养肝肾、填益精髓、健脑强志、增强记忆的功效；桑葚子补血养肝，并含多种维生素，特别是维生素C、维生素A的含量非常丰富；蜂蜜含果糖、维生素C等。诸品共组，故能益智力、增记忆。

【特色】味甘黏稠、香甜可口。

花生凉面

【原料】面条100克，花生米50克，黄瓜75克，精盐、香油、白糖各适量。

【制作】先将花生米，炒香研末，加精盐、白糖、香油拌成酱；黄瓜洗净，切细丝。再将面条下沸水中煮熟，捞出投入凉开水中浸凉后，沥去水分，调入花生酱、黄瓜丝，拌匀即食。

【功能】健脑益智，增强记忆。

【营养分析】

花生米含有40%～50%的脂肪酸，其中不饱和脂肪酸占80%，为卵磷脂、脑磷脂等，有促进脑的发育、增强记忆力的功效。小麦面粉含有胆碱、卵磷脂，可增强记忆力，提高智力。黄瓜富含维生素C，对脑也有益。

【特色】味清淡、鲜香，软而有筋，夏令食用，可促进脑的发育，增强记忆力，提高智力。

海带炖豆腐

【原料】水发海带50克，豆腐100克，虾子少许，精盐、葱末、姜末、植物油、高汤各适量。

【制作】海带洗净，切成丝；豆腐切成小方块，下开水锅内焯一下，捞出沥水（去豆腥味）。锅置火上，放少许植物油烧热，下葱、姜末煸炒，随即放入高汤烧开，放入海带煮沸3分钟，放入豆腐、虾子，盖上盖，小火炖15分钟，放入盐、味精、胡椒等调味品，即可出锅装盘。

【功能】益智健脑，增强记忆。

【营养分析】海带富含碘、钙、多种氨基酸，其谷氨酸含量高。每100克海带中含有200毫克的牛磺酸，对孩子大脑的发育起十分重要的作用，是益智健脑食品。豆腐则可以给脑提供丰富的蛋白质、钙等营养成分。

【特色】如能经常食用，有利于促进大脑的发育及智力的提高。

肉片炒卷心菜

【原料】卷心菜300克，瘦猪肉50克，花生油20克，酱油15克，精盐、白糖、葱、姜丝各适量。

【制作】先将猪肉洗净，切成薄片；卷心菜洗净，去蒂切成象眼块，待用。炒锅置火上，放入花生油，烧至五成热，下肉片煸炒断生，加入姜、葱丝、酱油、白糖、精盐炒匀，投入卷心菜，用急火快速翻炒至断生即成。

【功能】补肾健脑，益髓强智。

【营养分析】卷心菜可补充植物蛋白，加入动物蛋白的猪肉，既可增味，更能达到互补。

【特色】咸香、脆嫩、爽口，具有补肾健脑、填髓益智、利五脏的作用。

清蒸黄花鱼

【原料】黄花鱼一尾（约重400克），精盐、料酒、姜片、葱段、色拉油各适量。

【制作】先将黄花鱼去鳞、鳃、内脏，洗净，下沸水锅焯一下，捞出。取鱼盘一只，摆上黄花鱼，加葱段、姜片、料酒、精盐、色拉油等，上笼蒸20分钟左右，鱼熟后取出，即可食用。

【功能】提高智力，健脾开胃。

【营养分析】黄花鱼，营养丰富，每100克含蛋白质19.3克、脂肪3.2克、钙67毫克、磷167毫克、铁1.7毫克、维生素 B_2 0.13克、尼克酸2.1毫克。

【特色】鱼肉鲜嫩，并能为脑提供丰富的蛋白质和不饱和脂肪酸，能够促进脑细胞发育，保证大脑有良好的功能，有利于提高智力。

清蒸人参鸡

【原料】母鸡1只，人参10克，水发香菇20克，火腿片15克，生姜、葱、精盐、料酒、味精各适量。

【制作】母鸡宰杀后，褪净毛，去内脏，洗去血水，入沸水锅内烫一下，晾后再用凉水洗净。人参用开水泡开，上笼蒸30分钟，取出待用。水发香菇、火腿均切成片。将母鸡放在盆内，加入人参、火腿片、香菇、葱、生姜、精盐、料酒、味精，添入鸡汤，以刚淹没鸡身为度，上笼用大火蒸至鸡烂熟。将蒸熟的鸡放在大盘内，鸡汤待用。把人参（切碎）、火腿片、香菇片，摆在鸡肉上（除去葱、姜），将备用的鸡汤倒在锅里，置火上烧开，撇去浮沫，调好口味，浇在鸡肉上即可食用。

【功能】益智健脑，补气提神。

【营养分析】人参是益智良药，现代药理实验证明，人参能增强大脑皮层的兴奋过程，适量食用可以提高脑力劳动的工作效率，能增强机体的抵抗力。

【特色】人参与鸡共奏成膳，补脑益智之效尤佳。烧煮人参时，忌用铁器，最好用砂锅蒸煮。

海带肉丝汤

【原料】猪肉100克，水发海带100克，胡萝卜60克，精盐、味精、葱丝、姜丝各适量。

【制作】将猪肉洗净，切成细丝；海带洗净切成细丝；胡萝卜洗净，切成细丝。锅置火上，加油烧至五成热，放入肉丝，煸炒至肉丝变色，起锅；锅内留少许油，放入海带丝、胡萝卜丝、盐、葱、姜、蒜及水，煮沸3分钟，加入肉丝，沸5分钟，点入味精调味后，出锅装入汤碗。

【功能】补脑益智，健脾益肾。

【营养分析】海带，含有丰富的钙、碘等营养成分；猪肉，含丰富的蛋白质；胡萝卜含有丰富的胡萝卜素。

【特色】色彩鲜艳，味道鲜美，是很好的益智健脑菜肴。

首乌炖牛肉

【原料】嫩黄牛肉 500 克，首乌 20 克，川断、杜仲各 15 克，大茴香、桂皮各 3 克，料酒、精盐、味精、胡椒、糖各适量。

【制作】将黄牛肉切成块，先在沸水中焯一下；首乌、川断、大茴香、桂皮，装入布袋中，与牛肉一并放入砂锅中，加水、盐、料酒、糖、味精、胡椒等，慢火烩煮 2 小时，牛肉酥烂，即可食用。

【功能】滋养肝肾，强筋补脑。

【营养分析】黄牛肉，健脾胃，补脑益智；首乌、川断、杜仲补肝肾、填精髓；大茴香、桂皮，暖肝温胃，辛香开窍。

【特色】能增智清神，促进思维。

养心鸭

【原料】鸭子 1 只（重约 1000 克），金针菜 50 克，百合 60 克，精盐、味精、料酒、葱、姜各适量。

【制作】先将鸭子宰杀，褪净毛，剖腹除去杂物，保留心及肝，洗净；金针菜先用开水焯一下，再用冷水浸泡 1 小时；百合拣洗净掰开。将金针菜、百合用料酒、葱、姜、盐、味精拌和后，填进鸭子腹内，置锅内加清汤煮沸后，改文火炖至烂熟，调味后即可食用。

【功能】养心宁神，解郁利志。

【营养分析】金针菜，利心志，常食可以使注意力集中；百合，养心健脑，能调节大脑思维。

【特色】色泽美观，味鲜肉嫩，食之能养血舒肝，清心安神。

黑木耳炒双菇

【原料】黑木耳 150 克，金针菇 100 克，水发香菇 50 克，精盐、味精、葱、姜末、植物油、水淀粉各适量。

【制作】先将黑木耳用温水浸透，去蒂、杂质，洗净；香菇洗净，斜切成片，待用。锅置火上，放入植物油，烧至五成热，下葱、姜末煸香，入金针菇、香菇、木耳，炒透后加精盐、味精、高汤适量，煮沸 2 分钟，用湿淀粉勾薄芡，出锅装盘，即可食用。

【功能】滋阴补肾，益智健脑。

【营养分析】黑木耳滋阴补肾；香菇含人体必需氨基酸、大量维生素 B 族；金针菇营养丰富。

【特色】乃素食中之佳品，其味鲜美而糯软，确有滋补养生、健脑益智的功效。

灵芝卤兔

【原料】灵芝 30 克，兔 1 只（约重 1000 克），卤汁适量，葱段、姜片、精盐、花椒、味精、麻油、植物油各适量。

【制作】先将灵芝去杂质，切碎，入植物油锅内炸酥。再将兔宰杀后，剥去皮，除去头、内脏及爪，洗净，入沸水锅余去血水，放入锅内，加清水、葱段、姜片、精盐、花椒煮熟捞出。兔肉稍凉后放入卤汁锅中，浸 1 小时，捞出晾凉，并切成 2 厘米见方的块，放盘中。味精用麻油调匀，倒入盘中，边拌边撒入灵芝（或将灵芝酥放在盘边），即可食用。

【功能】养心安神、增智益气。

【营养分析】兔肉，富含蛋白质；灵芝具补肺益肾、健脾宁神、滋养机体、延缓衰老之能，其含蛋白质、氨基酸、油脂、糖类、生物碱、酸性树脂、酚类等，有调节自主神经的功用。

【特色】质嫩、味香，具有良好的安神增智益气作用。

紫菜虾皮汤

【原料】紫菜10克，虾皮15克，瘦猪肉20克，料酒、精盐、醋、味精、色拉油、香油各适量。

【制作】先将紫菜撕碎，用水浸泡，洗净；瘦猪肉切成丝；虾皮去杂洗净泥沙，用料酒浸泡。锅置火上，内放色拉油烧至三成热，放入肉丝炝锅，再放入清汤、虾皮，煮沸后放入紫菜，沸2分钟，放入醋、精盐、味精，淋上香油，即可出锅食用。

【功能】健脑益智，和胃温肾。

【营养分析】紫菜，含多种矿物元素，是益智食品；虾皮，也含有丰富的钙和锌，能温阳补肾。研究证实，锌缺乏对儿童大脑发育不利，通过补锌后儿童智商有明显提高，锌有促进智能发展的作用，是维持大脑发育和增强脑功能的必要物质。

【特色】味鲜美，汤清、味醇，孩子佐餐能促进食欲。

蘑菇炖鸡

【原料】鲜蘑菇250克，净嫩鸡1只（约750克），青菜心、葱段、姜片、料酒、精盐、清汤各适量。

【制作】先将蘑菇择洗干净，大的可以切开；将鸡洗净，切成3厘米见方的块。锅置火上，加入清汤，放入鸡块、料酒、葱段、姜片，旺火烧开，小火炖煮一会，加入蘑菇、精盐，改用小火炖至鸡熟烂、汤浓白时，加菜心，稍沸，盛入碗内，即可食用。

【功能】补精填髓，益智补虚。

【营养分析】鸡肉有丰富的营养，以补精髓，益智力；鲜蘑菇的营养成分也特别丰富，含大量蛋白质（其消化率高达88.3%），人体必需氨基酸含量占鲜蘑菇氨基酸总量的38.3%。此外还含有丰富的维生素B_1、维生素B_2、维生素C等营养成分，是大脑行使正常功能必需的，在神经细胞的兴奋与抑制方面起着重要调节作用。

【特色】味道鲜美、清淡可口，是优质的健脑益智食品。

怀山杞子炖猪脑

【原料】怀山药 30 克，枸杞子 9 克，猪脑 2 只。

【制作】将猪脑轻轻放入冷水中漂洗 30 分钟，去净表面黏液，使脑外筋膜、血丝脱离猪脑表面，用手或镊子除去血丝、筋膜，因血丝、筋膜味腥，刚买来的猪脑质软、易碎，不易洗净，在清洗时要格外小心。清洗后，轻轻放入碗中，加入酒、盐、肉汤、葱和生姜，上笼蒸 10 分钟。这样处理后可除去腥味，增加鲜味，便于烹制。怀山药、枸杞子，洗净备用。蒸盅中加适量清水，将洗好的猪脑、怀山药、枸杞子及料酒、精盐，生姜等放入，加盖后隔水炖 1 小时，即可食用。可连续或隔日食用 1 次。

【功能】调肝益脾，安神健脑。

【营养分析】怀山药，健脾益气；枸杞子养血调肝；猪脑味甘，性寒凉，能益肾、补脑、健脑。由于猪脑味美可口，并含丰富的蛋白质、磷脂、钙、磷、铁和维生素 B_1 等营养物质，烹制得法可做成各种软嫩、香松、滑爽的健脑菜肴。常通过调料配制，使其入味。因为猪脑质地嫩软，不可烧煮过度，一般以蒸、炖为主，这样可以保持有效的营养成分，不受过高温度的破坏。

核桃酪

【原料】核桃仁 200 克，粳米 100 克，枣 150 克，白糖适量。

【制作】先将粳米用水泡 5 小时，洗净，加清水磨成浆，过细箩待用；核桃仁用温水浸泡后，去掉外皮，用温油炸熟磨细；红枣洗干净，加清水上笼蒸 2 小时，去皮、核，枣泥留用。将磨好的米浆、核桃仁浆加适量的清水，同枣泥一并下锅，煮沸后加白糖，开后撇去浮沫，倒出，候凉放入冰箱，即成"酪"。食用时分装小碗，可凉食，也可热食。

【功能】和中益气，健脑补肾。

【营养分析】粳米，补中气、和脾胃；核桃仁补肾、健脑；红枣补心脾、安心神。

【特色】三物共成益智强身之膳，且香甜可口，冷暖皆可，四时宜食。

番茄炒鸡蛋

【原料】鸡蛋2个，番茄150克，植物油20克，精盐、味精、白糖各适量。

【制作】先将番茄洗净，去皮、子，切成1厘米见方的小丁；鸡蛋磕入碗内，加少许盐搅打均匀。炒锅置火上，放入植物油，烧至五成热后，倒入鸡蛋翻炒均匀，下入番茄丁煸炒，加入精盐、白糖、味精，炒匀，盛入盘内，即可食用。

【功能】增强记忆，健脑益智。

【营养分析】鸡蛋，是理想的益智食物，对加强记忆力作用尤为明显；西红柿含丰富的维生素C，并且在烹调时不易因加热而被破坏。维生素C在提高脑功能方面是极为重要的营养素，充足的维生素可使大脑灵活、敏锐。

【特色】番茄、鸡蛋相配，是很好的益智健脑菜肴，且色泽鲜艳，柔软适口。

杞骨汤

【原料】生猪骨500克，枸杞子15克，黑豆30克，大枣（去核）10枚，精盐、葱、姜、味精、胡椒末各适量。

【制作】先将猪骨斩块，洗净，用水煮沸，撇去浮沫，再加入枸杞子、黑豆、大枣、盐、姜、料酒等，一并烩煮至猪骨熟酥，加入味精，起锅装盆。喝汤、吃骨髓及大枣等。

【功能】宁心添髓，益智填精。

【营养分析】猪骨，添髓填精；枸杞子，养血涵肝；黑豆，补肾益智。

【特色】肥而不腻，汤鲜味美，能补养肝肾精血之不足，调心阴之亏虚，有宁心安神、益智强记之功效。

山药羊肉煲

【原料】羊肉500克，鲜山药300克，枸杞子20克，天麻15克，姜、大葱、精盐、味精各适量。

【制作】先将羊肉洗净，切块；山药削皮、洗净，切滚刀块，天麻洗净，用沸水浸泡后，切成薄片；姜块拍破；葱打成结。锅置火上，放入清水和羊肉，煮沸后，撇去浮沫，倒入砂锅中，并投入山药、天麻片、姜块和葱结，改用小火炖至羊肉熟，加入枸杞、精盐和味精，加盖后焖至羊肉、山药酥，盛入汤盆内，即可食用。

【功能】补养肝肾，添髓健脑。

【营养分析】羊肉，含蛋白、脂肪、灰分、维生素B_1、维生素B_2、钙、磷、铁等，能温中暖胃，养血补肾；山药含黏液质、淀粉酶、皂甙、糖、蛋白质、维生素C等，能助消化，扶虚羸。

【特色】羊肉的肉质嫩软，山药酥脆味醇，汤汁味鲜，适量食用，能补脾胃，滋肝肾，益脑髓，强记忆。

莲子银耳汤

【原料】鹌鹑蛋60克，银耳3克，莲子10克，冰糖30克，百合10克。

制法先将莲子用冷水浸发后，去皮、心；银耳用温水泡发，去除根盘，洗干净，撕成小片；百合洗净，掰成小片；鹌鹑蛋用清水煮熟，冷水浸泡后，剥去壳。砂锅置火上，注入适量清水，煮沸，先加入莲子、银耳，煮至莲子酥后，加入百合煮熟，并将冰糖溶入，最后加入蒸熟的剥壳鹌鹑蛋，煮沸即可装盆食用。

【功能】宁心安神，益智健脑。

【营养分析】莲子,安心神、和脾胃;银耳,补肺肾、益智力;百合,宁心安神;鹌鹑蛋,营养丰富,补充人体必需氨基酸。

【特色】味甜香而软糯,并有安神益智、健脾开胃的作用。

红烧鲤鱼

【原料】鲤鱼1条(约重400克),料酒、精盐、酱油、葱、姜、植物油、白糖、味精各适量。

【制作】先将鱼去鳃鳞、内脏,洗净。锅置火上,放植物油烧至六成热,放入姜片,将鱼稍煎一下,加水、酱油、料酒、精盐、白糖、葱段、姜片,烧至汤汁稠、鱼熟入味,出锅装盘,即可食用。

【功能】提高智力,补脑醒神。

【营养分析】鱼,可为脑提供极丰富的蛋白质、不饱和脂肪酸,有很好的健脑作用;有温中补虚的功效。

【特色】肉质细嫩,味鲜美,如能经常食用有利于健脑,促进脑的良好发育,提高脑神经细胞的灵敏度。

乳鸽山药煲

【原料】乳鸽1只,鲜山药120克,枸杞子15克,黑木耳30克,冬笋肉100克,精盐、葱、姜、料酒、味精各适量。

【制作】先将乳鸽用温水闷死,拔毛、去内杂,洗净;鲜山药刨去外皮,洗净后切片;枸杞子浸泡20分钟;黑木耳水发,去杂质,洗净;冬笋切成片。将乳鸽、枸杞、山药、黑木耳、冬笋一并放入砂锅中,加葱、姜、盐、料酒、味精、清汤,盖密,先用大火煮沸,再改小火烩1小时,鸽酥可食,用以佐餐。

【功能】补肾健脾,益智宁心。

【营养分析】山药,健脾和中,益气养精;枸杞子养血宁心.补益肝肾;黑木耳含多种人体必需氨基酸;乳鸽富含水量蛋白质、钙、铁等营养成分,能补肾益精。

【特色】味美汤鲜，肉亦可口，是理想的益智食物。

党参益智猪尾汤

【原料】党参15克，益智仁、白术、半夏各10克，生姜、陈皮各6克，猪尾4条，精盐、味精、胡椒粉、糖各适量。

【制作】先将党参、白术、益智仁、半夏、生姜、陈皮等，装入布袋，扎紧口，放入砂锅，加水；猪尾，去净毛，切段入砂锅，与上药一并用旺火煮沸，撇去浮沫，改小火慢煮；待熟，加盐、味精、胡椒、糖等调味，即可食用。

【功能】益气补肾，健脑增智

【营养分析】党参、白术，益气健脾，和中运湿；陈皮、半夏，化痰除湿，理气宣窍；益智仁补肾填精，益智固涩；猪尾壮肾温阳，填精益智。

【特色】肥而不腻，药香醇厚。

凉拌肝片

【原料】猪肝300克，冬笋片25克，香菜段15克，精盐、味精、醋、辣椒油、姜末、蒜泥、麻油各适量。

【制作】先将冬笋切成小象眼片，投入开水锅中焯透，捞出，倒入凉开水内浸凉，沥去水分；生猪肝切成柳叶片，用清水冲洗血污后放入碗中，加入少许清水，将碗内肝片和水一起倒入锅内，焯至断生，捞出，再放入温水里投凉，沥干水分，装盘。再在猪肝和冬笋片上加入精盐、味精、醋、辣椒油、姜末、蒜泥和麻油等调料，撒入香菜段，拌匀即可食用。

【功能】健脑益智，补血安神。

【营养分析】猪肝，能养血补肝，滋阴宁神；香菜，又名芫荽，能醒神开窍，促进大脑思维；辣椒、姜、葱等有活跃大脑功能的作用。

【特色】香辣软嫩，健脑益智，补血安神，养血益髓。

安神补脑汤

【原料】猪小排骨300克，黄精30克，玉竹20克，决明子12克，生姜、蒜末、料酒、酱油、精盐、味精各适量。

【制作】先将黄精、玉竹、决明子煎汤去渣，取汁备用；猪小排骨洗净，切成块。锅置火上，放入猪排骨、生姜、蒜末和适量的清水，煮沸5分钟，取出生姜和蒜末，倒入药汁，用文火煨至肉烂熟，加入料酒、酱油、精盐和味精，拌匀，煮沸3分钟，即成。

【功能】补脑安神，调和气血。

【营养分析】猪排骨，其含蛋白质较丰富，而脂肪含量相对要少些，且富含离子钙、铁、锌等微量元素；黄精、玉竹，能滋阴填精，补肾健脑；决明子清肝祛风，并能降脂安神。

【特色】香气溢口，味甘鲜美。